Torsten Nicolaisen
Lerncoaching-Praxis

Pädagogisches Training

Torsten Nicolaisen

Lerncoaching-Praxis

Coaching in pädagogischen Arbeitsfeldern

Der Autor

Torsten Nicolaisen, Jg. 1967, ist Mitarbeiter der Advanced studies
der Universität Kiel und Geschäftsführer des Beratungsunternehmens
CONTEXT-Vertrauensarchitekten. Seine Arbeitsschwerpunkte sind Coaching
und Lerncoaching, Persönlichkeitsarbeit und Organisationsentwicklung.

Bibliografische Information der Deutschen Nationalbibliothek

Die Deutsche Nationalbibliothek verzeichnet diese Publikation in der
Deutschen Nationalbibliografie; detaillierte bibliografische Daten sind
im Internet über http://dnb.d-nb.de abrufbar.

© 2013 Beltz Juventa · Weinheim und Basel
www.beltz.de · www.juventa.de
Druck und Bindung: Beltz Druckpartner GmbH & Co. KG, Hemsbach
Printed in Germany

ISBN 978-3-7799-2142-4

Vorwort

Lerncoaching als Beratungsform findet zunehmende Verbreitung. Mit Ende der 1990er Jahre taucht der Begriff im Zusammenhang mit Nachhilfeinstituten sowie als Titel im Programm diverser Seminaranbieter auf. Seit 2005 nehmen die Seminarangebote zum Thema quantitativ zu. Es finden sich allerdings nur wenige Hinweise auf Qualität und Wissenschaftlichkeit dieser Angebote.

Man könnte vermuten, dass sich mit dem Phänomen ‚Lerncoaching' nur eine Modeerscheinung zeigt. Die Nachfrage zum Thema ließe sich auch in die Richtung deuten, dass in pädagogischen Arbeitsfeldern anscheinend ein Bedarf an Kompetenzerweiterung besteht, welche weit über einen neuen Methodenkoffer hinausgeht. Denn ein theoretisch fundiertes Lerncoaching kann als Beratungskonzept verstanden werden, das mehr umfasst als eine Ansammlung von methodischen Vorgehen. Es bezieht sich konkret auf das individuelle Lernen. Damit bedient es entsprechende bildungspolitische Forderungen wie auch alltägliche Anforderungen in Sachen individueller Unterstützung von Lernenden.

Der vorliegende Text basiert auf der Grundlage praktischer Erfahrung. Er reflektiert eine Vielzahl von Zertifikatskursen, mehrtägigen Fortbildungen und Seminartagen, die der Autor seit 2007 an Schulen, Berufsschulen, Hochschulen, Fortbildungsinstituten sowie in Fachtagungen und Unternehmen zum Thema durchgeführt hat. Und natürlich fließen eigene Erfahrungen aus Lerncoaching-Sitzungen mit SchülerInnen und Arbeitsgruppen in die Reflexion mit ein. Darüber hinaus verarbeitet diese Darstellung einer Lerncoaching-Praxis bereits vorhandene Modelle und Methoden aus den Bereichen Beratung, Therapie sowie Coaching und bezieht diese unter dem Blickpunkt Lerncoaching auf den pädagogischen Bereich.

Der Titel weist auf die Praxis des Lerncoachings hin. Diese Praxis benötigt einen theoretischen Bezug als Basis. So teilt sich der Text in zwei Bereiche: Teil eins skizziert einzelne theoretische Aspekte und dient einem grundsätzlichen Verständnis für die Themen und Methoden, die im zweiten Teil als konkrete Handlungsanleitung dargestellt werden.

An dieser Stelle sei den Teilnehmenden sämtlicher Lerncoaching-Fortbildungen für ihre Rückmeldungen und Hinweise aus dem pädagogischen Alltag gedankt. Vielen Dank an die Lernenden, die mir in Lerncoaching-Sitzungen ihr Vertrauen und ihre Kooperationsbereitschaft geschenkt haben.

Mein besonderer Dank gilt Prof. Dr. Uwe Hameyer für seine stete Unterstützung und vieles mehr, u.a. dafür, dass er mir mittlerweile die Leitung sämlicher Kurse anvertraut hat. Ein Dank geht an Prof. Dr. Waldemar Pallasch für viele gemeinsame Seminartage und für den Kontakt zum Verlag. Beide Professoren haben mich 2006 zu den ersten Konzeptionen von Lerncoachingseminaren hinzugezogen.

Mein herzlicher Dank gilt meinen SeminarkollegInnen, die mir nach wie vor konstruktive Kritik und gute inhaltliche Auseinandersetzung bescheren: Hanna Hardeland und Heiner Bednarz. Ein ebensolches Dankeschön geht an Pierre-Yves Martin, Liliane Speich und Claudio Zingg von der PH Thurgau, Schweiz.

Die Grafiken des Buches wären ohne die Unterstützung von Nadia Mattiussi, Volker Biesel und Fabian von der Horst nicht möglich gewesen: Danke! Für stets verlässliches Back-office in Sachen Seminaren sowie für ihre Nachsicht möchte ich Maike Rühe-Möhl danken. Weiterhin ein großer Dankesgruß an meinen Lehrer Paul Czempin für viele wichtige Jahre. Und schließlich ein Dank an meine Familie, allen voran an meinen Vater.

Aus Gründen der leichteren Lesbarkeit wird in diesem Buch überwiegend die männliche Form verwendet. In jedem Fall sind die weiblichen Personen miteinbezogen.

Kiel, Herbst 2012
Torsten Nicolaisen

Kontakt:
Torsten Nicolaisen
Knooper Weg 51
24103 Kiel
Mobil: +49 – 151 – 40101 846

nicolaisen@context-vertrauensarchitekten.de
home: www.context-vertrauensarchitekten.de

Inhalt

Teil 1
Theoretische Aspekte
für ein Grundverständnis

Kapitel 1
Definitorisches zum Begriff Lerncoaching

Das erste Kapitel nähert sich dem Begriff unter definitorischen Gesichtspunkten: Was ist das Spezifische an Lerncoaching und worin liegen die Unterschiede zum Coaching? In diversen Publikationen wird Lerncoaching erwähnt, allerdings häufig in wenig reflektierter Weise. Pallasch und Hameyer (2008) liefern eine erste theoretisch fundierte Auseinandersetzung. Sie beschreiben das Phänomen als *didaktische Herausforderung* und zeichnen eine pädagogische Konzeption.

Eine erste Annäherung an den Begriff scheint banal: Lerncoaching ist eine professionelle Beratungsform, die sich als Variante des Coachings auf das Lernen als Hauptthema bezieht. Es geht also einerseits um den Begriff des Lernens und andererseits um den Begriff des Coachings. Und es stellt sich die Frage, ob in der Kombination der beiden Begriffe ein qualitativ Neues entsteht.

Der Mensch lernt sein Leben lang – ob er es will oder nicht. Der Ruf nach einem ‚life-long-learning' ist weniger als Postulat denn als Realität zu verstehen. Die Entwicklung und die Tätigkeiten des Organismus mitsamt seiner psycho-physischen Prozesse sind auf Lernen und Erweiterung von Handlungsmöglichkeiten ausgerichtet. Diese nehmen je nach der Phase des Lebensalters eine entsprechende Ausprägung an. Lernen bezieht sich nicht nur auf den Erwerb von Wissen, sondern ebenso auf den Kompetenzerwerb hinsichtlich des Denkens, Fühlens und Handelns. Weiterhin kann Lernen nicht losgelöst betrachtet werden von einem Identitätserleben mithin darin verankerter Werte, Haltungen, Glaubenssätze, Verhaltensweisen, Kommunikationsstile und emotionaler Reaktionen.

Über das Lernen und seine Definitionen findet sich eine Vielzahl unterschiedlicher Ansichten und Darstellungen, die in den Wissenschaften, in pädagogischen Konzeptionen und in didaktischen Modellen ausgebreitet worden sind. Diese Vielfältigkeit steht nicht im Mittelpunkt des vorliegenden Buches. Für den Kontext Lerncoaching soll Lernen gemäß der konstruktivistischen Lerntheorie als subjektives Konstrukt verstanden werden, d.h. es vollzieht sich immer im Rahmen einer subjektiven Realität. Bezogen auf einen Unterrichtsinhalt rückt die mögliche bzw. nicht mögliche Passung zwischen Lerner und Lerngegenstand in den Blick, welche sich über Aneignungsprozesse aufseiten der Lernenden und Vermittlungsprozesse aufseiten der Lehrenden bedingt. Hameyer und Pallasch (2008) legen solch ein Verständnis ihren in erster Linie theoretischen Betrachtungen über Lerncoaching zugrunde.

Exkurs: Coaching

1. Zur Geschichte des Begriffs ‚Coaching'
Der Begriff ‚Coaching' hat sich im Laufe der letzten 30 Jahre vornehmlich im Bereich Wirtschaft etabliert. Vor dem Hintergrund eines neoliberalen Zeitgeistes und gesellschaftlicher Individualisierungstendenzen wird Coaching zunächst zur beruflichen Leistungssteigerung von Führungskräften eingesetzt. In den USA findet der Begriff erstmalig in den 1970ern als Unterstützung für im Management tätige Personen Verwendung (Buer 2007). In den folgenden Jahrzehnten verbreitet er sich zunehmend auch im europäischen Raum und weitet sich auf soziale Arbeitsfelder aus. Coaching wird zu einem Instrument der Personalentwicklung und des Selbstmanagements.

Diente Coaching zunächst der individuellen Leistungsoptimierung in Bezug auf die beruflichen Funktionen und Anforderungen, bearbeitet es nunmehr auch persönliche private Themen und schließt Sinnfindungsprozesse mit ein. Ansteigende Stress-Belastung am Arbeitsplatz holt die Dimension Gesundheit mit auf die Liste möglicher Coaching-Themen. Die Beratungsform Coaching kann mittlerweile verstanden werden „als Form des Dialogs über ‚Freud und Leid' im Berufsleben" (Schreyögg 2003, 8). „In diesem Rahmen fungiert Coaching als Form der Persönlichkeitsentwicklung, welche die Person in ihrer Ganzheitlichkeit wahrzunehmen versucht, mit dem Ziel größtmöglicher Reifung und Gesundung. Das grundlegende Ziel von Coaching ist die Förderung beruflicher Selbstgestaltungspotentiale." (Ellensohn 2010, 265)

2. Definitorisches zum Begriff ‚Coaching'
Allgemein lässt sich Coaching als Beratungsform beschreiben, deren primäres Ziel die berufliche und persönliche Entwicklung ist. Die Motivation dazu gründet vielfach in punktuellen Herausforderungen oder Unzufriedenheiten. Vornehmlich sucht Coaching eine Passung zwischen Individuum und Arbeit herzustellen. In diesem Zuge werden individuelle Anliegen mit dem Ziel einer konkreten Lösung bearbeitet. Das Methodenspektrum ist weit gefasst. Somit bietet Coaching „ein kompaktes Maßnahmenbündel zur Hilfe bei insbesondere beruflichen, aber, so weit sie den beruflichen Erfolg tangieren, auch privaten Konflikten, Aufgaben und Problemen" (Rückle, zitiert in Mahlmann 2009, 12).

Weiterer Anlass für Coaching kann die Verquickung von privat-persönlichen Motiven mit beruflichen Rollenerwartungen sein. Dann geschieht die „meistens unbewusste Befriedigung von persönlichen Bedürfnissen (z. B. Beziehungsbedürfnis) [...] auf Kosten der Handlungs- und Funktionsanforderungen" (Mollbach 2007, 80). Coaching bearbeitet solche Unschärfen in der Relation zwischen dem Persönlichen bzw. Privaten und dem Beruflichen.

Mit der Bearbeitung von primär persönlichen Themen nähert sich Coaching den klassischen Feldern von Psychotherapie – wenn auch in der Fachliteratur eine entsprechende Abgrenzung immer wieder betont wird (Pallasch/Petersen 2005). Migge thematisiert unsaubere Grenzen zur Psychotherapie und beschreibt Coaching aus der Sicht von Psychologie und Soziologie als „[...] individuelle und kontextbezogene Lebensberatung. Dabei werden Probleme, Ziele, Visionen und Ressourcen geklärt, persönliches Feedback gegeben, Bewältigungs- und Umsetzungsstrategien erarbeitet und trainiert"

(Migge 2009, 82). (Würde in diesem Zitat der Begriff ‚Lebensberatung' durch ‚Lernberatung' ersetzt, ließe sich das als vorläufige Definition von Lerncoaching verstehen.)

Im Gegensatz zur Supervision als langfristiger Prozessbegleitung mit dem Zweck,
den Berufsalltag zu reflektieren, bedeutet Coaching kurzfristige, zielorientierte Intervention und handlungsorientiertes Training. Aus der Sicht einer empirischen, deskriptiven
Soziologie formuliert Buer: „Coachen heisst Fit-machen, Supervision heisst Zum-Nach-
denken-Bringen." (Buer 2007, 122)

3. Die Praxis im Coaching

Die konkrete Praxis im Coaching beschreibt Migge als „psychologisch orientierte und
handlungsorientierte Prozessberatung" (Migge 2009, 74), worin der Coach seinem Coachee kooperativ und partnerschaftlich begegnet. Als operatives Ziel kann die Eröffnung
eines Zugangs zu den eigenen Ressourcen und Wahlmöglichkeiten genannt werden.

Da die Coachingpraxis auf individuelle Selbstgestaltungspotentiale ausgerichtet ist,
bezieht sie sich häufig auf das Menschenbild der Humanistischen Psychologie (Quitmann 1996). Eine Vielzahl an Coaching-Methoden rekrutiert sich aus den verschiedenen Ansätzen dieser psychologischen Grundausrichtung: u. a. Gesprächspsychotherapie
nach Carl Rogers, Gestalttherapie nach Fritz Pearls, Transaktionsanalyse (TA) nach Eric
Berne, Themenzentrierte Interaktion (TZI) nach Ruth Cohn.

Vor solchem Hintergrund zeichnet sich eine Grundannahme im Coaching ab, dass
jeder Klient seine nötigen Lösungspotentiale und Ressourcen bereits in sich trägt. Als
Konsequenz solcher Annahme lässt sich für die Rolle des Coachs sagen: „Aufgabe des
Coachs ist nicht, die Probleme des Klienten zu lösen, sondern ihm bei der Lösung seiner Probleme zu helfen. Coaching hat einen interaktiven Verlauf. Beide, der Klient und
der Coach arbeiten miteinander an der Lösung [...], wobei der Klient die Lösungsmöglichkeiten sucht, der Coach den Weg der Suche moderiert und die ausgewählten Möglichkeiten zusammen mit dem Klienten bewertet und anschließend bei der Verwirkli-
chung der ausgewählten Möglichkeiten hilft." (Rückle, zitiert in Mahlmann 2009, 12)

Das Vorgehen im Coaching lässt sich unterteilen in Phasen von Problemanalyse,
Zielerfassung und Lösungskonstruktion. Interventionen folgen der Maxime ‚Das Problem bestimmt die Methode.', denn nicht jedes Problem lässt sich mit nur einer Methode zu einer Lösung bringen. In der Regel nimmt ein Coaching drei bis sieben Sitzungen
in Anspruch. Ein handlungsorientiertes Training ist darin oftmals Bestandteil.

Lerncoaching – eine definitorische Annäherung

Lerncoaching ist eine spezifische Beratungsform, die auf die Optimierung
von Lernprozessen gerichtet ist. Zu diesem Zweck wird im Lerncoaching
mit der Gesamtpersönlichkeit der Lernenden gearbeitet. Da es um eine Klärung von Bezugspunkten in den Aneignungs- und Vermittlungsprozessen
geht, rückt auch der Vermittelnde, d. h. der Lehrer bzw. der Lerncoach, in
den Fokus der Betrachtung. Denn der personale Faktor des Vermittelnden
hat einen erheblichen Einfluss auf das Lernen. Insofern spielt die Beziehung des Lehrenden bzw. des Lerncoachs zu sich selbst eine wesentliche
Rolle. Darin enthalten – und nicht minder wichtig – ist sein Selbstbild.
Selbstbeziehung und Selbstbild haben direkten Einfluss auf die Haltung des
Lerncoachs, mit der er dem Schüler begegnet.

Das zentrale Thema im Lerncoaching ist das individuelle Lernen und darin die Passung zwischen Lerner und Lerngegenstand. Das Geschehen in der Peripherie kann jedoch in erheblichen Maß diese Passung stören bzw. beeinflussen. Die bereits erwähnte Klärung von Bezugspunkten in den Aneignungs- und Vermittlungsprozessen bedeutet, dass in einer Lerncoaching-Sitzung sehr wohl Themen bearbeitet werden können, die anscheinend wenig mit dem Lerngegenstand zu tun haben, die aber dennoch das Lernen maßgeblich unterstützen bzw. beeinträchtigen können.

Diese Landkarte bietet eine diagnostische Orientierung. Sie meint ein punktuelles Einbeziehen bzw. Bearbeiten von Bezugspunkten, nicht aber ein Abarbeiten sämtlicher Punkte. Solche Bearbeitung beinhaltet eine gezielte Intervention oder zieht eine solche nach sich. In diesem Zuge werden Lernstrategien entwickelt, Lernblockaden gelöst und die Motivation der Lernenden gestärkt.

In den Interventionen fokussiert Lerncoaching auf die Ressourcen und die Lösungspotentiale des Individuums. Es geht in starkem Maß auf das innere Erleben des Lerncoachee ein – stärker als dies in einer herkömmlichen Klassensituation in der Regel möglich ist. Dies geschieht einerseits mittels einer entsprechenden inneren Haltung und eines geschärften Blicks, der mögliche Ressourcen und Lösungen beim Gegenüber sieht. Andererseits wird mittels einer professionellen Gesprächsführung ein situativ angemessener Kontakt zum Lernenden hergestellt. Die Fähigkeit, Gespräche im Sinne von Beratung zu führen, lässt sich üben. Sie ist kein Geschenk der Natur, sondern bedarf eines gezielten Trainings. Daher ist es für den Coach sinnvoll, sich mit verschiedenen Ansätzen von Gesprächsführung auseinanderzusetzen. In seinem Vorgehen berücksichtigt er die nonverbale Ebene von Kommunikation und geht auf die subjektiven Bedeutungen ein, die der Schüler einer Lernsituation gibt.

Mit dem Fokus auf die individuellen Ressourcen und die Lösungspotentiale eignet sich Lerncoaching u. a. als Form zur Umsetzung von Konzepten des individualisierten und kompetenzorientierten Lernens. Im Rahmen solcher Projekte zur Umsetzung eines individualisierten, kompetenzorientierten oder selbstgesteuerten Lernens erfährt die Rolle des Fachlehrers eine Erweiterung: Er wird situativ zum Lernprozessbegleiter oder Lernberater. An diesem Punkt kann Lerncoaching eine passgenaue Unterstützung bieten, sowohl für die lehrende Person in ihrer neuen Rolle wie auch für das individuelle Lernen der Schüler.

In erster Linie bezieht sich Lerncoaching auf die Ebene der Lernprozesse und weniger auf die Ebene der fachlichen Inhalte. Damit unterscheidet sich der Lerncoach von der Rolle des Fachlehrers und Förderlehrers. Somit bedeutet Lerncoaching Prozessarbeit, in welcher Interaktion, Kommunikation und das innere Erleben des Lernenden wichtige Elemente bilden.

Lerncoaching arbeitet in einigen Fällen mit sogenannten ‚fremdinitiiertem Klientel‘, d. h. mit Schülern, die von ihrem Fach- oder Klassenlehrer zu

Lerncoaching = Prozessarbeit!

einem Lerncoaching ‚geschickt' werden. Sie erscheinen nicht freiwillig zu der Sitzung und scheinen dementsprechend wenig kooperationsbereit zu sein. In solcher Situation mag ihnen eine Lernberatung eher als lästiges Unterfangen oder sogar als Bedrohung vorkommen. Gerade für diese schwierigen Kontexte bietet Lerncoaching (vornehmlich aus dem Bereich systemischer Beratung) Modelle und Denkweisen, die ein pädagogisches Handeln erst wieder ermöglichen. Dies geschieht u.a. mittels einer präzisen Auftragsklärung und unter den Vorzeichen von Kooperation.

Zusammenfassend lässt sich Lerncoaching unter folgenden definitorischen Rubriken spezifizieren:

Was ist Lerncoaching?

- Lerncoaching ist eine spezifische Beratungsform, die zum Herstellen einer Passung zwischen Lernendem und Lerngegenstand persönliche Themen des Lernenden in den Fokus nimmt.
- Lerncoaching arbeitet auf der Prozessebene: Wie vollzieht sich das Lernen beim Schüler?
- Lerncoaching klärt Bezugspunkte sowohl in den Aneignungsprozessen der Lernenden als auch in den Vermittlungsprozessen der Lehrenden und berücksichtigt die Wechselwirkung zwischen den Beteiligten.
- Lerncoaching arbeitet mit der Gesamtpersönlichkeit der Lernenden und der Lehrenden.
- Lerncoaching betrachtet ‚Lernen' als subjektives Konstrukt.
- Lerncoaching bietet Unterstützung, Lernprozesse zu planen, zu gestalten und zu bewerten.

Lerncoaching zeichnet sich aus
- durch kooperatives Arbeiten von Lerncoach und Lerncoachee,
- durch professionelle Gesprächsführung,
- durch Arbeit mit emotionalen Anteilen,
- durch zieldienliche Interventionen,
- durch Fokussierung auf die Ressourcen und die Lösungspotentiale des Individuums.

Ziele im Lerncoaching auf der Ebene des individuellen Lernens:
- Präzises Erfassen von Lernschwierigkeiten
- Optimieren von Lernprozessen
- Entwickeln von Lernstrategien
- Lösen von Lernblockaden
- Stärken der Selbstgestaltungspotentiale der Lernenden
- Stärken der Motivation der Lernenden

Grundkompetenzen des Lerncoachs:
- Reflektieren der persönlichen Haltung
- Rollenklarheit
- Professionelles Gestalten von Kommunikation/Interaktion
- Ressourcen- und Lösungsorientiertes Arbeiten
- Fähigkeit, sich angemessen abzugrenzen
- Über ein breites Spektrum von Methoden verfügen

Lerncoaching = Unterstützung

/ Lernprozesse planen
− Lernprozesse gestalten
\ Lernprozesse bewerten

– das Gegenüber bietet die Chance zum Abgleich von Selbst- & Fremdeinschätzung

Kapitel 2
Der personale Faktor

– Empathie & Konfrontation sind wichtige Werkzeuge im LC

Das professionelle Gegenüber – sei es als Berater, Coach, Lerncoach – ist unabdingbarer Gelingensfaktor für einen erfolgreichen Beratungsprozess. Es dient dem Klienten als Spiegel und Bezugsperson. Dies gilt ebenso für die Person des Lehrers, die entscheidenden Anteil zum Lernerfolg des Lernenden beiträgt. Das Individuum ist auf Bezugspersonen angewiesen, so auch in seinem Lernen. Auf neuronaler Ebene steuern Bindungsmuster, Spiegelneuronen und Emotionen den zwischenmenschlichen Kontakt.

Lernbegleitung ist als ein komplexes Geschehen zu begreifen, welches von der interpersonalen Dynamik der beteiligten Personen bestimmt wird. Die folgenden Textpassagen liefern wissenschaftliche Hintergründe zum Verständnis dieser Komplexität.

Der personale Faktor in der Lernbegleitung

Für den Kontext Unterricht zeigt J. Hattie in einer Studie, dass die Lehrperson 30 Prozent zum Lernerfolg des Lernenden beiträgt. Als wichtigste Variable wird in der Studie das Feedback-Verhalten des Lehrers genannt (Hattie 2003) und in verschiedene Parameter eingeteilt. Das Verhalten des Lernbegleiters ist demnach ebenso wichtig wie die Form und die Inhalte des Feedbacks.

Der Mediziner und Psychotherapeut Joachim Bauer betont den Wirkungsgrad der Lehrperson in diesem Sinne: „Da Lehrer bzw. Lehrerinnen nie ausschließlich als Stoffvermittler agieren können, sondern immer als ganze Person in Erscheinung treten, wird klar, dass effizientes Lehren und Lernen […] nur im Rahmen einer gelungenen Gestaltung der Beziehung zwischen Lehrern und Schülern möglich ist." (Bauer 2006, 123)

Die pädagogische Beziehung kann als Basis für die Wissensvermittlung verstanden werden. Konkreter: Der Lernende benötigt den Lehrenden als Bezugsperson. Umso stärker gilt dies für den Bereich Lerncoaching, worin maßgeblich auf der Beziehungsebene gearbeitet wird. Mittels Empathie und Konfrontation unterstützt der Coach den Lernenden darin, das eigene Lernen zu gestalten und zu optimieren. Nur durch das Gegenüber kann ein Abgleich zwischen Selbst- und Fremdeinschätzung vorgenommen werden.

Auch in Lernarrangements, die Phasen selbstgesteuerten Lernens vorsehen, kommt dem personalen Faktor eine wichtige Rolle zu. Denn ein Lernen als eigenverantwortlich gestaltetes Prozedere braucht den Bezugspunkt personaler Resonanz. Durch die Begleitung bzw. durch die Begegnung können die Grundbedürfnisse des Lernenden nach Bindung und Orientierung, die u. a. dem individuellen Handeln und (Lern-)Verhalten zugrunde liegen, Beachtung und Befriedigung finden.

Jüngere Erkenntnisse der Neurowissenschaften belegen die fundamentale Bedeutung der zwischenmenschlichen Interaktion. Drei dieser Erkenntnisse sollen hier in Kürze erläutert sein: Das Bedürfnis nach Bindung, die Wirkung der Spiegelneuronen sowie der Stellenwert der Emotion.

Das Bindungsbedürfnis

Der Mensch ist auf seine Mitmenschen angewiesen. Diese Erkenntnis ist so alt wie die Menschheit und wird durch wissenschaftliche Ergebnisse untermauert. „Das neurobiologische Zentralorgan menschliches Gehirn ist in seiner Programmierung, Funktion und Fortentwicklung fast ausschließlich ein Sozialorgan." (Hüther/Sachsse 2007, 179)

Menschliches Dasein bewegt sich innerhalb von Bindung und Wachstum. Das Bedürfnis nach Bindung ist in unserer Biologie verankert, woraus sich im Laufe des individuellen Lebens Verhaltensschemata von Annäherung und Vermeidung entwickeln.

Klaus Grawe hat eingehend die neuronalen Strukturen und Prozesse untersucht, die dem individuellen Verhalten zugrunde liegen. Gemäß Grawe kann das Bindungsbedürfnis als „das empirisch am besten abgesicherte Grundbedürfnis angesehen werden, gerade auch aus einer neurobiologischen Sicht" (Grawe 2004, 192). Jedes Phänomen von Bindung bildet sich auf neuronaler Ebene in Form von synaptischen Verschaltungen und aktivierten Neurotransmittern ab. „Das Bindungsbedürfnis ist in der Neurobiologie und Physiologie des Menschen viel tiefer verankert, als die an Menschen dazu durchgeführten Untersuchungen ahnen ließen." (Grawe 2004, 195)

Neben seinen neurobiologischen Forschungsergebnissen bezieht sich Grawe u. a. auf die Bindungstheorie von John Bowlby, nach der die Erfahrungen mit primären Bezugspersonen der frühen Kindheit maßgeblich spätere Verhaltensmuster prägen: „Das Kind verinnerlicht seine frühen dyadischen Beziehungserfahrungen. Sie schlagen sich in seinem impliziten Gedächtnis in Form von Wahrnehmungs-, Verhaltens-, emotionalen Reaktionsbereitschaften und motivationalen Bereitschaften nieder." (Grawe 2004, 193) Somit werden auch Lernprozesse von Bindungserfahrungen beeinflusst (Bauer 2007, Bowlby 2005). Das menschliche Gehirn ist auf Bindung angewiesen. Und das entsprechende Bedürfnis bleibt für die gesamte Dauer des Lebens ausgeprägt.

Vor diesem Hintergrund wird deutlich, wie wichtig die in der pädagogischen Literatur oftmals genannte ‚pädagogische Beziehung' ist, denn in ihr entfaltet das Bindungsbedürfnis seine für das Lernen förderliche oder hinderliche Wirkung. Dies gilt gleichermaßen für den Schulbereich wie auch für die Felder von Ausbildung, Erwachsenenbildung und Lerncoaching.

19

Beziehungsgestaltung gehört im professionellen Kontext von pädagogischen oder beraterischen Tätigkeiten zum Alltagsgeschäft. Darin bildet das Grundbedürfnis nach Bindung einen Bezugspunkt, dessen Stellenwert nicht hoch genug eingeschätzt werden kann. Dieses Bedürfnis wird während eines Lerncoachings tendenziell entweder befriedigt oder weniger beachtet – oder sogar verletzt. Die Gestaltung von Interaktion und Kommunikation liegt in den Händen des Lernbegleiters.

Mit Blick auf die pädagogische Praxis lässt sich eine Professionalisierung der zwischenmenschlichen Kontaktgestaltung fordern (Bauer 2008, Reich 2010).

Die Spiegelneuronen

Wenn Menschen zusammenkommen und intensiv miteinander kommunizieren, lässt sich folgendes Phänomen beobachten: Die an der Kommunikation beteiligten Personen nehmen im Verlaufe der Interaktion ähnliche Haltungen ein oder zeigen annähernd gleiche Gesten im Ausdrucksverhalten. Solches Spiegeln findet auf der Ebene der gesamten Körperhaltung sowie auf der Ebene partieller Körperbewegungen statt. Dieses Wechselspiel, im Sinne einer Synchronisation in der Körperhaltung und im Verhalten, kann als ‚Resonanzphänomen' benannt werden:

> „Resonanz- und Spiegelphänomene können im Alltag auch bei ganz normalen körperlichen Bewegungen auftreten. So zeigen Menschen eine unbewusste Tendenz, Haltungen oder Bewegungen eines gegenübersitzenden Gesprächspartners spontan zu imitieren. Oft übernehmen sitzende Gesprächspartner, vor allem wenn sie in gutem Einvernehmen sind, unwillkürlich dieselbe Körperhaltung, die kurz zuvor der andere eingenommen hat." (Bauer 2006, 12)

Solchen Resonanzphänomenen liegt die Wirkung der Spiegelneuronen zugrunde. „Diese Neuronen können im Gehirn eines Menschen die Bewegungen repräsentieren, die dieser an einem anderen Menschen wahrnimmt, und Signale an sensomotorische Strukturen schicken, sodass die entsprechenden Bewegungen entweder als Simulation stattfinden oder tatsächlich ausgeführt werden." (Damasio 2003, 139) Prozesse solcher Art vollziehen sich unwillkürlich, spontan und in hoher Geschwindigkeit. Sie sind nur zu einem geringen Teil dem Bewusstsein zugänglich. Auf dieser Weise dient die Wirkung der Spiegelneuronen u.a. dem Sozial- und Bindungsverhalten. Sie lösen in der Regel ein spezifisch emotionales und körperliches Befinden aus. Berichtet z.B. ein nahe stehender Mensch von einem schmerzhaften medizinischen Eingriff, mag es sein, dass sein Zuhörer das Gesicht verzieht und bei der Vorstellung dessen, was er gerade gehört hat, ein internes Unbehagen verspürt. Der Mediziner und Psychotherapeut Joachim Bauer beschreibt dies wie folgt: „Spiegelneurone benutzen das neurobiologische Inventar des Beobachters, um ihn in einer Art inneren Simulation spüren zu lassen, was in anderen, die er beobachtet, vorgeht." (Bauer 2006, 55 f.) Damit wird ein intuitives Einfühlen im Sinne eines Hineinversetzens in das Gegenüber möglich.

Spiegelneuronen werden aktiv,

- „wenn ein Mensch selbst in einer bestimmten Weise handelt,
- wenn der Betreffende beobachtet, wie ein anderer die gleiche Handlung vornimmt, und
- wenn sich der Betreffende die Ausführung dieser Handlung nur vorstellt" (Künzler 2010, 124).

Die Wirkung der Spiegelneuronen mag faszinieren und zu Spekulationen einladen. Sicher ist, dass ihre Entdeckung im Jahr 1995 durch das Team des italienischen Neurobiologen Giacomo Rizzolatti neue Aspekte zum Verständnis des Bindungsverhaltens, der interpersonalen Dynamik und des Imitationsverhaltens liefert. Ob sie ein Erklärungsmodell für Empathie und Kulturfähigkeit darstellt, bleibt kritisch zu hinterfragen (Siefer 2010).

Der Stellenwert der Emotion

Emotionen und Gefühle bestimmen das menschliche Dasein. Dies lässt sich für das subjektive Erleben wie auch für das zwischenmenschliche Miteinander behaupten. (In Kapitel 4.3 wird darauf noch eingegangen.) Durch Emotionen beziehen sich Menschen aufeinander und verhalten sich zueinander. Sie sind der Motor, der das Zusammenleben möglich macht und in Bewegung hält. Das heisst nicht, dass dies immer leicht wäre. Bindung und Beziehung sind ohne Affekte, Emotionen und Gefühle nicht denkbar.

Emotionen sind überlebenswichtig (Ekman 2010) und erfüllen eine Vielzahl an Funktionen. Sie „bilden also nicht nur eine wesentliche Komponente unserer Identität […], sondern sind auch zentral wichtig für die Veränderung von Gedächtnisinhalten und dem darauf basierenden Verhalten" (Künzler 2010, 126).

Mit den Erkenntnissen der Neurobiologie gewinnt der Stellenwert der Emotionen zur Erklärung jeglicher Lernprozesse an Gewicht. „Die neurobiologisch immer mehr erhärtete Tatsache, dass es keine starren Gegensätze zwischen Denken, Handeln und Fühlen gibt, ist pädagogisch relevant. […] Emotionen spielen nicht nur eine Rolle im Sozialverhalten der Schüler […]. Vielmehr ist der harte Kern – der Lernprozess selbst – emotional geprägt." (Reich 2005, 139)

Dies belegt u. a. auch die medizinische Psychologie, die eine begriffliche Trennung von Emotion und Kognition zwar für notwendig, aber aus physiologischer Sicht für unhaltbar betrachtet: Emotion und Kognition sind beide untrennbar miteinander verwoben – dergestalt, dass emotionale Anteile sehr viel mächtiger und schneller wirken als kognitive. (Dies beschreiben führende Neurowissenschaftler wie A. Damasio, J. Ledoux und G. Roth.)

— bewusster Umgang mit Emotionen dient der Förderung des Lernprozesses

Im Kontakt zu den Mitmenschen öffnet sich ein Füllhorn von Emotionen. An diese knüpfen sich auf der Ebene des Empfindens und Handelns unwillkürliche Muster von Annäherung und Vermeidung an. Jede Beziehung und jeder Lernprozess sind davon bestimmt. Somit kann ein Nicht-Beachten oder sogar Verleugnen von emotionalen Ladungen, Befindlichkeiten oder Blockaden dem Lernprozess kaum dienlich sein. Es braucht vielmehr einen bewussten Umgang mit den Emotionen, um sie für den Lernprozess zu nutzen.

In der Schlussfolgerung bedeutet dies, dass durch einen bewussten und souveränen Umgang mit den eigenen emotionalen Anteilen wie auch mit denen des Gegenübers ein wesentlicher Beitrag zur Beziehungsgestaltung geleistet wird. Ebenso gilt dies für die Begleitung von Lernprozessen.

Konsequenzen für Lernbegleitung und Lerncoaching

Der Lernende benötigt den Lehrenden als Bezugsperson und Modell. „Das Vorbild des Lehrers prägt Lernprozesse, weil der Lehrer Teil der […] Lernumgebung ist" (Reich 2005, 97) – und es ließe sich ergänzen: Weil die Lehrperson über ihr Bindungsverhalten, ihre Spiegelneuronen und ihre Emotionen unmittelbar auf die psycho-physische Befindlichkeit des Lernenden einwirkt. So betont auch der Hirnbiologe G. Hüther, dass das Gehirn in erster Linie als Sozialorgan und weniger als Denkorgan gebraucht wird (Hüther 2004, 493).

Daraus abgeleitet lässt sich für den Lernbegleiter bzw. Lerncoach empfehlen, dass er zwei Ebenen im Blick halten möge: die Ebene des Inhalts bzw. des Lerngegenstands sowie die Ebene des interpersonalen, emotionalen Geschehens. Die Beratung zielt auf die Passung zwischen Lerner und Lerngegenstand, wird allerdings maßgeblich von den Resonanzen zwischen Lerner und Lerncoach bestimmt. Es liegt in der Verantwortung des Begleiters, diese in den Blick zu nehmen. Denn im Allgemeinen nimmt der Lerner das Geschehen auf der Resonanzebene nur vorbewusst oder diffus als eigene Befindlichkeit wahr. Es begünstigt den Beratungsprozess, wenn der Lerncoach den Zustand des Lernenden annähernd erkennt und darauf eingehen kann. Dann wird sich der Lerner gesehen und verstanden fühlen. Erst auf dieser Grundlage lassen sich emotionale Zustände des Lernenden, die z.B. bei Lernblockaden großes Gewicht haben, zu einer Artikulation und damit zur Veränderung bringen. Als Methode dient dem Lernbegleiter u.a. ein bewusst eingesetztes Widerspiegeln. Befindlichkeiten und konkrete emotionale Ladungen, die den Lernvorgang behindern, können bearbeitet werden.

Einerseits sollte der Lerncoach bzw. Lernbegleiter seine Fähigkeit trainieren, die Befindlichkeit seines Gegenübers wahrzunehmen und diese zu akzeptieren. Andererseits benötigt er einen guten Umgang mit seiner persönlichen Grenze. Denn sollte er sich von den Emotionen des Lernenden übermäßig beeinflussen lassen oder sie übergehen wollen, würde dies den Beratungsprozess stören oder sogar verunmöglichen.

Es ist der Lernbegleitung dienlich, wenn sich der Lerncoach mit seinem persönlichen Kommunikations- und Bindungsstil auseinandergesetzt hat. „Das Selbstbild, die eigene (Lern-)Biographie und individuelle Motive (oder Demotiviertheit) spielen dabei gewichtige Rollen. So werden z.B. eine verzerrte Selbstwahrnehmung oder eine Konfliktscheue wahrscheinlich die Beziehung des Lehrenden zu den Lernenden beeinträchtigen." (Nicolaisen 2009)

Lehren bzw. Beraten findet immer in sozialen, emotional geprägten Aggregaten statt, und daher beeinflusst der individuelle Bindungsstil die professionelle Beziehung. Schließlich ist der Kommunikationsstil der pädagogisch tätigen Person durch ihre Bindungserfahrungen gefärbt oder sogar bedingt. Ebensolches gilt für die Haltung, mit der ein Pädagoge seinen Lernenden und der Lerncoach seinem Kunden begegnet. Der personale Faktor trägt erheblich zum Lernerfolg des Lernenden bei.

Die genannten thematischen Punkte werden in den weiteren Kapiteln des ersten Buchteils eingehender dargestellt. Die darin behandelten Themen Körper, Hirnbiologie und inneres Erleben sind eng miteinander verknüpft. Als Hintergrund dienen systemische Perspektiven und konstruktivistischer Annahmen, die ebenfalls eine Darstellung finden.

→ um im LC an Inhalten arbeiten zu können, muss sich der Lerner vom Coach gesehen und verstanden fühlen!

→ Coach braucht ein gutes Gefühl für persönl. Grenze zum Lerner, sonst wird der Beratungsprozess gestört

Kapitel 3
Metatheoretische Aspekte: Systemische Perspektiven und Konstruktivismus

In diesem Kapitel werden metatheoretische Aspekte geschildert. Sie dienen als Basis für die weiteren Kapitel wie auch für eine Vielzahl der methodischen Vorgehen, die im zweiten Teil des Buchs dargestellt sind. Sie stammen aus dem Bereich der systemischen Beratung sowie aus dem Feld konstruktivistisch orientierter Erkenntnistheorie. Diese Perspektiven liefern Verstehensfolien für menschliche Interaktion und Kommunikation sowie für Prozesse von Selbstorganisation. Individuelles Lernen ereignet sich immer in solchen Kontexten.

Das Systemmodell
Das Systemmodell betrachtet Elemente und Ereignisse nicht als isolierte Phänomene, sondern in ihrer Bezogenheit aufeinander. Das Individuum ist Teil eines sozialen Systems, eine Lernblockade ist Teil eines inneren Erlebens. Im systemischen Modell werden sie als verwoben in komplexen Wirkungsgefügen verstanden. Dies erfordert eine Erweiterung des monokausalen, linearen Denkens. Deshalb richtet sich der systemische Blick auf Wechselwirkungen sowie auf nicht-lineare und multikausale Zusammenhänge und beschreibt sie als Muster und Regelkreise.

In der systemischen Forschung und Praxis gibt es eine Vielzahl an Denkrichtungen und Ansätzen. Grundsätzlich lassen sich drei große Bereiche unterscheiden: die Allgemeine Systemtheorie (u.a. Ludwig v. Bertalanffy, Gilbert Probst), die Soziologische Systemtheorie (u.a. Talcott Parsons, Niklas Luhmann) und die Personale Systemtheorie (u.a. in der Tradition von Gregory Bateson).

3.1 Die Personale Systemtheorie

Die Personale Systemtheorie lässt sich auf den Anthropologen und Biologen Gregory Bateson zurückführen. Bateson traf in den 1950er Jahren in Palo Alto, Kalifornien auf den Psychiater D.D. Jackson. Beide bezogen das systemische Denken auf die Bereiche Kommunikation und Therapie. Mitarbeitende in ihren Forschungsgruppen waren u. a. Paul Watzlawick, Jay Haley und Virginia Satir. An der Peripherie, allerdings mit erheblichem Einfluss, muss Milton Erickson genannt werden.

In dieser Linie sind seit den 1960er Jahren verschiedene Beratungskonzepte entwickelt worden. Watzlawick widmete sich u. a. den Grundsätzen menschlichen Wandels und formulierte daraus die Ansätze der Lösungsorientierung sowie der Kurzzeit-Therapie. Jay Haley verband die Ideen Batesons mit den Erfahrungen, die er während seiner Ausbildung bei Milton Erickson sammeln konnte, zum Strategisch-lösungsorientierten Ansatz. Und Satir, die in der Literatur auch als ,Mutter der Familientherapie' bezeichnet wird, bezog die systemtheoretischen Annahmen über Kommunikation auf Carl Rogers humanistisch-psychologischen Ansatz und entwickelte ihre eigene entwicklungsorientierte Familientherapie. Diese Ansätze fanden in den folgenden Jahrzehnten verbreitete Anwendung über den therapeutischen Kontext hinaus, z. B. in pädagogischen, psycho-sozialen und unternehmerischen Arbeitsfeldern.

Grundannahmen

In der Personalen Systemtheorie finden sich folgende Grundannahmen, die bereits von G. Bateson formuliert worden sind:

1. Ein soziales System besteht aus handelnden Individuen. Diese werden als Elemente des Systems betrachtet.
2. Individuen agieren und reagieren aufgrund ihres subjektiven Bildes von der Welt, d. h. aufgrund der Bedeutungen, die sie einer Situation geben.
3. Soziale Systeme sind von formalen und informellen Regeln bestimmt. Es entstehen Regelkreise aufgrund wechselseitiger Deutungen und sozialer Regeln.
4. Soziale Systeme haben eine Geschichte inklusive Anfang, Entwicklung und Endpunkt.
5. Veränderung wird durch das Bilden von bedeutsamen Unterschieden initiiert (Bateson 1981, 618).

Diese Setzungen erlauben eine unkonventionelle Sichtweise auf sogenannte ,Probleme' oder ,Lernprobleme' oder auch ,Problempersonen': „Ein Problem [...] wird als Geschehen gesehen, an dem viele verschiedene miteinander interagierende Menschen beteiligt sind, nicht als ein ,Wesensmerkmal', das eine Person oder ein soziales System ,hat'." (Schlippe/Schweitzer 2010, 7) Damit hätte ein sogenanntes ,Problem' weitaus weniger mit unabänderlichen Eigenschaften eines Individuums zu tun als vielmehr mit menschlicher Interaktion sowie mit der Art und Weise, wie über das Problem kommuniziert wird. Also richtet sich der beraterische Blick auf bedeutsame und sich wiederholende Kommunikationsmuster: „Das entscheidende System [...] besteht nicht aus Personen, sondern aus Information und Kommunikation." (Schlippe/Schweitzer 2003, 30)

Aufgrund solcher Annahmen erarbeiten zahlreiche Ansätze der systemischen Beratung ihre Interventionen entlang Beschreibungen von zirkulärer Kausalitäten, narrativ-konstruierter Wirklichkeit und Prozessen von Selbstorganisation (– diese Begrifflichkeiten werden weiter unten im Text erläutert). Zudem findet menschliches Handeln und Erleben immer in Kontexten statt und lässt sich nur über diese verstehen.

Systemische Familientherapie

Das systemische Arbeiten mit Familien erhielt wesentliche Impulse u.a. aus dem Bereich der entwicklungsorientierten Familientherapie, wie sie von Virginia Satir entworfen und praktiziert worden ist. Satir betonte den Zusammenhang zwischen familiär geprägten Kommunikationsstilen und dem Bedürfnis nach einem Selbstwerterleben (Baldwin 2002; Kriz 2001).

Im Laufe des Heranwachsens wird ein Kind durch bedeutungsvolle Bezugspersonen sowie die Kontexte seiner unmittelbaren Umgebung beeinflusst. Unbewusst übernimmt es Kommunikationsmuster und Geschichten (d.h. Regeln und Narrationen) aus seinem familiären Umfeld. Der Heranwachsende bzw. der spätere Jugendliche oder Erwachsene wird sich teilweise weiterhin im Rahmen diesen gelernten Regeln bewegen und somit seine Möglichkeiten und sein Selbstwerterleben gemäß dem gewohnten Erfahrungsraum einschränken: „Familie wird gesehen als regelgeleitetes System: Wie bei jeder anderen Gruppe auch entwickeln sich in einer Familie im Laufe der Zeit Regeln, die die Verhaltensspielräume der einzelnen beschreiben und begrenzen." (Schlippe/Schweitzer 2003, 28)

Das Miteinander der Familienmitglieder ist eingespielt und scheint Sicherheit zu geben. Daher haben die Mitglieder ein (zumeist unbewusstes) Interesse, ihr Spiel aufrechtzuerhalten – auch dann, wenn es einen hohen Leidensdruck oder Symptome verursacht. Es ist ein System, das sich über zumeist unausgesprochene Regeln in einem Gleichgewicht hält (Homöostase): „Der Begriff ‚Regeln' ist eine Metapher, um die in einem System beobachtbaren Redundanzen zu beschreiben. Es sind die Wege gemeint, mit denen sich ein System in der Balance hält, mit denen es den Fluss von Gleichgewicht und Ungleichgewicht steuert." (Schlippe 1995a, 27) Die kommunikativen Muster zwischen den Familienmitgliedern inklusiver Rollenbildungen bestimmen dieses Spiel und bilden das Regelwerk für Verhaltensweisen: „Die Macht liegt in den Spielregeln." (Selvini Palazzoli et al. 1977, 15)

Systemische Beratung und Therapie beabsichtigen, das Spiel zu irritieren. Die Spielregeln sollen durch Intervention wie auch durch neue Informationen erweitert bzw. gestört werden. Mit dieser Betrachtungsweise ändert sich die Sicht auf sogenannte ‚Symptome': Sie können als Information in einem sozialen Spiel und weniger als individuelles Problem betrachtet werden. Daraus wurden ungewohnte Interventionsmöglichkeiten abgeleitet, z.B. das zirkuläre Fragen.

Dieses Verständnis führte in den 1960er und 1970er Jahren in familien-

26

therapeutischen Ansätzen und Modellen zu der Vorstellung, der Therapeut könne durch direktive Intervention eine Familie aus einen ‚dysfunktionalen' Ist-Zustand in einen ‚funktionalen' Soll-Zustand bringen (z.B. Haley 1977: „Strategische Familientherapie" oder M. Selvini Palazzoli et al.1977: „Systemisch-kybernetische Familientherapie"). Solche Vorstellung von geplanter und instruktiver Steuerung wurde allerdings zunehmend kritisiert: Wer definiert, was ‚dysfunktional' bedeutet?

Die kritische Reflexion von Möglichkeiten und Grenzen der genannten Verfahren führte in den 1980er und 1990er Jahren zu neuen systemischen Ansätzen und Modellen (z.B. Boscolo et al. 1988: „Systemisch-konstruktivistische Therapie" oder Andersen 1990: „Reflecting team" oder De Shazer 1989: „Lösungsorientierte Kurz-Therapie"). In diesen Modellen wurde der Zweifel an der planbaren direkten Einflussnahme durch den Therapeuten fruchtbar integriert: Der Blick richtete sich nun auf den Klienten bzw. die Klientengruppe als lebendes System mit eigenen Ressourcen und eigenen internen Gesetzmäßigkeiten. Solch ein lebendes System organisiert sich nach seinem inneren Bezugsrahmen und seinen Variablen selbst. Demnach lässt sich der Klient nicht ziel-linear instruieren oder steuern. Der Berater kann lediglich Anregungen geben bzw. das Klientensystem verstören – und hypothetisieren: Denn seine Sicht der Dinge muss nicht der Sicht des Klienten entsprechen. Der Berater unterliegt immer seinen eigenen konstruierten Wahrnehmungen und Erklärungen. Die Sichtweise und das Gestaltungspotential des Klienten jedoch sind bestimmt durch dessen Prozesse von Selbstorganisation und Wirklichkeitskonstruktion.

„Die Ordnung im System entsteht […] wesentlich aufgrund der inhärenten wechselseitigen Beziehungen der Variablen, externe Variablen der System-Umgebung stellen nur den Anlass […] zur Verfügung. Es wird also keine Ordnung von außen importiert, sondern von innen entfaltet." (Kriz 2001, 229) Überträgt man diese Betrachtung auf die Beratungssituation, wäre der Berater oder Coach die *externe Variable,* die lediglich Impulse zu geben vermag.

Die genannten Konzepte und ihre Interventionen aus dem Feld der systemischen Familientherapie haben mittlerweile eine verbreitete Anwendung gefunden, die über den therapeutischen Kontext hinausreicht, z.B. in pädagogischen, psycho-sozialen wie auch in Organisationsentwicklung und unternehmerischen Arbeitsfeldern. So wendet z.B. Mara Selvini Palazzoli, die das Mailänder Modell der systemischen Familientherapie mitbegründete, in den 1980er Jahren erstmals die systemische Praxis auf den Bereich von Organisationsberatung und -entwicklung an (Selvini Palazzoli et al. 1988).

3.2 Konstruktivismus

Systemisches Denken und Handeln steht im engen Zusammenhang mit den Ansätzen einer konstruktivistischen Erkenntnistheorie. Unter dem Begriff ‚Konstruktivismus' versammeln sich verschiedene Richtungen, u. a. der methodische Konstruktivismus der Erlanger Schule (Kamlah, Lorenzen), der konstruktiv-kulturpsychologische Ansatz (Wygotski), der radikale Konstruktivismus (Maturana, Varela, von Foerster, von Glasersfeld) und der soziale Konstruktionismus (Gergen). Seit den 1980er Jahren werden konstruktivistische Ansätze in einer Vielzahl systemischer Theorien und Beratungskonzepte als erkenntnistheoretische Grundlage genannt.

Stark vereinfachend lässt sich mit dem Konstruktivismus behaupten, dass jedes Erkennen von evolutionär gewachsenen Wahrnehmungsrastern abhängt, die wiederum in jedem menschlichen Individuum sozio-kulturelle und subjektive Prägungen erhalten. Damit kann ‚Wirklichkeit' nie völlig vom Betrachter und seinen Dispositionen losgelöst werden. Eine ‚Erkenntnis' ist somit immer subjektiv gefärbt und das Produkt von gesellschaftlichen Übereinkünften und wissenschaftlichen Grundannahmen.

Subjektive Wahrnehmungen und soziale Prozesse lassen sich nicht objektiv erfassen – sie können nur als ‚Landkarte' umschrieben werden. Dies bedeutet, dass jede vermeintliche Beobachtung, die ein Lerncoach vornimmt, immer durch seine Beobachterposition bedingt ist.

Radikaler Konstruktivismus

„Der radikale Konstruktivismus beruht auf der Annahme, dass alles Wissen […] nur in den Köpfen von Menschen existiert und dass das denkende Subjekt sein Wissen nur auf der Grundlage eigener Erfahrung konstruieren kann. Was wir aus unserer Erfahrung machen, das allein bildet die Welt, in der wir bewusst leben. Sie kann zwar in vielfältiger Weise aufgeteilt werden in Dinge, Personen, Mitmenschen usw., doch alle Arten der Erfahrung sind und bleiben subjektiv." (von Glasersfeld 1996, 22)

Gemäß solchen Standpunkts kann ein Mensch niemals wissen, was in einem anderen Menschen tatsächlich vor sich geht, ganz zu schweigen davon, was für diesen anderen Menschen gut sein könnte. Es ist lediglich eine Annäherung an die ‚Landkarten' des Gegenübers möglich, die er sich von der Welt und den Welten seines Innenlebens durch Erfahrung angelegt hat. Diese Landkarten sind nur ein schwaches Abbild seines höchst komplexen und vieldimensionalen Verarbeitens von Sinnesdaten und der damit verknüpften Bedeutungen. Und doch bilden sie die Grundlage für weitere Erfahrungen, die dann in diese Karten eingefügt bzw. eingepresst werden. So nimmt ein Individuum nur schwerlich auf, was nicht in sein Weltbild passt. Eine mögliche Passung wird im Konstruktivismus als ‚Viabilität' bezeichnet, d.h. die neue Information muss in die bisherigen Konstrukte einfügbar sein. Somit schränkt das Bild, welches sich ein Mensch von der Welt macht, einerseits sein Erleben ein, doch andererseits macht es die Unzahl an Informationen, die auf das Individuum einstürzen, überhaupt verarbeitbar.

Provokant formuliert Heinz von Foerster: „Die Umwelt, so wie wir sie wahrnehmen, ist unsere Erfindung." (von Foerster 1991, 40) Gänzliches Verstehen kann nicht möglich sein, nur eine annähernde Verständigung über subjektive Erfindungen.

Exkurs: Konstruktivistische Lerntheorie

Die Konstruktivistische Lerntheorie wird in der Lernforschung als aktuelles Paradigma genannt (Seel/Hanke 2010, 40ff.) und steht im Zusammenhang mit dem Kognitiven Konstruktivismus. Darin wird Wirklichkeit als Konstruktion gesehen, die von persönlichen Sinnhaftigkeiten und Bedeutungsgebungen abhängig ist. Gemäß der Konstruktivistischen Lerntheorie unterliegt jedes Lernen intrapsychischen Bedingungen und ist nicht von außen steuerbar. Sie wird durch Erkenntnisse der Neurobiologie ergänzt, welche den Fokus auf die physiologischen und bio-chemischen Prozessstrukturen des Lernens richtet. Dieses ist immer an den individuellen Organismus und das subjektive Erlebens gebunden und vollzieht sich

1. aktiv: als ein Prozess von komplexer Selbstorganisation;
2. konstruiert: als ‚Rechenleistung' der hirnbiologischen Prozesse im Abgleich mit bisherigen Erfahrungen;
3. individuell: als subjektive Bewertung von Informationen und Situationen sowie in subjektiv bevorzugten Repräsentationen.

Bezogen auf die Begleitung von Lernprozessen müsste pädagogisches Handeln demnach Methoden zur Verfügung stellen, welche „die subjektiven Deutungen von Wirklichkeiten bewusst machen und erweitern" (Siebert 1998, 74). Und es müsste berücksichtigen, dass Lernen eine Tätigkeit ist, die sich in neurobiologischen Prozessen selbst organisiert und in den höheren Hirnregionen mit Bedeutung versehen wird: „So wie Erkennen nicht bloße Abbildung äußerer Realitäten ist, so ist Lernen keine Widerspiegelung des Gelehrten. [...] Lernen ist eine komplexe, selbstorganisierte und auf erfolgreiches Handeln bezogene Tätigkeit. Durch Lernen konstruieren wir unsere Wirklichkeit [...]." (Siebert 1998, 37)

Sozialer Konstruktionismus

Der soziale Konstruktionismus wurde maßgeblich durch die Arbeiten des Sozialpsychologen Ken Gergen geprägt. Gergen folgt den Annahmen des Konstruktivismus, unterstreicht aber die soziale Bezogenheit des menschlichen Individuums. Wirklichkeitserleben formt sich durch Beziehungen und andere soziale Erfahrungen sowie durch Sprache. Dabei betrachtet Gergen den Menschen nicht als bloßes Produkt seiner Umwelt, sondern er nimmt an, dass ‚Wirklichkeit' in einem permanenten Austausch sozial konstruiert wird. Dies geschieht über Gespräche, Annahmen, Erwartungen, Bilder, etc. Der Mensch „ist so, wie die anderen – und er selbst – ihn sich vorstellen" (Gergen 1990, 195). Dies mag Gefahren bergen, doch ebenso vielfältige Möglichkeiten eröffnen: Sogenannte ‚Problempersonen' könnten also auch ganz anders sein. Damit wäre das Eigenschaftsmodell, welches menschliches Tun aufgrund der Annahme stabiler Eigenschaften erklärt, hinfällig.

Das Selbstbild wird von Gergen als ein Patchwork verstanden. In dieser Annahme zeigt sich der Einfluss postmodernen Denkens auf den sozialen Konstruktionismus. Die Charaktereigenschaften eines Menschen würden nicht auf Immer-und-ewig festgelegt, sondern wären wandelbar. Angesichts der neuen ‚social media' scheinen solche Gedanken nicht abwegig.

Der soziale Konstruktionismus beleuchtet die Auswirkung sozialer Kontexte, wie z.B. der Familie oder der peer-group, auf die subjektive Konstruktion von Wirklichkeiten. Diese haben mittelbar und unmittelbar Einfluss auf Lernprozesse. Obgleich Familie oder peer-group in einer Lerncoaching-Sitzung nicht unmittelbar anwesend sind, können sie auf eine Lernsituation erheblichen Einfluss haben, z.B. als motivierende Faktoren oder auf die Selbstannahmen des Lernenden. Damit mögen sie zu einem wichtigen Thema innerhalb eines Lerncoachings werden.

3.3 Grundbegriffe Systemik

3.3.1 Kontext

Jegliche Interaktion oder Kommunikation, jegliches Verhalten oder subjektives Erleben – sie alle finden immer in einem Kontext statt. Mit ihm erhalten sie ihre Sinnhaftigkeit und Bedeutung. Dasselbe lässt sich von Lernprozessen und Lernschwierigkeiten sagen. Als isolierte Phänomene sind sie kaum zu verstehen.

Das als ‚schwierig' bezeichnete Verhalten eines Individuums scheint manches Mal als erratischer Block, ebenso manche Lernproblematik. Und doch erfüllen sie in bestimmten Zusammenhängen einen Nutzen. So mag z.B. seine Lernblockade einem Schüler die Aufmerksamkeit und Zugewandtheit seiner Eltern bescheren. Die Null-Bock-Haltung einer Schülerin sichert ihr die Zugehörigkeit zu ihrer peer-group. Der jeweilige Sinn ergibt sich erst durch den Blick auf die Kontexte.

In vielen solcher Situationen geht es um Bedürfnisse, die sich melden und sich in einer verdeckten Art und Weise artikulieren. Bisweilen mag dies auf Mitmenschen unangebracht oder (ver-)störend wirken und zu einem ‚Problem' werden. Erlernte Muster im Denken, Fühlen und Handeln werden als problematisch erlebt bzw. bezeichnet, „wenn Menschen sich nicht mehr kontextvariabel verhalten können" (Hermann 2010, 21). Das reaktante

Verhalten eines Schülers stellt in den meisten Fällen einen Schutz vor Herabwürdigung seiner Person dar. Im Kontext seiner Bedürfnislage ist dies durchaus sinnvoll und kann als Selbstschutzkompetenz gesehen werden. Ein Black-out während einer Prüfung wird zwar immer erlitten, doch in ihm kann sich ein Zustand von Überforderung artikulieren. In solchem Licht wird deutlich, dass es in den meisten Fällen keinen Sinn macht, gegen ein Verhalten anzugehen. Denn in einem bestimmten Kontext macht es Sinn.

Mit Bezug auf Bateson weisen Schlippe und Schweitzer darauf hin, dass „die Bedeutung einer Information von Kontextmarkierungen abhängt – Kennzeichen, die zeigen, wie eine Aussage zu verstehen ist. Der Satz ‚Jetzt mache ich Dich fertig!' wird, lachend bei einem Schachspiel gesagt, völlig anders verstanden als bei einem Streit in der Kneipe mit wutverzerrtem Gesicht." (Schlippe/Schweitzer 2003, 177)

3.3.2 Die Konstruktion von Wirklichkeit

Jede Wahrnehmung von ‚Wirklichkeit' ist an die Bedingungen des menschlichen Organismus geknüpft. Dessen Spektrum zur Aufnahme von Sinnesdaten ist rein biologisch eingeschränkt. ‚Erkennen' hängt von evolutionär gewordenen Wahrnehmungsrastern ab, die sich über Jahrmillionen hinweg gebildet haben. Nimmt ein Mensch einen anderen wahr und glaubt er, in diesem etwas zu erkennen, unterliegt er immer jenen Wahrnehmungsrastern wie auch seinen persönlich-biografisch bedingten Sichtweisen. Der Organismus und mithin das Gehirn schaffen „Konstruktionen, die zum einen aus der Herkunftsfamilie des Individuums stammen, aber auch von ihm selbst vorgenommen werden, um die Umwelt besser zu verstehen und Angst machende Komplexitäten zu reduzieren. Verantwortung heißt in diesem Zusammenhang: Ich wähle meine eigene Sinn-, Problem-, Lösungskonstruktion und bin daher für sie verantwortlich." (Herrmann 2010, 32) Demnach wären auch Probleme und Lösungen als Konstrukte des subjektiven Erlebens zu verstehen. Sie führen kein isoliertes Eigenleben, sondern ergeben sich aus dem persönlichen Fokussieren von Aufmerksamkeit: „Das jeweilige Wirklichkeitserleben sagt nichts über ‚Wahrheit' aus, sondern nur etwas darüber, von welchen Erlebnis- und Wahrnehmungsmustern der Erlebende sich gerade absorbieren lässt. Wir erfinden uns unsere subjektiv wirksame jeweilige Wirklichkeit selbst durch die Art unserer Beobachtung." (Schmidt 2007, 182)

‚Wirklichkeit' hängt immer von Dispositionen ihres Betrachters ab, d.h. von seinem Befinden, von seinen Gedanken, Gefühlen und Erfahrungen. Bereits durch den Akt des Wahrnehmens wird das Erkannte verändert. Der Beobachter beeinflusst in hohem Maß das Beobachtungsergebnis (– dies belegt u.a. die Heisenberg'sche Unschärferelation). Die Aufnahme von Information wie auch deren Verarbeitung passieren nicht in einem aseptischen

Raum. Sie unterliegen während ihres Vollzugs bereits den Konstruktionsleistungen des Gehirns.

In der Annahme einer konstruierten Wirklichkeit finden sich die Positionen des Konstruktivismus wieder, der in Kapitel 3.2 dargestellt ist.

3.3.3 Narration: Wirklichkeit entsteht durch Sprache

Inneres Erleben und soziales Geschehen lassen sich nicht objektiv erfassen – sie können nur als ‚Landkarte' umschrieben werden. Darin übernimmt Sprache eine wichtige Rolle: Sie ordnet und reduziert komplexe Wirkungsgefüge. Dies ist notwendig, damit der Mensch handlungsfähig bleibt. Also macht Sprache einerseits unüberschaubare Zusammenhänge verstehbar und verfügbar, andererseits trivialisiert sie diese aber auch. Jedes Wort, das vorgibt, eine Situation zu beschreiben, kann nur ein bruchstückhafter Hinweis darauf sein. Das gesprochene Wort funktioniert keineswegs lexikalisch, sondern eher unscharf. Sprache (auch die wissenschaftliche Sprache) ist damit kein Garant für Wahrheit.

Wirklichkeit ist durch Sprache bedingt

Sprachlicher Ausdruck unterliegt immer syntaktischen und semantischen Bedingungen. Damit verführt er zu einer bestimmten eingeschränkten Sicht von Realität. Mit dem Gebrauch von Sprache „müssen wir uns den Ordnungskräften, den Regeln und grammatischen Strukturen, die in der Sprache zur Wirkung kommen, unterwerfen. […] Ursache-Wirkungsketten […] erwachsen gleichsam unreflektiert aus der Weise, wie sich Subjekt und Prädikat zusammenfügen […]. ‚Der Stein zertrümmert die Scheibe. Der Vater drangsaliert die Mutter. Die Treulosigkeit des Mannes bricht der Frau das Herz.' […] Also: Wenn immer wir überhaupt sprechen, wenn immer wir durch die Sprache bzw. ihre Grammatik vorgegebenen Linien folgen, ergeben sich Ursache-Wirkungsverknüpfungen, Erklärungen […] fast zwangsläufig wie von selbst." (Stierlin 1990, 267 f.)

Zudem ist Sprache immer ein Kind der sozio-kulturellen Gegebenheiten. Als bekanntes Beispiel mag auch an dieser Stelle herhalten, dass die Inuit eine Vielzahl unterschiedlicher Begriffe zur Bezeichnung von ‚Schnee' zur Verfügung haben und damit die Qualität des Schnees äußerst präzise bestimmen können. Die Unterscheidungsmöglichkeit ist durch die Sprache der Inuit fixiert. Dem durchschnittlichen Mitteleuropäer entgeht diese Mannigfaltigkeit – er hat nicht die Worte dafür. „Das, was wir für wirklich halten, haben wir in einem langen Prozess von Sozialisation und Versprachlichung als wirklich anzusehen gelernt." (Schlippe/Schweitzer 2003, 89)

Sprache bildet Identität

Sprache schafft Bedeutung. Als Erzählung bietet sie die Möglichkeit, ein Selbstverständnis zu entwickeln. Das gesprochene wie auch das geschriebene Wort wirkt identitätsbildend. Es scheint daher nicht übertrieben, „ein Verständnis menschlicher Systeme als sprachlicher Systeme" (Nordmann/ Kötter 2008, 301) zu sehen. Denn durch den Einsatz von Sprache wird Wirklichkeit konstituiert: „Menschliches Leben findet nicht abstrakt in Sprache, sondern in einer Welt von gemeinsam geteilten und mit-geteilten Bedeutungen statt, d.h. in ständiger Konversation, im Gespräch und im Erzählen von Geschichten, wodurch wir unsere Wirklichkeit stabil halten und uns unsere Identitäten wechselseitig bestätigen." (Schlippe/Schweitzer 2010, 11)

Jede Gesellschaft ist durch die Geschichten geprägt, die in ihr erzählt werden. Sei es in religiöser, in politischer oder jedweder sozio-kulturellen Hinsicht, auf makro- wie auf mikrosozialer Ebene: Narrative Traditionen geben Orientierung, Sicherheit und schaffen ein Gemeinschaftsgefühl. Auch wenn das postmoderne Paradigma den ‚Niedergang der großen Erzählungen' (Welsch 1991), wie z.B. der großen Glaubenssysteme oder der großen politischen Ideologien, meinte feststellen zu können, es hat sich nichts daran geändert, dass der Mensch sich über Geschichten definiert.

> „In Erzählungen bzw. Geschichten kommen individuelle und kollektive Bedeutungsgebungen zum Ausdruck. Sie können sich zu Selbstverständnissen verdichten. Dies gilt für Individuen oder Kleingruppen wie auch für Abteilungen oder Organisationen. Es entstehen narrative Traditionen." (Nicolaisen 2011, 37)

3.3.4 Die Selbstorganisation lebender Systeme

Aus systemischer Sicht organisiert sich ein System nach eigenen Gesetzmäßigkeiten selbst. Dies geschieht in operationaler Geschlossenheit, d.h. Impulse von außerhalb vermögen nicht, in linearer und monokausaler Weise auf das System einzuwirken. Hinsichtlich des menschlichen Individuums gilt dies für die Ebene physiologischer und hormoneller Prozesse wie auch für das Identitätsempfinden, welches aus einem inneren Erleben und diversen Bewusstseinsprozessen entsteht. Diese Prozesse befinden sich über verschiedene Ebenen hinweg in steter Wechselwirkung. Sie als ‚komplex' zu bezeichnen scheint eine große Untertreibung.

Der Organismus und mithin das Ich-Erleben sind über eine Vielzahl von Rückkopplungsschleifen miteinander verbunden bzw. das Ich-Erleben ist ein Produkt des Organismus. Ein Großteil dieser Prozesse läuft unbewusst und unwillkürlich ab. Der Begriff ‚Selbstorganisation' fasst diese Komplexität zusammen. (Er meint in diesem Zusammenhang *nicht* eine Form von Selbstmanagement, worin ein ‚Ich' willentlich Tätigkeiten regelt.)

Zirkularität

Ein ähnliches Prinzip von Selbstorganisation gilt für die Interaktion zweier oder mehrerer Personen, die miteinander ein System bilden. Auch hier bestimmen Rückkopplungen das Geschehen, d.h. das Verhalten von Person eins wirkt sich auf das Verhalten von Person zwei aus, welches sich wiederum auf Person eins auswirkt usw. Es bilden sich Muster und Regelkreise, die sich weitgehend unwillkürlich ereignen. Ein in der Literatur bekanntes Beispiel (wenn auch leicht modifiziert): Die Frau geht in die Kneipe, der Mann nörgelt. Der Mann nörgelt, weil die Frau in die Kneipe geht und sie geht in die Kneipe, weil er nörgelt. „Das Verhalten biologischer Systeme ist nicht die Wirkung einer Ursache, sondern das Ergebnis eines inneren Selbstorganisationsprozesses." (Bauer 2006, 162) Treffen sich zwei Personen in einer Kommunikationsschleife, begegnen sich zwei hochgradig komplexe, sich selbst organisierende Systeme. Über ihr jeweiliges Verhalten bilden sie ein neues System, welches dementsprechend von noch höherer Komplexität ist.

Die systemische Denkweise erklärt solche Wirkungszusammenhänge in sozialen Systemen mit dem Prinzip der Zirkularität. Sie meint ein kreisförmiges Sich-aufeinander-beziehen. Damit geht sie über den Begriff der Kausalität als linearem Wirkungsprinzip hinaus und beschäftigt sich mit Mustern in Beziehungen und Wechselwirkungen. In diesen Mustern lassen sich verschiedene Phänomene zirkulärer Kausalität beobachten: Die Verhaltensweisen von Personen bedingen und beeinflussen sich gegenseitig. Und diese wechselwirkende Einflussnahme wirkt wiederum rückbezüglich auf das Verhalten der beiden Personen (‚Rückkopplung‘, ‚Selbstreferenz‘). Eine monokausale Ursachenzuschreibung vermag solche komplexen Zusammenhänge nicht zu erfassen.

Ordnung als dynamisches Gefüge

Jedes System strebt nach einem Zustand von Gleichgewicht: Ein Ist-Zustand wird an einen Soll-Zustand angeglichen. Dieser Vorgang wird als Homöostase bezeichnet. Als Begriff fand er auch in der Systemik seine Anwendung. Bezogen auf die Vorgänge innerhalb eines biologischen Organismus wie auch innerhalb menschlicher Interaktion wurde jedoch deutlich, dass es um das Herstellen von Fließgleichgewichten handelt. Diese Art des Gleichgewichts stellt keinen starren Zustand dar, der sich nicht mehr ändert, sobald er erreicht ist. Vielmehr vollzieht sie sich in einem Prozess permanenten Ausgleichens. „Damit wurde die Homöostase als Zentralbegriff der Systemik abgelöst. Jetzt interessierte nicht mehr so sehr das Gleichgewicht, als vielmehr die Veränderung im System, die (im Detail) unvorhersehbar, nicht lokal planbar […] von einem zunächst scheinbar stabilen Zustand in neue, oft überraschende Formen hineinentwickelt." (Schlippe/Schweitzer 2003, 51) Also erhält sich ein System aufrecht, indem es sich auf physiologischer Ebene wie auch im Kontakt mit umgebenden Kontexten beständig verändert. Seine Stabilität wird nur durch permanente Dynamik erzeugt.

Modellhafte Begriffe für solche Überlegungen lieferten jüngere Erkenntnisse aus den Naturwissenschaften. Die Auseinandersetzung mit Begriffen wie z.B. ‚Fluktuation' und ‚Autopoiesis' gab der Systemik wichtige Impulse.

Fluktuation. Ein System erhält sich aufrecht, indem es sich intern (z.B. auf molekularer Ebene) wie auch extern (z.B. im Kontakt mit der Umwelt) im beständigen Austausch befindet und sich in Beziehung setzt. In diesen Zusammenhängen entsteht seine Stabilität durch die stetige Bewegung der Fluktuation. Dieser Begriff kann mit dem aus der Chemie stammenden Begriff der ‚dissipativen Strukturen' verbunden werden: „Dissipation (‚Zerstreuung') lässt an Chaos und Auseinanderfallen denken, Struktur ist das Gegenteil davon. Dissipative Strukturen sind Systeme, die ihre Stabilität und ihre Identität nur dadurch behalten, dass sie [...] ständig im Wandel sind" (Schlippe/Schweitzer 2003, 63) Auf lebende Systeme übertragen, bedeutet dies, dass ihre Stabilität eine dynamische ist, da sie sich in fortwährender Bewegung bildet.

Autopoiesis. Der Begriff Autopoiesis bezeichnet einen Vorgang der ‚Selbst-Erzeugung'. Ein autopoietisches System erzeugt Elemente mithilfe eben dieser Elemente, aus denen es besteht. Dieses Phänomen hat H. Maturana für das System der Körperzelle beschrieben. Systeme „produzieren und reproduzieren beständig sowohl ihre einzelnen Elemente als auch die Organisation der Beziehungen dieser Elemente in einem selbstrückbezüglichen (rekursiven) Prozess" (Schlippe/Schweitzer 2003, 68). In diesem Zuge ordnet sich das System selbst und verschließt sich gegenüber einer zielbestimmten Einflussnahme von außen, was auch als ‚operationale Geschlossenheit' bezeichnet wird. Überträgt man den Begriff Autopoiesis als Metapher auf das psychische Erleben des Menschen, lässt sich Bateson zitieren:

> „[...] Menschen sind selbstregulierende Systeme. Sie sind selbstregulierend mit Bezug auf Störungen, und wenn das Offensichtliche nicht so beschaffen ist, dass sie es leicht und ohne innere Störung assimilieren können, dann setzen ihre selbstregulierenden Mechanismen ein, um es beiseite zu schieben, zu verstecken, selbst die Augen zu verschließen, wenn notwendig, oder verschiedene Teile des Wahrnehmungsprozesses abzuschaffen." (Bateson 1994, 553)

3.4 Systemische Perspektiven und Konsequenzen für das Lerncoaching

Aus den dargestellten Themen lassen sich Konsequenzen für die Lernbegleitung bzw. für das Lerncoaching ableiten:

- Lernen ereignet sich in komplexen, multikausalen Prozessen, die nicht linear steuerbar sind – weder durch den Lernenden noch durch den Lernbegleiter.
- Eine Lernschwierigkeit ist keine feststehende Größe, sondern ein Ergebnis von sozialen und internalen Prozessen, die wiederum in Wechselwirkung stehen.
- Der Lerncoach ist immer Teil einer Kommunikationsschleife. Objektivität ist ihm nicht möglich. Seine Wirkung erzielt er durch eine Teilhabe an einer Kommunikationsschleife in einem sozialen Feld. Daher sind seine Angebote von Beziehungsgestaltung von oberster Priorität.
- Die Lösung von Lernproblemen lässt sich lediglich anregen, aber niemals steuern und keinesfalls instruieren. Veränderungen im Denken, Fühlen und Handeln lassen sich lediglich durch kleinschrittiges Bilden von Unterschieden initiieren.

Die Annahmen über die Dynamik und Selbstorganisation lebender Systeme, über Zirkularitäten und Rückkopplungsschleifen im Organismus sowie über die Konstruktion von Wirklichkeit werden in vielen Punkten u.a. von der aktuellen Hirnforschung bestätigt. Im Lerncoaching spielen sie eine erhebliche Rolle, wenn es um das Konstruieren von Lernstrategien, das Überwinden von Lernblockaden oder um das Auffinden von Ressourcen geht.

Beziehungsgestaltung hat oberste Priorität im Lerncoaching!

36

Kapitel 4
Körper – Gehirn – Emotion

Körper, Gehirn und Emotion stellen drei Aspekte dar, die sowohl für individuelle Lernprozesse als auch für die menschliche Interaktion von enormer Bedeutung sind. Mit Blick auf eine Lerncoaching-Praxis ist daher die Auseinandersetzung mit ihnen unerlässlich.

Die drei Aspekte sind nicht voneinander zu trennen und bieten lediglich unterschiedlich gewichtete Perspektiven.

4.1 Körper

Wenn das Lernen einen manifesten Ort hat, dann ist es der menschliche Körper. „Dass dem Körper ein besonderer Stellenwert beigemessen wird, scheint mehr als berechtigt, ist er doch das Wahrnehmungs-, Verarbeitungs- und Kommunikationsorgan schlechthin." (Arheit 2010, 42) In ihm ist alle individuelle Lebenserfahrung gesammelt und neuronal kodiert bzw. repräsentiert. In den persönlichen Eigenarten von Körperhaltung, Gestik und Mimik drückt sich biografische Erfahrung aus und setzt sich fort. Der Körper ist gewissermaßen das dynamische Produkt eines hochkomplexen Zusammenwirkens von genetischen Programmen, physiologischen und bio-chemischen Prozessen, Umwelteinflüssen, Beziehungsstilen, Gedächtnisinhalten und subjektiv-situativem Erleben. Trotz oder gerade wegen der Unzahl solcher Wechselwirkungen ist das menschliche Individuum als bio-psycho-soziale Einheit geformt. „Die zunehmend besser zu untersuchenden und damit immer besser nachweisbaren Interaktionen zwischen psychischen und physiologischen Prozessen führen zur bzw. bestätigen die Erkenntnis, dass psychische und körperliche Prozesse nicht als voneinander unabhängig betrachtet werden können." (Ditzen/Gaab 2010, 137) Folglich wird sich jede Veränderung im Denken, Fühlen und Handeln, d.h. jeder Lernvorgang, in diesem Gefüge ereignen.

Es scheint, als würde der Einfluss des Körpers allmählich anerkannt. Die wissenschaftliche Forschung wie auch Bereiche von Beratung, Therapie und Coaching entdecken den Stellenwert von Körpergefühlen und ihre Auswirkung auf nachhaltige Veränderungsprozesse (Storch 2010, Künzler 2010).

Lernoptimierung mithilfe des Körpers

Im Zusammenhang mit Lerncoaching lässt sich in zweierlei Hinsicht mit dem Körper arbeiten: Zum einen können Gedächtnisleistungen über Elemente der Körperkoordination unterstützt werden, zum anderen stellt der Körper das Medium par excellence in Sachen Selbstmanagement. Auf den gedächtnistheoretischen Aspekt sowie auf den selbstregulatorischen Aspekt nebst wissenschaftlicher Begründung haben bereits Storch und Krause (2007) hingewiesen.

Ein neuer Lerninhalt wird über die Wahrnehmung in Sinnesdaten übersetzt und im Gehirn verarbeitet. Das bedeutet in der Regel, dass er mit neuronalen Netzwerken verknüpft, d.h. neuronal codiert wird. Findet eine Multicodierung statt, z.B. indem verschiedene Sinneskanäle oder ein körperbezogenes Element miteinbezogen werden, erhöht sich die Wahrscheinlichkeit, dass der Lerninhalt besser abgespeichert, vernetzt und abgerufen werden kann. In diesem Sinne lassen sich Bewegungen oder andere Elemente von Körperkoordination z.B. in Lernstrategien einbauen. So kann z.B. das Sich-im-Raum-bewegen ein probates Mittel beim Lernen von Vokabeln sein.

Erfahrungen und Lernereignisse werden unwillkürlich emotional bewertet. Diese Bewertung ist an körperliche Reaktionen gekoppelt, was Damasio in seinem Konzept der ‚somatischen Marker‘ beschrieben hat. (Diese spielen in der Arbeit mit handlungswirksamen Zielformulierungen eine erhebliche Rolle – siehe Teil 2, Kapitel 3). „Über das Körperselbst werden grundlegende Bewertungen von Erfahrungen vermittelt." (Storch/Riedener 2006, 24) Demnach gibt der Körper unmittelbare Rückmeldung auf Lernprozesse. Dies lässt sich zur Selbstregulation in Sachen ‚Lernen‘ nutzen.

Körperliche Elemente geben nicht nur ein Feedback auf das Lernen, es kann über sie auf Lernprozesse Einfluss genommen werden. Mittlerweile liegen eindeutige Belege für die Wirkung der Körperhaltung auf das emotionale Erleben vor (Storch et al. 2010). Der Körper hat maßgeblichen Anteil am emotionalen Erleben bzw. er ist die Inkorporation dieses Erlebens. Somit können bewusst vorgenommene Veränderungen, z.B. in der Haltung des Oberkörpers oder in einem Atemmuster, eine erheblich positive Wirkung auf das Lernen haben. Über die Körperkoordination, z.B. in Gestalt einer konkreten Geste, kann ein Ressource-Erleben gebahnt werden. Diese Phänomene werden unter dem Begriff ‚Embodiment‘ in der Wissenschaft untersucht.

Zugang zum impliziten Wissen

Das implizite Gedächtnis umfasst all jene Erfahrungen, die im Laufe des Lebens gesammelt worden sind. Sie sind zu einem großen Teil nicht mehr bewusst, aber doch in neuronalen Netzwerken gespeichert. Über den Körper lässt sich implizites Wissen abrufen. Das mögen konkrete Stärken, angenehme Körperzustände oder Bewältigungserfahrungen sein. Beispiels-

implizites Wissen = Stärken, angenehme Körperzustände, Bewältigungserfahrungen ⟹ ZRM* weise setzt das ‚Zürcher Ressourcen-Modell' (nach Storch und Krause) in der Arbeit mit Zielformulierungen auf positive ‚somatische Marker' (siehe Teil 2, Kapitel 3). Mit diesen Markierungen meldet sich implizites, d.h. dem Bewusstsein nicht direkt zugängliches Erfahrungswissen auf einer körperlichen Ebene. Es zeigt sich spontan und unwillkürlich beispielsweise in einem Lächeln oder in einem angenehm weitenden Gefühl im Brustbereich.

Der Körper als Medium ermöglicht das Einbeziehen von Ressourcen, die sich zwar nur annähernd in Sprache fassen lassen, aber einen präzisen Ausdruck z.B. in Form einer Geste finden: „Gesten scheinen oft Aspekte der visuellen oder räumlichen Enkodierung zu repräsentieren, die nicht so wiedergegeben werden können, wie wir sprechen, und in manchen Fällen teilen sie eher implizites als explizites Wissen mit." (Seel/Hanke 2010, 66) Für ein grundsätzliches und für ein methodisches Vorgehen im Lerncoaching kann dies genutzt werden. Entsprechende Möglichkeiten sind im Praxisteil dieses Buches geschildert: das Eingehen auf nonverbale Veräußerungen, das Konzept der Idiolektischen Gesprächsführung oder die Arbeit mit Elementen der Körperkoordination. Durch das Einbeziehen körperbezogener Aspekte lässt sich eine Veränderung verstetigen und bekräftigen.

Der Körper als Resonanzsubjekt

Körper im Raum können als Tableau zwischenmenschlicher Resonanz betrachtet werden. Menschen befinden sich miteinander in steten Feedback-Schleifen, worin die bereits erwähnten Spiegelneuronen ihren Beitrag leisten. Nicht nur das gesprochene Wort hat eine Auswirkung auf das Gegenüber, sondern auch die Art und Weise, *wie* es gesagt wird, welche Blicke, Gestik und Mimik es begleiten. Die nonverbale Ausdrucksebene hat eine unmittelbare und stärkere Wirkung als der inhaltliche Aspekt. Ebensolches gilt für das Nicht-Gesprochene, Schweigen kann sehr ausdrucksreich sein. Dies mag mitunter sehr lebhafte Reaktionen auslösen, wenn auch nicht immer die erwünschten. Das Prinzip der Zirkularität bestimmt dann häufig das Geschehen in der Kommunikationsschleife, so dass sich die Verhaltensweisen der beteiligen Personen gegenseitig verstärken.

Die Rückkopplungen in der Interaktion geraten umso komplexer, da nicht nur die Körper auf der nonverbalen Ebene miteinander in Resonanz gehen, sondern zusätzlich subjektive Deutungen ins Spiel kommen. Und mit den Bedeutungsgebungen sind häufig emotionale Anteile verknüpft. Insofern lässt sich von dem individuellen Körper als Resonanzsubjekt sprechen.

Ein freundliches Wort muss durchaus nicht als freundlich verstanden werden, ein gut gemeinter Ratschlag kann als Demütigung erlebt werden, ein Hilfsangebot vonseiten des Lernbegleiters kann vom Schüler als Bedrohung empfunden werden – es hängt jeweilig von der subjektiven Sicht und Deutung des Empfängers ab, wie die Botschaft verstanden wird. Die subjektiven Sichten bestimmen bzw. stören die Resonanz. Der para- und nonverbale Ausdruck ist darin entscheidend.

Im Bereich von Beratung, Coaching und Therapie weisen einige Ansätze auf das Individuum als Resonanzsubjekt hin. Aus der Sicht der Neurobiologie formuliert Joachim Bauer: „Wahrnehmungen unseres körperlichen Selbstbefindens werden mit Objekten oder Situationen der äußeren Welt in Beziehung gesetzt." (Bauer 2007, 55) Daraus formen sich Beziehungsstile, die aufgrund des ‚Gedächtnisses des Körpers' überdauern und die Interaktion zwischen Menschen prägen.

Vor einem therapeutischen Hintergrund kommt Virginia Satir zu ähnlichen Annahmen. Gemäß Satir senden Menschen in einer Interaktion jederzeit Botschaften auf der körperlich-nonverbalen und paraverbalen Ebene an das Gegenüber. Dies dient häufig einem Zweck, nämlich dem Erhalt des Selbstwertgefühls. Diesbezüglich finden sich verschiedene Kommunikationsstile, in denen beschwichtigende, anklagende, ablenkende und rationalisierende Verhalten zum Vorschein kommen – auch bzw. gerade auf körperlicher Ebene (Kriz 2001, 286 ff.). Zirkuläre Verhaltensmuster zwischen Individuen ereignen sich auch als körperliche Interaktion. Sie werden durch Gebärden sowie durch ein permanentes Einspeisen von subjektiven Sichtweisen aufrechterhalten.

Interaktionsphänomene können für den Kontext Beratung bzw. Coaching genutzt werden, z.B. indem der Coach zum Gegenüber Rapport herstellt (siehe Teil 2, Kapitel 2). Bestenfalls entsteht auf der Resonanzebene zwischen Berater und Klient ein „intersubjektiver Raum", in dem ein „resonanzvermittelter kokreativer Prozess stattfinden kann" (Bindernagel/Winkler 2010, 153). Übertragen auf das Lerncoaching bedeutet dies, dass eine gelingende Beziehung zwischen Coach und Coachee bereits einen guten Teil zu einer Lösung beitragen kann.

4.2 Gehirn

Die Neurowissenschaften haben im Laufe der letzten Jahrzehnte wesentliche Erkenntnisse über die Funktionsweise des menschlichen Gehirns geliefert (z.B. Damasio 2006, 2003; Ledoux 2006). Die ‚neuro-sciences' scheinen allgegenwärtig. Eine Unzahl an Publikationen zeigt das öffentliche Interesse an diesem Thema. In Hinblick auf professionelle Unterstützung für Veränderungsprozesse beschäftigen sich die Bereiche Therapie und Beratung mit neurobiologischen Ergebnissen und beziehen sie auf ihre Praxis (Hüther 2010; Künzler 2010; Rüegg 2010; Grawe 2004). Für die pädagogischen Felder lassen sich aus den Erkenntnissen ebenfalls pragmatische Konsequenzen ziehen – obwohl so mancher ‚neurodidaktischer Ansatz' sich allzu sehr in der Rolle des Heilsbringers gefällt. Die Hinweise aus der neurobiologischen Forschung sind aufschlussreich und wichtig – auch bzw. gerade für den pädagogischen Bereich (Roth 2011; Becker 2006; Storch/Riedener 2006). Sie sollten jedoch immer in Bezug gesetzt werden zu bereits vorhandenen Konzepten und Theorien.

Lernen und Gedächtnisleistungen lassen sich auf zellulärer Ebene beobachten und manifestieren sich in folgenden Phänomenen: „Anstieg der Neurotransmittermenge, die vom sendenden Neuron ausgeschüttet wird, [...] wachsende Zahl postsynaptischer Rezeptoren [...] oder dass völlig neue Synapsen gebildet werden." (Smith et al. 2007, 338) Damit ist der biologische Aspekt von Lernen gewissermaßen bestimmbar, eine Erklärung für das Lernen jedoch (noch) nicht gegeben.

Ein Satz wie ‚Lernen findet im Gehirn statt' blendet aus, dass sich Lernen im gesamten Körper ereignet, nämlich in einer Vielzahl prozesshafter Wechselwirkungen. Darin ist das Gehirn mit einiger Wahrscheinlichkeit das zentrale Organ (Aufschnaiter 2005) – aber nicht das einzige.

> „Das Gehirn hat einen Körper, ist Teil eines Körpers und jede Trennung der im Gehirn ablaufenden Prozesse von den im Körper ablaufenden Prozessen ist unzulässig, ja sogar irreführend." (Hüther/Sachsse 2007, 167)

Das Gehirn wird permanent über die Körperzustände seines Trägers in Kenntnis gesetzt, so auch über die Anspannung bzw. Entspannung der einzelnen Muskeln. Über spezifisch sensorische Nerven gelangen Informationen hinsichtlich der Zustände über das Rückenmark zum Hirnstamm und weiter über das Zwischenhirn zum sensomotorischen Kortex. Hier werden sie mit bereits vorhandenen Informationen abgeglichen und über weitere Verschaltungen in das sogenannte ‚Limbische System' mit Emotionen sowie mit persönlichen Gefühlen assoziiert (Rüegg 2010, 39). Die Gefühle können auch hervorgerufen werden, indem eine entsprechende Körperhaltung eingenommen oder ein entsprechendes Bild erinnert wird.

J.C. Rüegg, der sich als Mediziner und Hirnforscher gründlich mit einer neurobiologisch basierten Psychosomatik auseinandergesetzt hat, formuliert mit Bezug auf C. Gottwald, dass „über Gesten oder Veränderungen von Spannungsmustern der Muskulatur, aber auch über Veränderungen des Atems und des Stimmausdrucks die emotionale Befindlichkeit absichtlich verändert werden könne" (Rüegg 2010, 38).

Neuronale Netzwerke

Die Tätigkeit des Gehirns ist u.a. über neuronale Netzwerke organisiert. In ihnen wird Information verarbeitet, d.h. einzelne Neurone werden aktiviert bzw. gehemmt (Spitzer 2002, 49). Über Verschaltungen bilden diese ein Netzwerk: *neurons that fire together wire together.* Dieses Phänomen ist auch als ‚Hebb'sche Plastizität' bekannt.

Jeglicher neuer Sinnesreiz oder auch körperinterner Reiz wird in neuronale Netze eingespeist: „Eine Information, ein Gedanke, eine Idee würden, sobald wir sie im Gedächtnis speichern, in einem neuronalen Netzwerk, […] in ein materiell codiertes Engramm verwandelt oder transkribiert – gleichsam verkörpert (engl. ,embodied‘)." (Rüegg 2010, 22) Solche Prozesse liegen sowohl der Aufnahme und Verarbeitung von Sinnesdaten wie auch den komplexeren Hirnleistungen zugrunde, z.B. dem subjektiven inneren Erleben.

Wenn wir von einem inneren Erleben sprechen, bedeutet dies in jedem Fall, dass neuronale Netzwerke aktiviert sind. „Wahrnehmungen und Vorstellungen beruhen […] auf synaptischen Verschaltungen von Nervenzellen zu Netzwerken." (Bauer 2007, 54) Darin sind z.B. im sensomotorischen Gedächtnis Körperhaltungen mit spezifischen Emotionen und Vorstellungen verknüpft. Sinnesreize werden mit Gedächtnisinhalten und aktuellem körperlichen Befinden in Beziehung gesetzt. Auf neuronaler Ebene werden lediglich Impulse gesandt. Auf einer interpretativen Ebene lassen sie sich als Elemente eines Erlebens betrachten.

Demnach ist Veränderung verstehbar als ein Aktivieren von neuronalen Mustern und einem Einfügen von Unterschieden in eben diese Netze. Da in den Netzwerken sinnesbezogene Daten verarbeitet sind, lassen sich diese durch ein Ansprechen der Sinneskanäle aktivieren: visuell, auditiv, kinästhetisch, olfaktorisch oder gustatorisch. Lernen kann demnach als ein Anknüpfen von Informationen an neuronale Netzwerke verstanden werden. Dazu müssten diese allerdings zunächst wachgerufen werden. Veränderungen sind dann nachhaltig, wenn die bereits bestehenden „relevanten neuronalen Netze aktiviert sind […]. Anders gesagt: es muss zunächst aktiviert werden, was schließlich verändert werden soll." (Künzler 2010, 131)

,Limbisches System' oder emotionale Zentren?

Paul MacLean entwickelte nach dem zweiten Weltkrieg im Laufe von vielen Jahren seiner Forschung das Modell eines drei-einigen Gehirns, welches er als Resultat der Evolution versteht (Ledoux 2006, 99 ff.). Grob skizziert stellt er sich diese Dreiteiligkeit folgendermaßen vor: Das Stammhirn als evolutionär ältester Teil ist direkt mit dem vegetativen Nervensystem verbunden und regelt die basalen Vitalfunktionen des Körpers. Um dieses Stammhirn hat sich im Laufe von Jahrmillionen das limbische System entwickelt. Dieses System sorgt ebenfalls für das Überleben. Hier werden Emotionen produziert, die den Organismus vor Bedrohung schützen und gegebenenfalls zu Aggression oder Fluchtverhalten führen. Angst, Wut, Ekel dienen genau diesem Zweck. Der dritte Gehirnteil in MacLeans Modell ist der Kortex, worin kognitive Prozesse stattfinden. Erst mit dem Kortex wurde im Laufe der Evolution bewusstes Denken möglich. Ohne Kortex keine Menschwerdung.

MacLean forschte nach Belegen dafür, dass die Entstehung von Emotion einzelnen Hirnarealen zuordbar und damit lokalisierbar sei. Im limbischen System glaubte er, sei die Emotion zu verorten. „Das Konzept des limbischen Systems hat sich als das bestimmende Bild vom emotionalen Gehirn bis heute behauptet." (Ledoux 2006, 107) Weitere eingehende Forschung im Laufe der 1970er Jahre zeigte jedoch, dass die von MacLean behauptete Lokalisation des emotionalen Gehirns beträchtliche Fragen aufwarf. Die Hirnareale und die Prozesse, die zur Entstehung von Emotionen beitragen, reichen über einen abgegrenzten Bereich hinaus. Das Phänomen ist von höherer Komplexität als bis dato angenommen. Eine eingehende Darstellung bietet Ledoux (2006) und kommt zu der Annahme: „Es könnte nicht bloß ein emotionales System im Gehirn geben, sondern etliche." (Ledoux 2006, 111)

In den weiteren Kapiteln wird der Begriff ‚limbisches System' als Metapher für das emotionale Gehirn gebraucht.

4.3 Emotion

Der Stellenwert der Emotion wurde bereits im Kapitel über den personalen Faktor skizziert. Dort wird betont, inwieweit Emotionen hinsichtlich Bindung und Beziehungsgestaltung das Geschehen bestimmen. Emotionale Anteile wirken mächtiger und schneller als kognitive und haben unmittelbare Auswirkungen innerhalb der Körperphysiologie sowie im zwischenmenschlichen Miteinander.

Der heutige Stand der Wissenschaft belegt den Stellenwert der Emotion. Antonio Damasio als einer der weltweit führenden Neurowissenschaftler formulierte das Descart'sche ‚Ich denke, also bin ich' um in ein ‚Ich fühle, also bin ich' (Damasio 2006) und illustriert damit den Einfluss von Emotionen auf das menschliche Dasein.

Der allgemeine Sprachgebrauch trennt nicht zwischen Emotion, Gefühl, Affekt, Befindlichkeit und Stimmung. In den Wissenschaften werden die Begriffe unterschiedlich definiert und ihr Verhältnis zueinander divergent diskutiert. Sicher ist, dass keine allgemeingültige, einheitliche Begriffsbestimmung vorliegt. Der überwiegend gemeinsame Aspekt in all den Begriffen liegt darin, dass sie ein bio-psychisches Phänomen beschreiben, das sich „gleichzeitig sowohl auf einer zentralnervösen wie auf einer peripher körperlich-vegetativen, senso-motorisch-ausdruckspsychologischen Ebene und (jedenfalls beim Menschen) zumeist auch auf einer subjektiven Ebene manifestiert" (Ciompi 1999, 63).

Damasio (2003) sieht in den Gefühlen eine evolutionäre Weiterentwicklung der Emotionen. So wie sich stammesgeschichtlich zuerst die Emotionen und dann die Gefühle als höherer Bewusstseinsprozess entwickelt haben, so funktioniert der emotionale Haushalt auch beim modernen Menschen: Empfindet er z.B. Angst, so vollziehen sich in blitzartiger Geschwindigkeit biochemische Abläufe, die sich zu Emotionen verdichten und schließlich in Gestalt eines konkreten Gefühls ins Bewusstsein gelangen können.

Emotion: eine evolutionäre Errungenschaft

Die Begriffe Emotion, Affekt und Gefühl werden häufig synonym gebraucht. ‚Emotion' soll im Kontext von Lerncoaching als Sammelbegriff dienen. Wie bereits im vorigen Abschnitt erwähnt, ließe sich gleichwohl zwischen Emotion und Gefühl differenzieren. Erstere kann als prähominides Erbe der Evolution betrachtet werden, d.h., Emotionen sind älter als die Gattung Mensch und dienen einem Organismus zum Überleben. „Emotionen haben sich in der Evolution entwickelt, damit wir rasch auf entscheidende, lebenswichtige Ereignisse in unserem Leben reagieren können." (Ekman 2010, 26) Mittels Angst, Ekel, Aggression etc. lässt sich schnell auf lebensbedrohende Situationen reagieren.

Mit der Entwicklung zum Homo sapiens bildete der nunmehr menschliche Organismus eine differenziertere Umgang mit Emotionen aus: in Form von Gefühlen (Damasio 2003). Über das Gefühl ist es möglich, Emotionen bewusst zu erleben und ihnen nicht nur zu erliegen.

Emotionale Prozesse stehen in direkter Verbindung mit persönlicher Erfahrung sowie mit der individuellen Biografie. Insofern kann die biografisch aufgeladene Emotion als Gefühl betrachtet werden. Demnach mag eine Emotion, z.B. Wut, subjektiv und kontextbezogen als sehr unterschiedlich empfunden werden. „Das Reaktionspaket, das Weinen und Schluchzen zugrunde liegt, ist bei der Geburt fertig und aktiv; die Anlässe, warum wir weinen, verändern sich im Laufe des Lebens mit unseren Erfahrungen." (Damasio 2003, 45)

Komponenten von Emotionen

Da eine eindeutige allgemeingültige Begrifflichkeit nicht festzustellen ist, bietet es sich zwecks Differenzierung an, verschiedene Komponenten von Emotionen zu benennen. Dies wird z.B. in der medizinischen Psychologie unternommen. So nennen Lang und Faller (2006) zur Klassifikation von Emotion fünf verschiedene Komponenten:

Neurophysiologische Komponente. Wenn ein Mensch stark emotional ist, sind bestimmte Areale seines Gehirns aktiv. Bei ‚Angst' ist die Amygdala aktiviert. Von dort aus werden Impulse an weitere Areale ausgesandt. Emotionen vollziehen sich in neuronalen Mustern, in der Erregung von Synapsen und im Übermitteln von Botenstoffen. Sie haben also eine körperliche Basis: sowohl auf mikroprozessual zellulärer als auch auf viszeraler Ebene, im Herzkreislauf- und Hormonsystem ebenso wie in der Haltung des Gesamtkörpers. So kann sich die Angst in einer erhöhten Herzfrequenz, in einer Weitung der Pupillen oder in aufsteigender Hitze aufgrund stärkerer Durchblutung der Muskulatur zeigen.

Kognitive Komponente. Grundsätzlich meint Kognition ein Erkennen im Sinn eines Feststellens von Relationen und Unterschieden (Ciompi 1999,

72). Mit ihr werden Situationen bewertet und eingeschätzt. Die Kognition wird immer wieder als Gegensatz zur Emotion genannt. Auf neurophysiologischer Ebene sind Emotion und Kognition jedoch nicht nur eng miteinander verwoben, sie sind sogar aufeinander angewiesen. Rationales Erkennen ist ohne Emotion nicht möglich.

Ausdruckskomponente. Mit emotionalen Prozessen geht der Impuls einer Veräußerung einher, der auf non- und paraverbaler Ebene (fast) immer einen Ausdruck findet. Kommunikation zwischen Menschen findet zu einem wesentlichen Teil im Wechselspiel von Veräußern und Verstehen statt. Wenn der Ausdruck bewusst oder unbewusst unterdrückt wird bzw. werden soll, so findet er doch in unwillkürlichen Bewegungen, beispielsweise in der Mimik, einen Kanal. Ekman belegt dies eindrucksvoll in seinem ‚facial action coding system' (Ekman 2010).

Motivationale Komponente. Der evolutionäre Sinn von Emotionen liegt darin, dass sie zu Bewegungen führen, d.h. zu Verhaltensweisen von Annäherung oder Flucht, von Angriff oder Unterwerfung. Situative Reize werden verarbeitet und bewertet. Dies führt zu einem Aufbau von Handlungspotentialen, die dann in ein Annäherungs- oder Vermeidungsverhalten münden. Emotionen bewegen Menschen – im wahrsten Sinne des Wortes.

Gefühlskomponente. Wenn die Emotionen ein phylogenetisches Vermächtnis der Evolution sind, erfahren sie doch im individuellen Erleben eine einzigartige Prägung. Diese ergibt sich aus der Vielfalt biografischer Erfahrung. Die Emotion gerät zum Gefühl, indem sie mit Subjektivität aufgeladen wird. Beispielsweise ist Wut eine allgemeine emotionale Reaktion. Erst über die subjektive Bedeutung, die das Individuum der Situation beimisst, kommt das ‚Ich' ins Spiel: „Ich bin wütend auf Dich, weil Du mich nicht ernst nimmst." Hier zeichnet sich ab, dass über das Gefühl Emotionen bewusst erlebbar und sprachlich artikulierbar werden.

Kapitel 5
Subjektives inneres Erleben

Aus dem oben geschilderten Zusammenwirken von körperlichen und zerebralen Prozessen ergibt sich das, was allgemein als ‚Psyche' bezeichnet wird. In diesem Rahmen spielt sich das innere Erleben ab. Der Begriff des ‚subjektiven inneren Erlebens' richtet einen differenzierten Blick auf das intrapsychische Geschehen, welches im Kontext der Humanistischen Psychologie als ‚innerer Bezugsrahmen' benannt worden ist, worin sich Gedanken, Gefühle, Einschätzungen etc. versammeln. Es ist immer eingebettet in äußere Kontexte und von diesen angeregt.

Wie sämtliche Abläufe im Organismus vollzieht sich das subjektive innere Erleben in Prozessen von Selbstorganisation. Auf der Ebene neuronaler Netzwerke verknüpfen sich Erinnerungen und Vorstellungen, Gedanken und Gefühle, Werte und Überzeugungen mit körperlichen Empfindungen und bio-chemischen Abläufen. Willentliche und unwillkürliche Prozesse wirken ineinander und bilden Erlebensmuster. In Bezug auf die jeweilige Situation ergeben sich daraus Handlungsimpulse und Motivationen.

„Gerade die Erkenntnisse der Autopoieseforschung und der modernen Hirnphysiologie zeigen ja, dass die Einflüsse von Kontextbedingungen im System zwar sehr wichtig sind, ein individuelles lebendes System aber dennoch sein Erleben völlig autonom in seiner inneren, strukturdeterminierten Selbstorganisation bestimmt." (Schmidt 2010, 9) Obwohl das Individuum gar nicht anders kann, als sich beständig auf seine Umwelt zu beziehen, ereignet sich dessen inneres Erleben wie in einem in sich geschlossenen Kreislauf. Denn es lässt nur jene Informationen zu, die sich als passend erweisen und die sich in seine Strukturen einfügen (Viabiliät, Strukturdeterminiertheit). Das bedeutet, dass der subjektive Bezugsrahmen durch Vorerfahrungen geprägt und durch biologische Dispositionen bedingt ist. „Die Hirnforscher vermuten, dass die ankommenden Sinnesdaten auch bei uns im Gehirn zunächst ein inneres ‚Wahrnehmungsbild' erzeugen. Gleichzeitig werden dazu passende, in den höheren Arealen der Hirnrinde bereits angelegte innere Bilder benutzt, um ein bestimmtes ‚Erwartungsbild' in Form eines charakteristischen Aktivierungsmusters zu generieren." (Hüther 2005, 76)

Mit der Schilderung der Grundlagen, auf denen sich das subjektive Erleben ereignet, ist noch nicht geklärt, wie genau es dazu kommt. Es entsteht durch Aufmerksamkeitsfokussierung (Schmidt 2007, 2010). Indem die Aufmerksamkeit in eine bestimmte Richtung, d.h. auf ein Objekt oder ein bestimmtes Gefühl oder eine Situation gelenkt wird, führt dies zur Aktivierung eines spezifischen neuronalen Netzwerkes. Mit diesem gehen dann andere Erlebenselemente einher. In diesem Zug wird u.a. dem Objekt, dem Gefühl oder der Situation eine Bedeutung gegeben.

Subjektive Bedeutungsgebung

Das menschliche Individuum lässt sich als bio-psycho-soziales System begreifen. Darin kann der Organismus als das unmittelbar biologisch Gegebene betrachtet werden, auf dessen Basis sich das innere Erleben des Subjekts fein verästelt vollzieht: seine Gedanken und Gefühle, sowie sein körperliches Befinden. In diesem komplexen Gefüge wird Bedeutung als ein Teil des subjektiven inneren Erlebens produziert.

Im Organismus ereignen sich physiologische Prozesse, die sich in Rückmeldeschleifen permanent wechselseitig beeinflussen: auf der Zellebene bis hin zu komplexeren kognitiven und emotionalen Vorgängen. Die Wahrnehmung von äußeren Begebenheiten, Situationen oder Personen wird unmittelbar in die Schleifen eingespielt. Auf neurobiologischer Ebene wird die Wahrnehmung bewertet, d.h. mit positiven oder negativen Emotionen verknüpft und mit bereits gespeicherten Erfahrungen abgeglichen. So werden im menschlichen Gehirn wahrgenommene Sinnesdaten in verschiedenen Arealen (Kortex, Hippocampus, Amygdala) verarbeitet und in diesem Zuge bedeutet, d.h. mit Inhalten des expliziten und impliziten Gedächtnisses abgeglichen. Die Arbeitsprozesse und Strukturen des Gehirns können nicht anders, als permanent Bedeutungen zu konstruieren. ‚Bedeutung' entsteht im Gehirn und dieses „bestimmt entsprechend seiner eigenen, geschichtlich gewachsenen kognitiven Strukturen, welche Bedeutung es den Ereignissen in seiner Umwelt zuschreibt" (Simon 2010, 152).

Äußere Situationen werden daraufhin bewertet, ob sie eher eine Bedrohung darstellen oder ob sie Wohlbefinden versprechen. So kann z.B. die Einführung von Lernentwicklungsgesprächen für den einen Lehrerkollegen eine sinnlose Zumutung und für den anderen eine sinnvolle Bereicherung sein. Beide werden dies verbal und nonverbal veräußern. Wenn ein Schüler eine Situation als bedrohlich erlebt – auch dann, wenn ein Außenstehender nichts Bedrohliches wahrzunehmen vermag –, wird sein Körper Adrenaline und Kortisol ausschütten. Der Schüler erlebt auf körperlicher Ebene Stress. Dieses Befinden wird auf nonverbaler und paralingualer Ebene Informationen in die Kommunikationsschleifen einbringen.

Probleme und Lösungen ergeben sich aus dem Kontext des inneren Erlebens. Inneres Erleben ist immer gekoppelt an die Bedeutungen, die eine Person einer Situation etc. gibt.

„Die Auffassung, dass die Realität ein ‚Multiversum' von Bedeutungen/ Sinngebungen sei, das in dynamischem sozialem Austausch […] geschaffen wird, führt uns von der Sorge um einzig richtige Wahrheiten weg zu einem Multiversum, das eine Vielfalt von widersprüchlichen Deutungen der Welt zulässt." (Anderson/Goolishian 1990, 222)

Kapitel 6
Motivation

Jeder Lerner ist zu jeder Zeit motiviert – wenn auch oftmals nicht auf die Handlung bezogen, die von ihm gefordert wird. Jederzeit wirken seine internale Bedarfslage sowie äußere Faktoren auf seinen Zustand ein. Allgemein beschrieben entsteht Motivation aus der Wechselwirkung zwischen den Bedürfnissen, Werten, Haltungen und subjektiven Interpretationen eines Individuums sowie den situativen Gegebenheiten und Anforderungen.

Gemäß der Motivationspsychologie lässt sich grundsätzlich zwischen den persönlichen Motiven und den situativen Motivationen unterscheiden. „Typisch für die klassische Motivationspsychologie ist also eine Trennung von Motiv als überdauerndem Personmerkmal und der je aktuellen Motivation, die aus der Wechselbeziehung zwischen jeweiliger Situation und Motiv resultiert." (Rheinberg 2008, 70)

Grundmodell Motivation (nach Rheinberg) – plus Ergänzungen

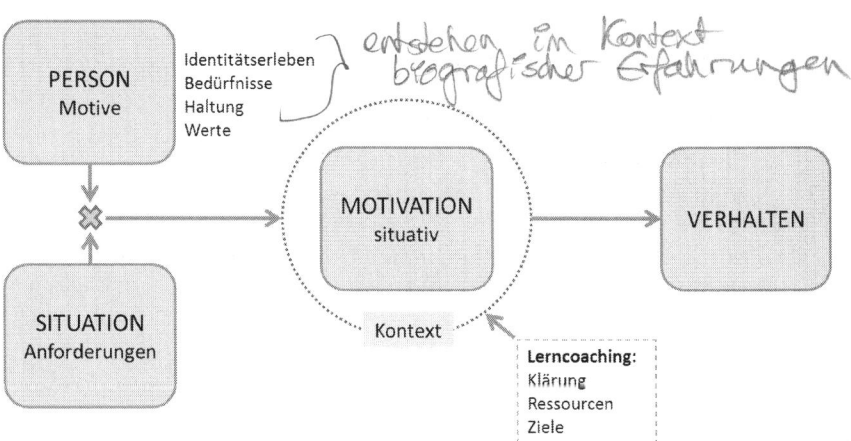

Die Motive sind maßgeblich mit dem Identitätserleben einer Person verwoben und müssen im Kontext biografischer Erfahrungen gesehen werden. Sie tauchen nur zu einem geringen Teil im Bewusstsein auf: „An die Grundlegung der eigenen Persönlichkeit kann sich kein Mensch erinnern. Unsere Persönlichkeit – und dazu gehört zuvorderst unser Motivsystem – ist [...]

49

im ‚impliziten Selbst' begründet." (Grawe 2004, 356) Innerhalb dieses Motivsystems finden sich motivationale Schemata von Annäherung und Vermeidung, die sich in den ersten Lebensjahren um das Bindungsbedürfnis herum entwickeln. Sie fließen späterhin in Verhaltensmuster ein, mittels derer sich das Individuum in konkreten Situationen bewegt.

Die Motivationen ergeben sich aktuell bezogen auf die Anforderungen in einer konkreten Situation, d.h. sie sind nur kontextuell zu verstehen: „DIE Motivation ist uns auch aus dem Selbsterleben nicht gegeben, sondern immer nur bestimmte Motivationsphänomene in bestimmten Kontexten. […] Gemeinsam ist ihnen aber die Komponente einer aktivierenden Ausrichtung des momentanen Lebensvollzugs auf einen positiv bewerteten Zielzustand." (Rheinberg 2008, 15)

Motivation im Lerncoaching

Menschen können sich nur selbst motivieren. Der Lerncoach vermag ebensowenig einen Schüler zu einer Handlung zu bewegen wie dies ein Lehrer vermag. Es sei denn, dies passiert über Restriktionen. Doch diese erzielen in der Regel nicht die pädagogisch erwünschten Resultate. Darüber hinaus stellen sie kein Mittel für das Lerncoaching dar. Hier geht es darum, persönliche Motive und Bedürfnisse zu berücksichtigen und mit der Motivationslage zu arbeiten, nicht gegen sie.

Persönliche Motive lassen sich im Rahmen von Coaching nicht verändern, es kann lediglich auf sie ein indirekter Bezug genommen werden. Kommen sie konturierter zum Vorschein, mag aus ihnen gute Energie entwickelt werden. Gelingt es, Grundbedürfnisse (z.B. nach Bindung, Orientierung oder Erhalt des Selbstwertgefühls) zu beachten und sogar teilweise zu befriedigen, steigt mit einiger Sicherheit die Bereitschaft, sich auf eine (Coaching-)Arbeit oder (Lern-)Anstrengung einzulassen.

Die situative Motivation kann im Lerncoaching insoweit Thema sein, dass Klärungen und präzise Zielformulierungen vorgenommen werden. Die Klärungen betreffen die Zusammenhänge und bisher nicht beachteten Einflüsse beim Lernen. Die Zielformulierungen haben das ‚Wofür?' im Blick und ermöglichen ein Einbeziehen der persönlichen Werte und Haltungen. Wird der Fokus zusätzlich auf bereits vorhandene Ressourcen des Lernenden gerichtet, trägt dies erheblich zu einer höheren Motivation bei.

In solcher Hinsicht kann im Lerncoaching an der motivationalen Kompetenz gearbeitet werden. Es geht darum, dass der Lernende Kontakt zu den eigenen Bedürfnissen erhält und die Fähigkeit erwirbt, Ziele zu verfolgen, mit denen er sich selbst motiviert und mit denen er sich annähernd kongruent fühlt. Nun liegt es allerdings in den Anforderungen von Schule und Ausbildung, Lernziele vorgeben zu müssen – ohne auf individuelle Motive eingehen zu können. Lerncoaching kann also nur eine Annäherung zwischen persönlichen Motivlagen und institutionellen Lernzielen anvisieren.

Für das Thema Lerncoaching soll in Erinnerung geholt sein, dass Lernen neben dem Erweitern von Handlungsmöglichkeiten ebenso dem Befriedigen von Bedürfnissen dient – auch wenn dies im pädagogischen Alltag oftmals vergessen wird.

Motivation und Bedürfnisse

Eine basale Funktion von Motivation besteht darin, grundlegende Bedürfnisse zu erfüllen. Es existiert eine „Nähe intrinsischer Motivation zu den Grundbedürfnissen des Menschen z.B. Streben nach Kompetenz, Verbundenheit mit anderen Menschen und persönlicher Autonomie" (Kuhl/Koole 2005, 111). Dies belegen die aktuellen Neurowissenschaften im Konkreten, z.B. Grawe (2004). Er bezieht sich in seiner Darlegung u.a. auf Epstein („Cognitive-Experiential Self-Theory", 1990) sowie Deci und Ryan („Self-Determination Theory", 1985–2000).

Die „Selbstbestimmungstheorie" nach Deci und Ryan, die von ihnen im Zeitraum 1985 bis 2000 erarbeitet worden ist, umfasst vier theoretische Konzepte. Eines davon ist die „Theorie der grundlegenden Bedürfnisse", worin folgende Grundbedürfnisse genannt sind:

- das Bedürfnis nach Kompetenzerleben: Handlungstätigkeit, Selbstwirksamkeit;
- das Bedürfnis nach Autonomie: Das Individuum erlebt sich als eigenständiges Handlungszentrum;
- das Bedürfnis nach Sozialer Eingebundenheit: Sozialkontakte, Identifikation mit Anderen (Vorbild).

Nach Epstein (1990) besteht eine Basis des menschlichen intrapsychischen Geschehens in folgenden Grundbedürfnissen:

- Bedürfnis nach Lust,
- Bedürfnis nach Bindung,
- Bedürfnis nach Selbstwerterhöhung,
- Bedürfnis nach Orientierung, Kontrolle und Kohärenz.

Das Verständnis des Kohärenzbedürfnisses ergänzt Grawe (2004) durch eine neurowissenschaftliche Betrachtungsweise. Er erkennt im Bedürfnis nach Kohärenz ein Konsistenzprinzip, mit dem der menschliche Organismus (psychosomatisch und somatopsychisch) sein Selbsterleben organisiert. „Das Erzeugen von Ordnung als ‚fundamentale Operation alles Lebendigen' scheint ein bedeutenderes Motiv für Menschen zu sein als das Streben nach Glück." (Schlippe/Schweitzer 2010, 10) Konsistenzregulation wird als Grundprinzip psychischen Funktionierens verstanden.

Weiterhin stellt Grawe (in Anlehnung an Bowlby) fest, dass in Verknüpfung mit dem Bindungsbedürfnis motivationale Schemata zur Befriedigung weiterer Grundbedürfnisse entstehen. Sie bilden sich aufgrund frühkindlicher Beziehungserfahrungen und sind abgespeichert im impliziten (unbewussten) Gedächtnis.

Für die Arbeit im Lerncoaching bedeutet dies, dass ein Beachten und Eingehen auf die Bedürfnisse des Lernenden einen wichtigen Teil der Arbeit darstellen. Dies führt gewiss nicht immer zu einer sofortigen Lösung der Lernschwierigkeit. Doch eine positive Bindungserfahrung, verbunden mit einem Beschäftigen mit den eigenen Motiven und der eigenen Motivation, hat einen positiven Einfluss auf das Lernen sowie auf Gefühle von Selbstwirksamkeit und Selbstkongruenz (Konsistenz). So setzt Lerncoaching zwar an einer konkreten Lernsituation an, hat aber die Gesamtpersönlichkeit des Lernenden und seine Fähigkeit zur Selbstmotivation im Blick.

Kapitel 7
Der organisationale Faktor

Die Inhalte dieses Kapitels mögen überraschen. Sie wenden den Blick in Richtung Schulentwicklung und Organisationsentwicklung, und so stellt sich die Frage, was dies mit dem Thema Lerncoaching zu tun hat. Die Erfahrungen, von denen Teilnehmende in einer Vielzahl von Fortbildungen und Kursen berichtet haben, zeigen jedoch, dass der organisationale Faktor einen wesentlichen Punkt für den Einsatz von Lerncoaching darstellt. Denn eine Umsetzung hängt qualitativ und quantitativ von den schulischen bzw. den betrieblichen Rahmenbedingungen ab bzw. von der Art und Weise, wie mit diesen umgegangen wird. Das Etablieren von Lerncoaching als eigenständiges Format im pädagogischen Alltag erfordert ein wohl bedachtes Veränderungsmanagement und lässt sich mitnichten ‚mal schnell so nebenbei' erledigen. Lerncoaching zielt in zweierlei Richtung auf Veränderung: sowohl für individuelle Lernprozesse aufseiten der SchülerInnen wie auch für die einzelne Schule als mögliche lernende Organisation. Dies gilt für den Bereich Schule ebenso wie für Unternehmen und Institutionen.

In der Art, wie Lerncoaching an die Innen- und Umwelten des Lernenden anknüpft, so sollte eine Etablierung von Lerncoaching in einer Schule oder in einer Firma an deren Systemwelten andocken. Wird dieser Aspekt ignoriert, ist der Etablierungsprozess zum Scheitern verurteilt. Nachhaltige Veränderung in sozialen Systemen benötigt Zeit und Bedachtsamkeit im Vorgehen. Darauf wird in der Literatur zur Schulentwicklung wie zum *change-management* innerhalb von Unternehmen deutlich hingewiesen.

Doppler und Lauterburg (2005) stellen ausführlich die Faktoren dar, die für einen Veränderungsprozess unabdingbar sind. Sie nennen u.a. eine eingehende Bestandsaufnahme, Klarheit in den Zielen, Kommunikation in Netzwerken und eine prozessorientierte Steuerung als Gelingensbedingungen für einen Wandel im Kleinen wie im Großen. Scharmer (2009) weist eingehend und detailliert auf die Komplexität von Organisationen und entsprechenden Veränderungsprozessen hin. Sie verlaufen nicht-linear und lassen sich dementsprechend nicht linear steuern, so wie man etwa ein Auto steuert. Er beschreibt die Auseinandersetzung mit dem ‚blinden Fleck' als Teil eines möglichen Wandels.

Schulentwicklung stellt nun ein spezielles Feld dar. Dennoch lassen sich Aspekte der Organisationsentwicklung auch auf diesen Bereich anwenden (Dubs 2010). Von hoher Wichtigkeit ist die Planung von sich überschneidenden Phasen. Aufbauend auf einer internationalen Schulanalyse zum Thema Innovation formuliert Hameyer (2012) ein Prozessmodell induktiver Schulentwicklung und Evaluation (PROMISE). Darin unterscheidet er zwischen Anbahnung, Umsetzung und Verankerung. Diese Phasen sollten während der Durchführung von Veränderungsprozessen beachtet und bewusst gestaltet werden. Für eine Etablierung von Lerncoaching ist dies ebenso gültig wie das Umsetzen von Formen individueller Förderung oder kompetenzorientierten Lernens.

Schullandschaften im Wandel – Anlässe für Lerncoaching

Mittlerweile widmen sich einige Schulen und Berufsschulen den Konzepten des individualisierten, kompetenzorientierten und selbstgesteuerten Lernens. Eine Vielzahl befindet sich im Prozess der Umsetzung oder visieren an, solche didaktischen Aspekte von Lernen zu etablieren. Diese Entwicklung unterscheidet sich stark von Schule zu Schule und von Bundesland zu Bundesland. Dennoch lässt sich von einem Trend zur Unterstützung individuellen Lernens sprechen.

Beispiel Hamburg: Das Hamburger Institut für Berufliche Bildung hat Leitlinien zum ‚Individualisierten Lernen' konzipiert. Eine Umsetzung erfolgt u. a. über Projektgruppenarbeit an einzelnen Schulen, Professionelle Lerngemeinschaften sowie über Zertifikatskurse zum Thema Lerncoaching. Parallel dazu werden weitere KollegInnen in Prozessberatung fortgebildet.

Am Landesinstitut für Lehrerbildung und Schulentwicklung in Hamburg laufen seit 2009 Lerncoaching-Zertifikatskurse, die zur Unterstützung individuellen und kompetenzorientierten Lernens in den Projekten SELKO und KomLern dienen.

Beispiel Nordrhein Westfalen: Seit einigen Jahren widmet sich das Land Nordrhein Westfalen der individuellen Förderung und hat zu diesem Zweck ein eigens dafür konzipiertes Gütesiegel ausgeschrieben, um das sich Schulen bewerben können. In Münster besteht das Landeskompetenzzentrum für Individuelle Förderung NRW.

Lerncoaching wird in diesen Zusammenhängen angefordert. Mitunter gibt es auch andere Anlässe, wie z. B. die Optimierung von Schüler- oder Lernentwicklungsgesprächen, die Professionalisierung der Arbeit mit Kompetenzrastern und Lernportfolios. Eine weitere Möglichkeit, wie sie von einzelnen Schulen bereits verwirklicht worden ist, besteht darin, Lerncoaching als ein eigenes Format zu etablieren.

Lerncoaching in Unternehmen

Vornehmlich gelten die Tendenzen zum individuellen und kompetenzorientierten Lernen für den Bereich Schule. Vor diesem Hintergrund findet Lerncoaching oftmals eine Anwendung. Allerdings wird es mittlerweile auch für den Ausbildungsbereich von Unternehmen angefragt. Fachkräftemangel und demografischer Wandel lassen Fragen nach Formen von Lernbegleitung während der Ausbildung aufkommen. Berufsfelder, die bereits während der Ausbildungszeit eine hohe psychische Belastung und Arbeitsverdichtung verzeichnen, suchen nach Erweiterungen bzw. adäquate neue Wege im Ausbildungswesen, z.B. im Bereich der Pflegeausbildung. Verbände widmen sich dem Thema. Einzelne Pflegeschulen setzen Lerncoaching als Instrument in der Ausbildung ein (z.B. Imland, Rendsburg). An diesem Beispiel zeigt sich die Relevanz und die Brisanz der Frage, wie in der Aus- und Weiterbildung Lernprozesse gestaltet und begleitet werden.

Ausbildungsbetriebe legten die bisherigen Schwerpunkte vornehmlich auf die fachlichen Inhalte. Doch allmählich kommt eine ergänzende Orientierung an Kompetenzen auch in den Unternehmen an (Negri et al. 2010). Dies ist u.a. im Zusammenhang mit einem gesellschaftlichen Wertewandel zu sehen (Schwalbe 2010). Neben der Fachkompetenz wird darauf geachtet, wie der Lernende sein Lernen und seine Arbeit methodisch angeht (Methodenkompetenz), wie er sich gegenüber den KollegInnen und KundInnen verhält (Sozialkompetenz) und inwieweit er mit Arbeitsbelastung umzugehen weiß und Verantwortung zu übernehmen imstande ist (Selbstkompetenz).

Damit rückt fast zwangsläufig das individuelle Lernen in den Fokus. Denn Kompetenzerwerb knüpft immer an bereits vorhandene Ressourcen sowie subjektives Erleben an. Der Auszubildende lernt mit seiner gesamten Person, inklusive emotionaler Ladungen und subjektiver Deutungen. Unternehmen sind gefordert, sich mit diesen Aspekten auseinanderzusetzen. Je schwerer es ein Auszubildender mit einer Lernsituation hat, desto gewichtiger ist die personale Bindung an den Ausbilder bzw. an den Betrieb. Lerncoaching stellt eine Form von Lernprozessbegleitung dar, welche die genannten Aspekte im Blick hat und wesentlich auf der Ebene eines professionell-persönlichen Kontakts arbeitet.

Teil 2
Praxis – Themen und Methoden

In diesem zweiten Teil werden Themen behandelt und Methoden dargestellt, die für eine unmittelbare Lerncoaching-Tätigkeit relevant sind. Der Fokus ist auf die Praxis gerichtet. Checklisten und Fragen dienen zur Selbstklärung und Erweiterung des pädagogischen bzw. beraterischen Handelns. Kurze Einführungen zu Themen wie z.B. Ressourcenarbeit, Ziele, Lernstrategien und Motivation geben die Grundlage für einzelne Methoden. Diese werden jeweilig im Anschluss inklusive Handlungsleitfaden erklärt. Anlässe zum Einsatz der jeweiligen Methode sind ihrer Erläuterung in einem Kasten vorangestellt, denn kaum ein methodisches Vorgehen ist auf sämtliche Anliegen anwendbar.

Jede Methode und jedes Intervenieren braucht die Basis einer bewussten Gesprächsführung. Das Thema Gesprächsführung versammelt verschiedene Ansätze, die ebenfalls kurz eingeführt und dann in Form von einzelnen Bausteinen dargestellt werden. Sie lassen sich leicht in die eigene Gesprächspraxis integrieren und mit anderen Ansätzen bzw. Bausteinen kombinieren. Im Text finden sich entsprechende Hinweise.

Weitere Themen, die im Lerncoaching eine Rolle spielen, werden in ähnlicher Art vorgestellt: Das innere Erleben ist der Bezugsrahmen, in dem sich die Lernprozesse des Schülers individuell vollziehen. Daher ist der Zugang zu diesem Erleben und dessen Bezugspunkten von enormer Wichtigkeit. Wird solch ein Zugang hergestellt, lässt sich mit den Ressourcen, an den Zielen und den Motivationen des Schülers arbeiten. Lernblockaden können erfasst und bearbeitet werden. Lernstrategien lassen sich passgenau anwenden oder entwickeln.

In einer Vielzahl an Seminaren wird nach den Grenzen von Lerncoaching gefragt: Was ist mit Schülern, die nicht freiwillig kommen? Und wie steht es mit dem Einfluss von Eltern und anderen Familienmitgliedern? Die Kapitel über reaktantes Verhalten und das Einbeziehen des familiären Kontexts geben Hinweise für Antworten und Handlungsmöglichkeiten. Schlussendlich stellt sich die Frage, wie sich ein Lerncoaching-Angebot überhaupt in den schulischen oder betrieblichen Alltag implementieren bzw. etablieren lässt. Für die Praxis ist dies ein elementarer Aspekt, zumal mit ihm das Thema der lernenden Organisation angesprochen wird. Lässt sich auch auf dieser Ebene das Lernen durch Coaching oder Beratung unterstützen? Entsprechende Gedanken und Hinweise für das Etablieren von Lerncoaching finden sich im letzten Kapitel.

Da sich die Vorgehen zum Teil aufeinander beziehen und Parallelen wie auch Überschneidungen aufweisen, wird dies durch Angaben der Kapitel deutlich gemacht. Ebenso finden sich Hinweise auf einzelne Kapitel des ersten Teils. Sie dienen als mögliche Erläuterung oder theoretische Untermauerung.

Kapitel 1
Rollenvarianz

Anlässe zum Einsatz:
- Die Rolle als Lerncoach klären.
- Selbstbeziehung verbessern.
- Abgrenzung gegenüber Förderunterricht und Beratungslehrer vornehmen.
- Eigenes Verständnis von Lerncoaching erarbeiten.

Die Rolle des Lerncoachs bringt eine Haltung mit sich, welche die Verantwortung für die eigenen Lernprozesse eindeutig beim Schüler sieht. Ebenso liegen die Lösungen für Lernproblematiken beim Lernenden – obgleich sie ihm noch nicht bewusst sein mögen. Es ist die Aufgabe des Lerncoachs, als Lernprozessbegleiter auf die Suche nach möglichen Lösungswegen und Ressourcen zu gehen. Dies geschieht primär in Kooperation mit den Lernenden und nicht als instruktives Vorgeben von Lösungen. Solche Haltung unterscheidet sich in vielen Situationen von der des Fachlehrers, der – um es vereinfacht auszudrücken – Lösungswege vorgibt oder aufzeigt.

Der Lerncoach als ‚Realitätenkellner'

Eine kooperative Haltung aufseiten des Beraters bzw. des Coachs hat Gunther Schmidt im Rahmen seiner Beratungskonzepte mit dem Bild des ‚Realitätenkellners' umschrieben. Diese Metapher meint das Eingehen auf die Gestaltungspotentiale und die subjektiven Konstrukte des Klienten. Solches Vorgehen lässt sich auch auf das Lerncoaching beziehen. Der von Schmidt benutzte metaphorische Ausdruck macht deutlich, dass der Lerncoach keineswegs im Besitz irgendeiner Wahrheit ist, die genau weiß, was für den Schüler gut bzw. richtig ist. Diese Wahrheit wie auch der Lösungsweg liegen allein im Schüler, auch wenn sie ihm noch nicht zugänglich bzw. noch nicht bewusst sind. Im Laufe eines Dialogs mit dem Coachee vermag der Lerncoach lediglich zum Zwecke einer Unterschiedsbildung Angebote zu formulieren, im Sinne von: „Ist es so …? … Oder eher so …? Würde es einen Unterschied in Deinem Erleben machen, wenn Du es so sähest?" Oder auf konkrete Lernproblematiken bezogen: „Ich meine verstanden zu haben, wie Dein Lernproblem aussieht. Wenn Du Dir vorstelltest, Du hättest Dein Problem verkleinert, wie sähe Deine Realität dann aus?" Durch solche Angebote, die der Schüler auf der Ebene seines Erlebens überprüfen kann, wird subjektive Realität konstruiert. Der Lerncoach dient eben als Realitätenkellner, denn er bietet Möglichkeitsräume an. Der Schüler nimmt gemäß seinem inneren Bezugsrahmen Unterschiede wahr und verfolgt neue Optionen. Solch ein Rollenverständnis geht mit einer entsprechenden inneren Haltung einher. Beide werden im Laufe der nachfolgenden Kapitel wiederholt thematisiert und auf pragmatische Konsequenzen hin betrachtet.

Also unterscheidet sich die Rolle des Lerncoachs von der des Fachlehrers. Während der Fachlehrer im pädagogischen Alltag aufgrund einer hohen Schülerzahl gar nicht umhin kann, direktive Anweisungen zum Lernen zu geben und Lösungswege aufzuzeigen, hält der Lerncoach sich mit der Vorgabe zurück, welchen Lernweg der Schüler zu gehen hat. Zweck ist, dem Lernenden Raum und Begleitung für Erfahrungen zu geben, mit denen er sich selbstwirksam erleben kann. Dies mag nicht immer nach den Vorstellungen des Lernbegleiters laufen, doch diese sind auch nicht maßgebend. Das gilt für eigenverantwortlich herbeigeführte Lernerfolge ebenso wie für Lernmisserfolge – denn auch in letzteren kann der Lernende erkennen, dass sein Denken, Fühlen und Handeln unmittelbare Auswirkungen auf das weitere eigene Lernen hat. Der Lerncoach unterstützt den Lernenden darin, den eigenen Weg selbst zu finden bzw. zu entwickeln – jedoch eher als ein Sparringspartner oder Trainer. Dies klingt einfacher, als es sich vielen Lehrpersonen darstellt. Denn der Coach gibt die Lösungen nicht vor, sondern er begleitet im Dialog beim Auffinden von Lösungen. So sieht sich die Lehrperson in der Rolle des Lerncoachs vor der Herausforderung, es auszuhalten, wenn der Lernende zunächst keine Lösung findet. Und dieses Aushalten betrifft immer die Grenzen der eigenen Handlungsfähigkeit wie auch in manchen Fällen die Grenzen des eigenen Selbstbildes. Denn die beschriebene Haltung könnte als Infragestellen des traditionellen Bildes vom ‚Wissensvermittler‘ und auf emotionaler Ebene als Verlust des Wissensmonopols empfunden werden.

Unterschiede Fachlehrer – Lerncoach

	Fachlehrer	Lerncoach
Tätigkeits-schwerpunkte	• Fachinhalte vermitteln • Unterricht planen und durch-führen	• Individuelle Lernprozesse unterstützen • Arbeit mit dem inneren Bezugs-rahmen der Lernenden
Haltung	• Lösungswege werden vorgegeben • Fachinhaltliches Wissensmonopol	• Lösungen und Ressourcen liegen im Lernenden • Nicht-Wissen
Lernverständnis	• Tendenz: Lernen durch Instruktion	• Lernen durch Konstruktion

Die Rolle als Lerncoach aushandeln

Die lehrende Person sollte Bewusstheit darüber herstellen, wie sie die unterschiedlichen Rollen ausfüllt und in welcher Situation sie eingenommen werden können. Das Einschätzen der eigenen Ressourcen und Erwartungen ist solcher Klärung förderlich – entsprechende Leitfragen finden sich im Kapitel 2.1 über die innere Haltung. Ist sich der Lehrende bewusst, wann und wie er sich in die Rolle des Lerncoachs begibt (und damit seine traditionelle Rolle verlässt) und welche Rahmenbedingungen er dafür benötigt, kann er dies seinem beruflichen Umfeld mitteilen. So verleiht er seiner Lerncoaching-Tätigkeit eine Kontur. In der Regel sind dazu Gespräche nötig, u.a. mit der Schulleitung und mit dem Kollegium. Je klarer er sich und seine Grenzen definiert, desto besser kann er seine Tätigkeit als Lerncoach darstellen, mit einzelnen Kollegen abstimmen und mit deren Tätigkeiten (Beratungslehrer, Förderunterricht, Projekte zur Schulentwicklung) verzahnen.

Es benötigt also einer Selbstklärung, die als Grundlage für weitere Gespräche mit Schulleitung und Kollegen dient. Im Dialog ist es möglich dann ein Aushandeln vorzunehmen, was Lerncoaching an der eigenen Schule bedeuten könnte, inwieweit der Lerncoach in spe persönliche Ressourcen zur Verfügung hat und welche Ressourcen er von der Schule (z.B. in Form von Funktions-, Entlastungsstunden oder eines Raumes) zur Verfügung gestellt bekommt.

Es ist zu empfehlen, dass der künftige Lerncoach erst nach den Schritten der Selbstklärung und des Aushandelns seine Tätigkeit anbietet. Dies sollte als klare und prägnante Darstellung, z.B. in Form eines Flyers, geschehen. Wenn auch die Schüler und Schülerinnen die Zielgruppe sind, empfiehlt es sich, aus Gründen der Transparenz die Lerncoaching-Tätigkeit gegenüber folgenden Gruppen darzustellen:

- SchülerInnen,
- Schulleitung,
- dem Kollegium,
- KollegInnen, die andere Unterstützung anbieten (z.B. Beratungslehrer),
- die Eltern der Schüler.

von Erwartungen begreifen: „Der Erfolg der Rolle resp. die Zufriedenheit aller Beteiligten wird [...] vielmehr das Resultat eines gelungenen dynamischen Prozesses des Aushandelns von Rollenerwartungen sein." (Steiger/Lippmann 2004, 58) Darin sind in vielen Fällen Gestaltungsspielräume möglich. Dies gilt umso stärker in Schulen und Ausbildungsbetrieben, in denen Lerncoaching etabliert werden soll und die Rolle des Lerncoachs noch nicht definiert ist.

Neben den offiziellen Arbeitsplatz- und Stellenbeschreibungen werden Rollen auch inoffiziell definiert. Dies vollzieht sich aufgrund der informellen Organisationskultur und ihren unausgesprochenen Regeln, Ritualen und Traditionen. Werden letztere erkannt und berücksichtigt gerät das Aushandeln und Finden einer Rolle leichter und konfliktfreier. Dies gilt ebenso für die Rolle des Lerncoachs.

Abgrenzung von Förderunterricht und Beratungslehrer

Individuelle Lernprozesse und deren Bezugspunkte bzw. Einflussfaktoren stehen im Mittelpunkt des Lerncoachings. Einige Themen und Problematiken, die darin bearbeitet werden, haben ihren angestammten Platz eher in anderen Unterstützungsformaten wie dem Förderunterricht oder dem Angebot des Beratungslehrers.

Förderunterricht. Gemeinhin wird im Förderunterricht der fachstoffliche Aspekt betrachtet: Ein Schüler, der in Mathematik Lernprobleme hat, erhält auf diesem Fachgebiet Unterstützung. Obgleich der Förderunterricht die fachlichen Inhalte behandelt, wird in einigen Momenten ebenso auf das ‚Wie' des Lernens geschaut, d.h. auf seine möglichen Lernstrategien und gegebenenfalls auf das Lernbefinden des Schülers. Hier liegt die Überschneidung zum Lerncoaching.

Im Gegenzug sind die fachbezogenen Inhalte kaum Gegenstand eines Lerncoachings. Es fokussiert auf das ‚Wie' des Lernens, und arbeitet nicht an den konkreten Lerninhalten eines Fachs, sondern vielmehr auf der Ebene der individuellen Aneignungsprozesse.

Bezogen auf die Veränderungen erster und zweiter Ordnung, wie sie in Kapitel 5 über Lösungen dargestellt sind, lässt sich für den Förderunterricht sagen, dass sich dieser in weiten Teilen auf der Ebene von Veränderungen erster Ordnung bewegt, während im Lerncoaching in erster Linie an Veränderungen der zweiten Ordnung gearbeitet wird.

Beratungslehrer. Problematische Lernsituationen mögen für einen Schüler ein bewusster oder unbewusster Vorwand sein, um zum Beratungslehrer zu gehen, sie stehen aber nicht im Mittelpunkt der Konsultation. Denn der Beratungslehrer arbeitet an Problemen des Schülers, die sich über das Thema ‚Lernen' weit hinaus bewegen. Hier geht es maßgeblich um die persönliche Ebene. Schwere emotionale Belastungen und Einschränkungen in der Lebensgestaltung, z.B. häusliche Gewalt, Drogenmissbrauch oder depressive Verstimmungen, geben Anlass zum Besuch beim Beratungslehrer. Dies sind keine Themen für ein Lerncoaching. Gleichwohl können sie im Verlauf eines solchen auftauchen, denn für manchen Lernenden ist der Gang zu einem Lerncoach mit einer niedrigeren Hemmschwelle versehen. Hat er erst einmal Vertrauen zum Coach gefasst, können Themen auftauchen, die eher in das Aufgabengebiet des Beratungslehrers oder auch Schulpsychologen fallen. In solchen Fällen sollte der Lerncoach sensibel darauf eingehen, allerdings ohne das Thema zu bearbeiten. Im Dialog kann dann der Blick auf weitere Unterstützungsangebote gerichtet und konkrete Schritte eingeleitet werden.

Somit überschneiden sich die drei Tätigkeitsfelder in einzelnen Bereichen.

Verhältnis Förderunterricht – Lerncoaching – Beratungslehrer

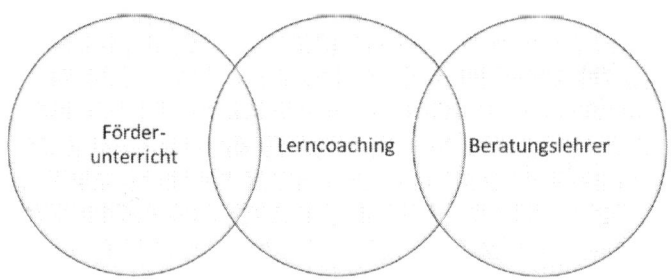

Gerade wenn an einer Schule solche Angebote bestehen, ist es wichtig, der eigenen Tätigkeit eine scharf umrissene Kontur zu geben. Selbstklärung, Rollenbewusstsein und ein kritischer Blick auf die hausinternen Kulturen sind der Klarheit förderlich. Erst über Kommunikation und eine deutliche Diversifizierung lassen sich die Aktivitäten abstimmen. In diesem Zuge werden konstruktive Verzahnungen hergestellt und Konkurrenzdünkel minimiert. Dann kann die Unterstützungspalette schulintern dem Kollegium dargestellt, der Schülerschaft angeboten und gegenüber der Elternschaft kommuniziert werden.

Die Abgrenzungen und Überschneidungen der drei genannten Handlungsfelder Lerncoaching, Förderunterrricht und Beratungslehrer sind als exemplarisch zu sehen. Ähnliches gilt für weitere Unterstützungsangebote wie Schulsozialarbeit oder Erzieherische Hilfen (Weidner/Kilb 2011). Auch hier geht es darum, deren klare Kontur zu bestimmen, um sie mit Lerncoaching-Tätigkeiten abzustimmen.

Rollentransparenz

Die Lehrperson, die sowohl als Fachlehrer bzw. Klassenlehrer sowie auch als Lerncoach agiert, sollte beide Rollen gut voneinander trennen und den Unterschied dem Schüler gegenüber darstellen können. Denn im Lerncoaching werden Lernprobleme teilweise auf einer persönlicheren oder stärker individuellen Ebene bearbeitet, als es dem Schüler im Kontext Unterricht bekannt ist. Schüler bekommen es für sich nicht immer ohne weiteres sortiert, dass der vertraute Klassenlehrer nun in einer neuen Rolle agiert. Daher ist es sinnvoll, eine entsprechende Erläuterung als Einstieg ins Lerncoachinggespräch zu nehmen.

Gesprächseinstieg mit Rollenklärung:
1. Informeller Einstieg/Herstellen von Rapport
2. Rollenklärung (unter Anwendung von Bildern bzw. Metaphern):

„Es ist mir wichtig, Dir darzustellen, was ich Dir in unserer gemeinsamen Arbeit anbieten kann. Und Du entscheidest, ob Du es annehmen willst. ...
Ich bin eine Art Trainer. So wie im Sport stehe ich als Coach am Rand des Spielfeldes, der Sportler bist Du. Du machst Dein Spiel, und wir schauen darauf, was Du verbessern kannst ... und wie Du es verbessern kannst.
Gemeinsam betrachten wir eines Deiner vielen Verhalten oder eine schwierige Lernsituationen. ...
Meine Rolle besteht nicht darin, Dir etwas abzunehmen. Aber ich begleite Dich darin, dass Du für Dich gute Wege und vielleicht auch Lösungen finden kannst. Denn das machst Du selbst. ... Alles, was Du brauchst, steckt in Dir."

Die Rollentransparenz soll einer möglichen Irritation aufseiten des Schülers vorbeugen und das kooperative Arbeiten erleichtern. Daraus ergibt sich die Frage, ob der Klassen- oder Fachlehrer zugleich auch als Lerncoach agieren kann. Dieser Punkt wird in nahezu jedem Lerncoaching-Seminar von den Teilnehmenden berechtigterweise thematisiert. Doch eine rigide Einteilung in ‚richtig' und ‚falsch' wird zu diesem Punkt wenig dienlich sein, eher ein ‚hinderlich' oder ‚förderlich'. Die Bewertung hängt vom Ermessen des Lerncoachs sowie den schulinternen Gegebenheiten ab.

Ein Klassenlehrer, der sich zum Lerncoach ausbilden lässt, kann in dieser neuen Rolle ein weiteres Unterstützungsangebot für die Schüler seiner Klasse ermöglichen. Er hat diese Tätigkeit gegenüber der Schulleitung klar dargestellt und eingehend seinen Schülern erläutert. In Phasen selbstgesteuerten Lernens bietet er an einem Extra-Tisch im hinteren Klassenraumbereich Vier-Augen-Gespräche für einzelne Klassenmitglieder an. Über die einzelnen Gespräche verbessert sich die Beziehung zu den Schülern, was sich auch im Lernklima niederschlägt. Der Lehrer macht deutlich: Hinten am Extra-Tisch bin ich in einer anderen Rolle. Solch ein Modell kann gut funktionieren, es kann aber aufgrund der Nähe des Klassenlehrers zu den ihm anvertrauten Schülern auch schwierig laufen. Die Vorerfahrungen der Lehrperson könnten mögliche Perspektiven auf den Lernenden einschränken.

Ähnlich Schwierigkeiten könnten entstehen, wenn der Klassenlehrer Lerncoaching in den laufenden Unterricht einbringt und seine Coaching-Haltung den Schülern gegenüber nicht erläutert. Der Schüler ist dann wenig in der Lage nachzuvollziehen, wann die Lehrperson in der Rolle des Fachexperten, Notengebers und direktiven Ansagers ist und wann in der Rolle des nicht-wertenden Coachs, der Perspektiven eröffnet und keine Lösungen vorgibt.

Grundsätzlich lässt sich empfehlen, dass eine vorläufige strikte Trennung der beiden Rollen sowohl für die Schüler als auch für die Lehrperson förderlich ist. So können sich alle Beteiligten an die Implikationen des Coachings gewöhnen und die Vor-und Nachteile testen.

Paradigmenwechsel: Vom Lehrer zum Coach

Eine andere Position zu diesem Thema bezieht Eschelmüller (2007). Dieser Autor betrachtet Lerncoaching als integralen Bestandteil eines guten Unterrichts und fordert den Wandel des Lehrerbildes vom Wissensvermittler zum Lernbegleiter. Er trennt nicht zwischen den Rollen von Fachlehrer und Lerncoach, sondern fordert von der Lehrperson einen flexiblen Umgang mit den entsprechenden Haltungen und den daraus resultierenden Verhalten: „Mit Lerncoaching wird ein spezifisches Rollenverhalten von Lehrern mit entsprechenden […] Vorgehensweisen umschrieben. […] Lerncoaching meint damit gleichzeitig Lernprozess-Coaching." (Eschelmüller 2007, 8)

Dies stellt ungleich größere Anforderungen an den Lehrenden, klar in seiner Rolle zu agieren – was kein Argument gegen diesen Weg ist. Dennoch sieht der Autor des vorliegenden Buches Vorteile in einer klaren Trennung der Rollen. Mit ihr kann sich der Fachlehrer leichter in einer eventuell neuen Haltung ausprobieren und explizit trainieren. Ein Handeln in der Rolle des Lerncoachs käme demnach einem Verlassen der persönlichen Komfortzone gleich – mit der jederzeitigen Möglichkeit, in das sichere Terrain zurückzukehren. Dies könnte z.B. in Situationen von starker Unsicherheit und Überforderung sinnvoll sein. Weiterhin mag das deutliche Einnehmen der einen Rolle eine gute Position sein, um professionelle Distanz herzustellen oder um über die jeweils andere Rolle zu reflektieren.

	Trennung der Rollen von Fachlehrer und Lerncoach	Fließender Rollenübergang zwischen Fachlehrer und Lerncoach
vorteilhaft	• Rollenvarianz • Erweiterung der Reflexions- und Handlungskompetenz	• Erweiterung des Selbstverständnisses vom Lehrenden als bloßen Stoffvermittler hin zum Lernbegleiter
nachteilhaft	• erläuterungsbedürftig • Bedarf an Zeitfenster bzw. Formate für Lerncoaching	• Voraussetzung: große Klarheit über den situativen Rollenwechsel • Mögliche Irritationen aufseiten der Lernenden

Letztlich liegt es in den Händen jeder einzelnen Lehrperson, wie sie mit den unterschiedlichen Rollen umgeht. In jedem Fall ist es günstig, die Rolle mit eigenen Bedürfnissen und Ressourcen sowie mit dem Rahmen und den Erwartungen der jeweiligen schulischen bzw. betrieblichen Organisation abzugleichen.

Rollenvarianz als Möglichkeit zum Umgang mit Ansprüchen

Die Trennung der Rollen bringt einen Vorteil mit sich: Aus der Perspektive einer der beiden Positionen lässt sich auf die jeweilig andere schauen. Auf diese Weise ist eine fruchtbare Distanz möglich, die Einsichten in das eigene berufliche Handeln ermöglicht: „Die Fähigkeit, sich in sich selbst einzufühlen, setzt eine Rollendistanz voraus und die Fähigkeit, sich selbst im Kontext bestimmter Rollen und im Rahmen eines Systems zu erkennen. Dabei verkörpere ich eine Rolle, neben der ich noch andere habe." (Schley/ Schley 2010, 27) In diesem Zitat klingt an, dass verschiedene Rollen nicht immer ein Fluch sein müssen, sie lassen sich auch produktiv nutzen.

Innerhalb der Organisation Schule kann eine Person mehrere Rollen einnehmen: z. B. Fach- oder Klassenlehrer, Abteilungs- oder Projektleiter, didaktischer Leiter. Neben diesen Rollen hält der pädagogische Alltag ohnehin eine Vielzahl von Ansprüchen für die einzelne Lehrperson bereit: Schüler mit ihren unterschiedlichen Bedürfnissen, Eltern mit ihren Vorstellungen, Anforderungen von Schulleitung, Projektgruppen und Kollegen. All diese Personen äußern Wünsche sowie Bedürfnisse und erheben Ansprüche. Manche dieser Bedürfnisse und Ansprüche kommen drängend daher und pochen auf sofortige Erfüllung. Und nicht alle werden freundlich formuliert. Emotionale Ladungen, psychischer Druck oder konfliktuelle Situationen sind in diesem Zusammenhang eher die Regel als die Ausnahme. Nun kommt auch noch die Tätigkeit als Lerncoach hinzu – bringt dies nicht zusätzliche Belastung, wenn nicht sogar Verwirrung?

Wenn eine Lerncoaching-Praxis tatsächlich eine „Klärung von Bezugspunkten in den Aneignungs- und Vermittlungsprozessen" (Pallasch/Hameyer 2008, 152) bedeutet, dann beinhaltet Lerncoaching auch die Möglichkeit über die Bezugspunkte in den Vermittlungsprozessen aufseiten der Lehrenden nachzudenken und sie gegebenenfalls zu bearbeiten. Die Rollenthematik ist ein solcher Punkt. Jedes Bearbeiten betrifft in erster Linie das subjektive Denken, Fühlen und Handeln der einzelnen Person, lässt sich aber auf didaktische Arrangements und Fragen der Schulkultur ausweiten. Eine Lerncoaching-Position mag in diesem Sinne zu einer Professionalisierung pädagogischer Tätigkeit beitragen. Denn klärt eine Lehrperson in ihrer Rolle als Lerncoach einen für sie relevanten Bezugspunkt, wird sich dies mit hoher Wahrscheinlichkeit positiv auf ihr individuelles Befinden auswirken – und in der weiteren Folge ebenso auf die Tätigkeit in der Rolle als Fachlehrer. Der Zugewinn ist ein höherer Grad an Souveränität.

Ansprüche und Anforderungen. Ansprüche, entweder von Mitmenschen geäußert oder dem eigenen schlechten Gewissen entsprungen, gehören zu den beruflichen Ereignissen, die eine Belastung auslösen können und eines Auslotens bedürfen. Oftmals werden sie mit realen Anforderungen verwechselt. Sie führen leicht zu einem Gefühl von Überforderung – besonders, wenn sie aus verschiedenen Richtungen an die Lehrperson herangetragen werden und sich widersprechen. Daraus resultiert ein Erleiden der Situation, welches sich ausdrückt in Gedanken und Sätzen wie „Alle zerren an mir" oder „Ich komme den vielen Ansprüchen gar nicht mehr hinterher".

Die Möglichkeit, aus den Perspektiven verschiedener Rollen auf eine (problematische) Situation zu sehen, kann ein probates Mittel sein, um eine professionelle Distanz herzustellen und diese Situationen zu meistern. Es ist leichter, divergierenden Ansprüchen zu begegnen, wenn diverse Rollen zur Verfügung stehen. Dies setzt im Vorfelde jedoch zunächst eine Auseinandersetzung und dann eine Positionsklärung hinsichtlich der Rollen voraus. Es ist eine Investition, die sich lohnt.

Der Begriff Rollenvarianz meint einen bewussten und konstruktiven Umgang mit verschiedenen Ansprüchen, die in Rollenanforderungen übersetzt werden. Es stärkt die eigene Position, sich in einer Situation eindeutig auf eine bestimmte Rolle beziehen zu können. Als Lerncoach eine klar definierte Rolle einzunehmen und gegebenenfalls mit dem Gegenüber auszuhandeln, wird in der Regel als hilfreich erlebt. Dies sollte immer im Abgleich mit den eigenen Ressourcen und Grenzen vorgenommen werden.

Kapitel 2
Professionelle Beziehungsgestaltung

Eine professionelle Gestaltung von Beziehung umfasst im Lerncoaching mehrere Komponenten. Diese sind in den nachfolgenden Unterkapiteln dargestellt:

2.1 Die innere Haltung – dieser Abschnitt dient einer Klärung der Selbstbeziehung und der grundsätzlichen Einstellung gegenüber den Lernenden;

2.2 Äußeres Setting – diese Textpassage beschreibt die Gestaltung des räumlichen Arrangements;

2.3 Struktur des Gespräches – dieses Unterkapitel widmet sich einem Leitfaden, mit dem sich Lerncoachinggespräche strukturieren lassen;

2.4 Gesprächsführung – in diesen Textpassagen werden verschiedene Ansätze von Gesprächsführung vorgestellt, deren Elemente im Coaching dienlich sein können.

2.1 Die innere Haltung

Im vorliegenden zweiten Teil des Buches werden Interventionen und methodische Vorgehen dargestellt, die in mancher (Lerncoaching-)Situation eine sinnvolle Anwendung finden können. Der Einsatz dieser Methoden setzt jedoch zweierlei voraus: zum einen die Fähigkeit, auf das Gegenüber einzugehen und Kommunikation zu gestalten; zum zweiten benötigen die Methoden einer entscheidenden Grundierung, nämlich die einer spezifischen inneren Haltung, wie sie im nun folgenden Kapitel beschrieben wird. Auf ihr baut eine professionelle Gesprächsführung auf. Die Haltung ist unausgesprochene Grundvoraussetzung für ein gelingendes Lerncoaching.

In nahezu jedem der Lerncoaching-Kurse sowie in einer Vielzahl an Fortbildungen, die der Autor seit 2007 gegeben hat, wurde die innere Haltung von den Teilnehmenden als zentrales Thema in pragmatischer Hinsicht genannt. Daher wird es eingehend behandelt.

Die in den folgenden Unterkapiteln vorgestellten Themen nebst Frageblöcken können über das Lerncoaching hinaus auch für die Tätigkeit in einer traditionellen Lehrerrolle Klärung bringen. Denn mit der inneren Haltung hat jede pädagogisch tätige Person einen Einfluss auf die Lernprozesse der Schüler – auch wenn sie sich dessen nicht immer bewusst ist.

schon allein die innere Haltung des Lehrers kann erheblichen Einfluss auf die Lernprozesse der SuS haben!

Je stärker der Lerncoach imstande ist, „akzeptierend auf das zu achten, was in ihm selbst vor sich geht, und je besser er es fertigbringt, ohne Furcht das zu sein, was die Vielschichtigkeit seiner Gefühle ausmacht, umso größer ist seine Übereinstimmung mit sich selbst" (Rogers, zitiert in Quitmann 1996, 151).

Empathie, Akzeptanz und Kongruenz werden häufig als grundlegend für beraterisches oder pädagogisches Handeln genannt. Das soll an dieser Stelle nicht in Abrede gestellt, aber doch kritisch betrachtet werden. Zwar eignen sich diese Begriffe als grobe Beschreibung der inneren Haltung, sie mögen jedoch suggerieren, dass die innere Haltung einem Zustand gleich käme, den man erreichen könnte und dann sicher im Besitz hätte. Vielmehr ähnelt jene Haltung aber einem inneren Austarieren, das sich im Kontakt mit dem Gegenüber vollzieht und situativ immer wieder hergestellt werden muss. Wenn es dem Lerncoach gelingt, in einer Sitzung einem Schüler mit Empathie und Akzeptanz zu begegnen, kann sich dies in einer anderen Sitzung als schwierig darstellen. Und nicht jeder Berater bzw. Lerncoach ist mit sich in jedem Moment kongruent. Dies variiert in Abhängigkeit von seiner Tagesform und dem aktuellen Geschehen. An diesem Punkt könnte eine gesunde Akzeptanz der eigenen Unvollkommenheit eine weitaus wichtigere Auswirkung auf das Coachinggespräch haben als eine hundertprozentige Akzeptanz gegenüber dem Lernenden. Der beständige Anspruch an Lernbegleiter, in jeder Situation empathisch, akzeptierend und kongruent zu sein, kann schnell zu einer Überforderung und zu einem hohlen Ideal werden. An dieser Stelle zeichnet sich ab, dass ein Mehrwert im Lerncoaching u.a. auch darin liegen kann, über die Haltung des Fach- und Klassenlehrers nachzudenken wie über eine pädagogische Realität: das Scheitern von Lehrpersonen (Schley 2008, Strittmatter 2008).

Oftmals werden hohe Ideale genannt, wie ein Pädagoge bzw. ein Lerncoach zu sein hat – dies hat allerdings ebenso oft wenig mit den real existierenden Menschen zu tun, die sich in der jeweiligen Rolle befinden. Mit Sicherheit dienen die drei von Carl Rogers formulierten Grundhaltungen als Basis für beraterisches Handeln: Empathie, Akzeptanz und Kongruenz. Für eine ausgeruhte Coaching- oder Therapiesitzung mag dies gelten. Aber gilt dies uneingeschränkt für kurzgetaktete Lerncoaching-Einheiten im Rahmen des pädagogischen Alltags? Und ist es überhaupt möglich, gegenüber jedem Schüler kongruent zu sein und ihn, wie von Rogers gefordert, bedingungslos zu akzeptieren? Gemäß Mitteilungen von Lehrern scheint Empathie die Grundhaltung zu sein, die noch am ehesten in Gesprächen mit Schülern eine Anwendung finden und entsprechend geübt werden kann.

Konfrontation, Klarheit und Grenzen *– mindestens ebenso wichtig!*

Für den Kontext Lerncoaching bleibt festzustellen, dass die drei Grundhaltungen (Empathie, Akzeptanz und Kongruenz) aufseiten des Coachs durch

Konfrontation, Klarheit und Grenzen zu ergänzen sind. Diese sind z. B. in der Arbeit an den Zielen der Schüler sinnvoll. Beim Einsatz provokativer Methodik (Kapitel 8) sind sie unumgänglich. Lernende benötigen ein einfühlendes Verständnis – doch um bei ihnen Bewegung oder sogar Veränderung anzuregen, braucht es im gleichen Maße Klarheit und Stringenz, gegebenenfalls auch eine gute Konfrontation.

Empathie und Konfrontation widersprechen sich keinesfalls, eher ergänzen und bedingen sie sich. Fließt eines der beiden jedoch übermäßig in den eigenen Kommunikationsstil ein, ist es sehr wahrscheinlich, dass eine persönliche Inkongruenz vorliegt. Eine überwertig gelebte Empathie kann u. a. aus einer Harmoniesucht oder einer mangelnden Souveränität im Umgang mit Aggression motiviert sein. Sie artet dann zur Weichspülerei oder Freundlichkeitsfassade aus. Hingegen mag ein übertriebener konfrontativer Stil eigene Unsicherheit oder Verletzlichkeit überdecken. Er gerät dann leicht zu einer paramilitärischen Musik.

Zu solchen Anlässen bietet der Begriff ‚Kongruenz‘ einen Richtwert: Wo und wann werden eigene Gefühle oder ähnliches von mir ausgeblendet? In welchen Situationen bin ich nicht in Deckung mit dem, was innerlich wachgerufen wird? Einen höheren Grad an Kongruenz mit der eigenen Person stelle ich her, indem ich mich auf den Weg meiner Selbsterkundung mache und mich mit meinen ‚Schattenanteilen‘ auseinandersetze. Solcherart lassen sie sich allmählich integrieren. Daher ist ein bewusster Umgang mit eigenen Grenzen und Ängsten, Verletztheiten und Aggressionen ein gutes Unternehmen zur Herstellung eines höheren Grades an Kongruenz.

Konfrontation lässt sich leichter einsetzen, wenn der Lernbegleiter – angemessen der Situation – mit sich kongruent ist und damit eine gute Beziehung sowohl zur eigenen Person als auch zum Lernenden zu gestalten imstande ist. „Das intuitive Herstellen dieser Beziehungsqualität ist bei guten Lehrern ein Teil ihrer Haltung. Bei der Frage, wie diese innere Haltung entstehen kann, kommt man sehr schnell dahin zu erkennen, dass der Handelnde selbst in einer ruhigen Art und Weise ‚bei sich‘ ist, also in Kontakt mit seiner Intuition, seinen Ressourcen und seinen Kompetenzen.“ (Hermann 2010, 57) Die Kompetenzorientierung und der Kontakt zu den eigenen Ressourcen, die in der individuellen Lernprozessbegleitung wesentliche Aspekte darstellen, lassen sich demnach ebenso auf den Lehrenden bzw. den Lerncoach anwenden.

Es ist durchaus möglich, über einen längeren Zeitraum die eigene innere Haltung gegenüber dem Lernenden in einigen Aspekten zu verändern: weniger als Abarbeiten an einem hohen unmenschlichen Ideal, eher als ein Auseinandersetzen mit der eigenen Person inklusive ihrer Unzulänglichkeiten. Und als Bewusst-machen eigener Ressourcen sowie In-Besitz-nehmen eigener Qualitäten. Die innere Haltung zum Gegenüber wie auch zur eigenen Person kann ‚Gegenstand‘ von Selbstklärung sein. In solchem Zuge führt sie zu einer höheren Qualität der Selbstbeziehung, zur Erweiterung des Selbstbildes und zur Stärkung der Selbstkompetenz.

2.1.1 Selbstbeziehung

Der Lerncoach beeinflusst mit seiner gesamten Person das Geschehen in der Coaching-Sitzung (siehe Teil 1, Kapitel 3). Je stärker er sich der Wirkung des personalen Faktors bewusst ist und mit ihm souverän umzugehen imstande ist, desto dienlicher ist dies für die Interaktion mit dem Lerncoachee. Die innere Haltung, mit welcher der Coach dem Schüler begegnet, ist entscheidend von seinem Verhältnis, d.h. seiner Beziehung, zur eigenen Person geprägt.

> „Vor allem wer selbst über ein hohes Selbstwertgefühl verfügt, der wird Gefühle für Andere haben und Beziehungen offen und wertschätzend gestalten können. Selbstwertgefühl ist jedoch kein Studienfach, sondern eine innere Einstellung, an der man jedoch ebenso arbeiten kann wie an seinem Wissen. [...] Aber noch zu oft wird gerade [...] auf psychologische Diagnostik und Hilfe verzichtet, weil man die Beziehungsebene nicht ernst genug nimmt. Hier ist die Pädagogik ein Entwicklungsland." (Reich 2010, 69)

Lerncoaching bedeutet im Wesentlichen eine Arbeit auf der Beziehungsebene.

Mit der Selbstbeziehung ist einerseits der gute Kontakt zur eigenen Person gemeint und andererseits ein Prozess der Selbstexploration bzw. -bewusstwerdung, den der Coach bereits vollzogen hat oder mit dem er auf dem Wege ist. Eine gute Beziehung zur eigenen Person umfasst die integrierte Erfahrung von inneren Untiefen und einen konstruktiven Umgang mit negativen Gefühlen und Persönlichkeitsanteilen. In einen pädagogischen Begriff gebracht, lässt sich dies als ‚Selbstkompetenz' benennen. Mit lyrischer Note ließe sich vom bewussten Erkunden der persönlichen Seelenlandschaft sprechen.

Die Beziehung, die der Lerncoach zu sich selbst hat, wird eine Auswirkung auf das Lerncoaching-Geschehen haben – und sei sie auch noch so subtil. Letztendlich ist der Lerncoach kraft seiner Person und der verändernden Prozesse, die er an sich selbst erprobt und bereits erfahren hat, ein Modell für Veränderung:

> „In der Pädagogik und in der Beratung sind Interventionen, die Suchprozesse bei anderen anregen, gekoppelt mit einer bestimmten inneren Haltung dessen, der in neue Prozesse einladen will. Das Grundprinzip lautet: Willst du jemanden zur Veränderung einladen, so verändere zunächst einmal deine eigene Haltung." (Hermann 2010, 30)

Wenn der Lerncoach in diesem Sinne den Lernenden ein gutes Modell sein will und eine tragende Beziehung zu seinem Gegenüber herstellen möchte,

Um ein guter Lerncoach zu sein, ist eine gute Auseinandersetzung mit sich selbst wichtig!

ist es dienlich, dass er zunächst einmal eine gute Beziehung zur eigenen Person herstellt. Diese ergibt sich nicht aus einem einmaligen Akt positiven Denkens. Vielmehr benötigt sie eine beständige Auseinandersetzung mit den eigenen blinden Flecken, unerwünschten Anteilen und zu hoch gesteckten Idealen.

Sehr häufig führt ein solches Vorgehen zu einem konstruktiven Umgang mit den eigenen Grenzen und Ansprüchen. Weiterhin bringt es Klarheit in der eigenen Rolle.

Zu diesem Zweck ist eine Selbstklärung sinnvoll. Die selbstexplorativen Fragen, die im weiteren Text skizziert sind, können dazu dienlich sein. Sie thematisieren Aspekte von Selbstbeziehung und setzen sie ins Verhältnis mit der Lerncoaching-Praxis. Das Beschäftigen mit einem der aufgeführten Unterthemen kann kleine Erkenntnisse bereiten. Zugunsten einer höheren Wirkung empfiehlt es sich, dies schriftlich vorzunehmen.

Die Unterthemen stellen nur ein kleines Angebot dar und können keine eingehende Selbstexploration ersetzen. Grundsätzlich kann es als förderlich betrachtet werden, sich über Kollegiale Fallbearbeitung, Supervision oder Fortbildungen bzw. Trainings auf den Weg der Selbsterkundung zu machen.

Klären der Selbstbeziehung

Aus den Wissenschaften liegen Hinweise vor, dass ‚Identität' keineswegs als ein statischer Zustand, sondern vielmehr als beständiger Prozess zu verstehen ist (Storch/Riedener 2006; Greve 2000). Darin laufen wesentliche zwischenmenschliche Dynamiken und Selbstbewertungen unbewusst ab. Interne Konflikte und Persönlichkeitsanteile, die als unliebsam empfunden oder sogar verdammenswürdig empfunden werden, erscheinen nur sporadisch und marginal in Bewusstsein. Das bloß rationale Wissen um solche Anteile bringt noch keine Entwicklung für eine gute Selbstbeziehung. Es braucht eines erfahrenden Bewusstseins, das eine integrierende Wirkung hat.

Das Entdecken eines unliebsamen Persönlichkeitsanteils ist ein Schritt, dem bereits eine genaue Selbstbeobachtung vorausgegangen sein muss. „In den Fokus der inneren Aufmerksamkeit rückt dann, was und wie wir wahrnehmen, vor allem, was wir ständig abspalten; ob und wie es uns gelingt, mehr von dem zuzulassen, was sich zeigt." (Dauber/Zwiebel 2006, 131) Es geht um das Aufdecken von eigenen Schattenseiten, das Auseinandersetzen mit ihnen und um eine daraus resultierende Akzeptanz.

Fragen zum Klären der Selbstbeziehung
- Gibt es etwas in oder an mir, das ich abwerte oder verurteile?
- Welche Haltungen oder Verhaltensweisen an mir mag ich nicht?
- Habe ich Anteile oder innere Dialoge, die mir zu schaffen machen?
- Kann ich jene Haltungen, Verhaltensweisen oder Anteile mit Abstand anschauen?

Um persönliche Grenzen festzustellen, muss ich das innere Erleben wahrnehmen und Körpersignale identifizieren können

- Kann ich sie liebevoll oder würdigend oder akzeptierend betrachten?
- Wie kann ich mit ihnen in einen Selbstdialog treten?
- Gibt es bei meinen Mitmenschen spezifische Verhalten, Haltungen oder Angewohnheiten, die meinen ‚roten Knopf' drücken? Erinnern mich diese an Aspekte meiner eigenen Person? Sehe ich mich zum Teil darin gespiegelt?

Persönliche Grenzen

Das Wahrnehmen, Akzeptieren und achtsame Einhalten persönlicher Grenzen ist wichtige Voraussetzung jeglicher Berufstätigkeit. In der Arbeit mit Menschen, d.h. in sozialen und pädagogischen Feldern, gilt dies aufgrund der Arbeitsanforderungen umso stärker. Und in Zeiten von beschleunigter Erwerbstätigkeit bzw. in Situationen eines erhöhten Stresserlebens erhält das gesunde Einhalten persönlicher Grenzen doppeltes Gewicht.

Eine Stärkung der eigenen Person benötigt in vielen Fällen die Anerkennung der persönlichen Grenzen und ein entsprechendes Erkunden eigener Ressourcen (Nicolaisen 2010). Ein Organismus ohne Grenzen würde in den Raum diffundieren. Erst aus der Grenze zur Umwelt entwickelt er seine Kontur und seine Kraft.

Ein konstruktiver Umgang mit den eigenen Grenzen ist im Kontext leistungsorientierter Gesellschaften des europäischen Kulturraums keine Selbstverständlichkeit. Er benötigt konkrete Schritte, von denen das Wahrnehmen des eigenen inneren Erlebens sowie das Identifizieren von Körpersignalen an erster Stelle stehen. So lässt sich ein erstes Erfassen der eigenen Grenze unternehmen. Dies kann in jedem Fall nur gemäß dem Rahmen des subjektiven Erlebens und Bewertens geschehen. Was für den einen Menschen noch gut zu bewältigen ist, gerät für einen zweiten zur sportiven Anstrengung und bringt einen dritten in enorme Stresszustände inklusive körperlicher Symptome. So obliegt die persönliche Grenze in jedem Fall der situativen, subjektiven Sichtweise.

Mögliche Fragen zum Erfassen der persönlichen Grenze

- Welche Teile in mir werden durch das Gegenüber oder durch bestimmte Themen des Gegenübers angesprochen?
- Fühle ich mich dadurch in meiner Arbeit beeinträchtigt?
- Woran konkret kann ich wahrnehmen, dass ich meine Grenze erreicht habe?
- Wie erlebe ich meine Grenze?
- Regt sich in mir ein schlechtes Gewissen gegenüber dem Lerncoachee?
- Fühle ich mich überfordert? Woran mache ich dies fest?
- Kommen Gefühle von Unzulänglichkeit in mir zum Vorschein?
- Auch wenn das Lerncoaching aus meiner Sicht nicht erfolgreich verläuft, kann ich mich damit zufrieden geben, dass ich mein momentan Bestes gegeben habe?

- Inwieweit kann ich akzeptieren, dass ich an meiner Grenze angelangt bin?
- Wie kann ich mir mit Selbstfürsorge begegnen?

Emotionale Befangenheit und Verstrickung

Die persönliche Grenze hat in der pädagogischen oder beraterischen Tätigkeit häufig mit einer Nähe-Distanz-Thematik zu tun. Berichtet ein Lernender z.B. von seinem Konflikt mit anderen Schülern und beschreibt sich in der Opferrolle, kann es dem Coach unterlaufen, dass er sich unbewusst auf dessen Seite schlägt. In solchem Fall ‚verbrüdert' bzw. ‚verschwistert' er sich mit dem Schüler und ist damit emotional befangen. Dadurch verliert er eine neutrale Sicht auf das Problem, die für das Coaching allerdings wichtig wäre.

Neben der Befangenheit ergibt sich bisweilen ein noch verschärfteres Phänomen: die emotionale Verstrickung, die hier in zwei Varianten geschildert sein soll.

- Variante 1: Der Schüler zeigt starke Gefühle oder schildert eine spezifische Lebenssituation, die der Lerncoach in ähnlicher Weise selbst erlebt hat. In solchen Fall könnte der Coach so stark mit seinen Erinnerungen beschäftigt sein, dass er den Äußerungen seines Gegenübers nicht mehr zu folgen in der Lage ist. Schlimmstenfalls würde er sich mit dem Schüler identifizieren.
- Variante 2: Der Lernende artikuliert ein Gefühl oder zeigt ein Verhalten, das der Lerncoach von sich selbst kennt, aber nicht mag. Wenn er mit diesem Anteil der eigenen Person noch keinen Frieden geschlossen hat, kann es passieren, dass er den Coachee für dessen Gefühl bzw. Verhalten verurteilt oder sogar verdammt. Dies wäre eine klassische Form von Projektion. Eine produktive Coaching-Arbeit ist unter solchen Gegebenheiten nicht mehr möglich.

Pallasch und Kölln (2002, 84 ff.) fordern vom Berater, dass dieser eine *„Distanz zum Inhalt"* halten möge, wenn ihm Schilderungen des Coachees zu nahe gehen. Offen bleibt jedoch, mit welchen konkreten Schritten solche Distanz hergestellt werden kann. Emotionale Befangenheiten und Verstrickungen lassen sich nicht mittels der Ratio kontrollieren (Teil 1, Kapitel 4.2). Sie können aber ins Bewusstsein gehoben, bearbeitet oder geklärt und bestenfalls aufgelöst werden. Folgende Fragen sind ein minimaler Schritt in diese Richtung.

Mögliche Fragen zum Klären eigener Befangenheiten
- Woran nehme ich ein Zuviel an Nähe oder ein Zuviel an Distanz bei mir wahr?
- Tauchen begleitende Körperempfindungen oder Gefühlsregungen auf?
- Gibt es biografische Themen, die in mir tendenziell eine Befangenheit auslösen?

- Fühle ich mich durch bestimmte Gefühlsäußerungen des Schülers unangenehm berührt?
- Erlebe ich in mir eine Tendenz, dem Schüler recht zu geben und Partei für ihn einzunehmen?

Mögliche Fragen zum Aufspüren von Verstrickungen
- Äußert der Schüler ein konkretes Gefühl, für das ich ihn verachte?
- Zeigt der Schüler ein konkretes Verhalten, für das ich ihn scharfrichterlich verurteile?
- Welches ist meine körperliche Reaktion darauf?
- Lösen meine Gefühle innere Filme aus?
- Wie kann ich meine Gefühle und/oder inneren Filme aus der Distanz betrachten?

Ansprüche an die eigene Person

In mancher Lerncoachingsitzung können emotionale Ladungen oder persönliche Themen des Schülers zum Vorschein kommen, die der Coach als schwierig oder herausfordernd erlebt. So mag es vorkommen, dass der emotionale Ausdruck des Lerncoachees beim Coach starke Unsicherheit auslöst. Doch gleichzeitig kann der Anspruch im Lerncoach auftauchen, dem Schüler auf jeden Fall helfen zu wollen. Gerät dieser Anspruch zur handlungsleitenden Motivation, könnte der Coach die eigene Grenze missachten und in die Falle des eigenen Helfersyndroms tappen.

Mögliche Fragen zum Klären eigener Ansprüche
- Was kann oder will ich in meiner Rolle als Lerncoach leisten?
- In welchem Grad fühle ich mich für die Lösung des Gegenübers verantwortlich?
- Wo liegen meine Unsicherheiten?
- Überfordere ich mich z.B. durch einen hohen Anspruch an mich selbst?
- Bediene ich punktuell mein Helfersyndrom oder meine ‚Retter'-Rolle?
- Gehe ich mit meinem Helfersyndrom über eigene Hilflosigkeit oder Betroffenheit hinweg?
- Laufe ich meinem Selbstideal hinterher?

Die Beziehung zum ‚schwierigen' Schüler

Einzelne Schüler werden von Lehrenden und anderen Lernbegleitern immer wieder als herausfordernd erlebt und beschrieben. Hierin bietet sich ein guter Anlass zur Selbstklärung. Zu diesem Zweck empfiehlt es sich, eine konkrete Situation mit einem bestimmten Schüler auszuwählen und sich dann folgende Fragen zu beantworten.

Klärungsfragen hinsichtlich der Beziehung zum einzelnen Schüler
- Von welchen Schülern fühle ich mich herausgefordert?

- Was genau im Kommunikationsstil oder an der Person des Schülers wird als herausfordernd erlebt?
- Welcher Teil in mir meldet sich dann zu Wort?
- Wie meldet er sich zu Wort? – Drängend? Fordernd?
- Will er den Schüler belehren oder verurteilen oder niedermachen?
- Und tauchen daraufhin weitere Stimmen auf, z.B. solche, die mich dafür verurteilen?
- Welches Verhalten tritt dann meinerseits zutage?

Die genannten Fragen dienen zunächst nur der Bewusstwerdung sowie der Klärung. Eine weitere Bearbeitung ist mit Methoden möglich, wie sie in den nachfolgenden Kapiteln eingehend dargestellt sind.

Rückmeldung und Kommunikationsstil

Lernende benötigen Rückmeldungen hinsichtlich ihrer Stärken und Schwächen sowie ihres Lernverhaltens. In diesem Belang sollte sich der Lernbegleiter bzw. der Lerncoach weder im Lobesüberschwang ergehen noch als personifizierte Abwertungskultur daherkommen. Und er sollte sich bewusst sein, wann er einer kritischen Rückmeldung, die für den Lernenden angemessen wäre, aus dem Wege geht oder klein redet. Die Art und Weise der Rückmeldung hängt vom persönlichen Kommunikationsstil und der Selbstbeziehung ab.

Fragen zur Klärung des persönlichen Rückmeldung-Stils
- Neige ich zu übertriebenem Lob bzw. zu übertriebener Kritik?
- Welches meiner Kommunikationsmuster empfinde ich als hinderlich oder förderlich, wenn ich Lernenden eine kritische Rückmeldung gebe?
- Wie lassen sich meine Schritte beim Rückmelden konkret beschreiben?
- Tauchen unangenehme Gefühle in mir auf, wenn ich kritische Rückmeldung gebe? Wenn ja, wie lassen sich diese Gefühle präzise benennen?
- Welche Ressourcen stehen mir zur Verfügung, um mich von diesen Gefühlen nicht beeinträchtigen zu lassen?

2.1.2 Die innere Haltung gegenüber dem Lernenden

In den vorhergehenden Abschnitten wurde die Selbstbeziehung des Lerncoachs thematisiert. Über eine Klärung bzw. Verbesserung der Beziehung zur eigenen Person gewinnt seine innere Haltung gegenüber dem Schüler an Souveränität und Kontur. Die Selbstbeziehung ist quasi der Ort des Geschehens, wenn der Coach seine innere Haltung zum Positiven verändern will. Und sie stellt die Basis für weitere Aspekte einer Haltung, die dem Lerncoaching förderlich ist. Grundsätzlich lässt sie sich beschreiben als eine professionelle „Neugier bezüglich der Standpunkte und Lernbedürfnisse von anderen. Gemeinsam begeben sich Vermittler und Schüler in einen Prozess, der von Forschungsinteresse und Partnerschaftlichkeit geprägt ist." (Miller/Rollnick 2009, 243)

Die Lösungen liegen im Lernenden

Dies ist für die Arbeit des Lerncoachs wesentlich: Er geht davon aus, dass die Lösungen sowie die Ressourcen bereits im Lernenden vorhanden sind, wenn auch sie noch nicht bewusst zur Verfügung stehen. Eine Konsequenz daraus ist, dass der Coach keine Lösungen vorgibt. Es braucht zunächst eines Andockens an den inneren Bezugsrahmen des Schülers. Nur auf diese Art und Weise kann gewährleistet sein, dass die Coaching-Intervention auf die individuellen Lernprozesse passt.

Der Lerncoach übernimmt sowohl für seinen Teil der Kommunikationsschleife die Verantwortung wie auch für den Beratungsprozess. In der Lösungsfindung aber ist er lediglich Begleiter. In diesem Punkt liegt die Verantwortung beim Lerncoachee – und mithin mögliche Erfahrungen von Selbstwirksamkeit.

Kooperation – *wesentliches Merkmal des Lerncoachings*

Eine gewinnbringende Arbeit kann im Kontext Lerncoaching nur erfolgen, wenn die beiden Beteiligten kooperativ zusammenarbeiten. Also besteht eine Hauptaufgabe des Coachs darin, zur Kooperation einzuladen. Er vermittelt dem Coachee, dass dieser zwar mit seinen Anliegen im Mittelpunkt steht, doch dass ohne seine Bereitschaft – sei sie auch noch so minimal – dem Coach die Hände gebunden sind.

So paradox es klingen mag: Die Einladung zur Kooperation ist umso wichtiger, wenn die Lernenden unfreiwillig ins Coaching kommen oder im höchsten Grad unkooperativ bzw. lustlos erscheinen. Dies ist mitunter der Fall, und es benötigt eines systemischen Vorgehens vonseiten des Coachs, wie es in den weiteren Kapiteln beschrieben ist (Kapitel 8).

Der Lerncoach stellt eine „Subjekt-Subjekt-Beziehung" her und verändert das hierarchische Lehrer-Schüler-Verhältnis. „Dabei begegnet der Coach seinen Klienten grundsätzlich wertschätzend. Er begegnet ihnen außerdem […] ohne hintergründige strategische Absichten und […] maximal symmetrisch, also ohne unangemessenen Dominanzanspruch." (Schreyögg 2003, 180)

Der Lernende als Experte

Mit Bezug auf Jürg Liechti, der u. a. in systemischer Praxis mit Jugendlichen arbeitet, kann für die Haltung und die Rolle des Lerncoachs Folgendes gesagt werden: Der Lerncoach hat statt eines „Expertenmodells mit absolutem Wahrheitsanspruch" eher ein „Kundenmodell vor Augen, das den Klienten die Rolle der Experten ihrer eigenen Situation zuweist" (Liechti 2010, 50). Der Lerncoach wäre damit in der Rolle und in der Haltung „eines feinfühligen Gestalters komplexitätsgerechter Kontexte als Voraussetzung für die Möglichkeit selbstorganisatorischer Prozesse […] und Ressourcenentfaltung" (Liechti 2010, 50). Wenn die Lösung im Kunden (d.h. im Schüler) liegt, braucht der Lerncoach die Kooperation und den Dialog mit dem Lernenden als Experten für dessen interne Lernprozesse. Damit schafft er einen Rahmen, in dem der Schüler sich seiner bereits vorhandenen Ressourcen und Strategien bewusst werden kann. Also gestaltet der Coach lediglich die Voraussetzungen für ein Selbsterkennen, für ein Optimieren von Lernprozessen und schließlich für Erfahrungen von Selbstwirksamkeit. Er ist weder Lerndoktor noch Heilsbringer.

Ressourcenorientierung

Eine Orientierung an Ressourcen meint im Lerncoaching zweierlei: Zum einen richtet der Coach seine Aufmerksamkeit auf die Stärken und Potentiale des Lernenden. Zum anderen setzt er seine Interventionen und Sprache dergestalt ein, dass der Schüler seinerseits die eigene ,Problemtrance' verlassen kann (siehe Kapitel über Lösungsorientierte Gesprächsführung). Problemerleben macht blind für Ressourcen. Weite Strecken des pädagogischen Alltags sind von einem Defizitblick geprägt. Der Coach richtet aber den Blick auf mögliche Ressourcen und bereits bewältigte Hindernisse. Somit wirkt er als Modell und lädt den Schüler indirekt ein, den eigenen Fokus zu verändern und dadurch sein Problemerleben zu vermindern. Wenn dem Lernenden wieder erfahrbar wird, dass er bereits so manche schwierige Situation gemeistert hat, lässt sich von solcher Position der Zuversicht das eigentliche Problem leichter angehen.

Dies kann nicht als Ratschlag oder als Herunterspielen des Problems geschehen. Es kommt eher einer Einladung gleich, die Aufmerksamkeit in Richtung Ressourcen zu fokussieren.

Ko-Konstruktion

Mit der Begleitung des Coachs kann der Lernende Erkenntnisse über sein Lernen erhalten. Er erfährt, wie er tagtäglich seine Lernwelt konstruiert, d.h. wie emotionale Ladungen darin eine Rolle spielen und welche Faktoren sein Lernen begünstigen oder beeinträchtigen. Im Gespräch achtet der Lerncoach auf Möglichkeiten und bietet vorsichtig Perspektiven an – immer im Bewusstsein, dass die Wirklichkeit im Kopf des Gegenübers konstruiert wird. Er ist lediglich ein Ko-Konstrukteur (im Sinne des bereits erwähnten Begriff des ,Realitätenkellners').

Wenn Realität als Rechenleistung des menschlichen Gehirns im inneren Erleben entsteht (siehe Teil 1, Kapitel ,Konstruktivismus'), lassen sich Problemlösungen oder Lernstrategien ebenfalls konstruieren. Das funktioniert nur, wenn der Coach achtsam darauf schaut, ob diese Konstrukte in das innere Erleben des Schülers passen.

Empathie und Konfrontation – reloaded

Die drei Grundhaltungen Empathie, Akzeptanz und Kongruenz sind bereits zu Beginn des Kapitels kritisch betrachtet worden. Sie benötigen eine Ergänzung durch Konfrontation, Klarheit sowie das Setzen eigener Grenzen. Vor dem Hintergrund der nunmehr erläuterten Aspekte von Kooperation, Ressourcenorientierung, Ko-Konstruktion etc. erhalten sie eine neue Färbung bzw. eine neue Bedeutung. So ist z.B. die Empathie kein Wert an sich, sondern Bestandteil der Selbstbeziehung des Lerncoachs und bereits ein Kommunikationsangebot an den Schüler.

Empathie und Konfrontation sind keine Gegenspieler, sondern zwei Pole, zwischen denen sich ein ganzes Spektrum an Handlungsmöglichkeiten entfaltet. Ein gutes Maß Empathie sorgt für eine Metastabilität im Prozess, damit der Lerncoachee sich angenommen fühlt und Sicherheit erhält. Ein angemessenes Quantum Konfrontation spricht den Coachee in seinen Selbstgestaltungspotentialen an und fordert ihn heraus. Beide sind notwendig. Wird einer der beiden Pole durch den Coach und seine innere Haltung überwertig ins Coaching eingebracht, beeinträchtigt dies das Gelingen. Ein Zuviel an Empathie beschränkt das Coaching auf ein fühliges Wohlsein und nimmt den Schüler in seiner Selbstverantwortung nicht ernst. Ein Zuviel an Konfrontation kann den Schüler verschrecken und überfordern.

2.2 Äußeres Setting

Der Raum liefert den äußeren Rahmen für jegliches Lernen und Arbeiten. Er beeinflusst in mehr oder weniger subtiler Art und Weise die Interaktionen sowie die Verhaltensweisen von menschlichen Akteuren. Gemäß E.T. Hall kann das Raumverhalten als Teil der nonverbalen Kommunikation verstanden werden, welches anthropologisch bedingt ist. Hall beschreibt dies unter dem Begriff der *Proxemik* (lat. proximus: „der Nächste"). Menschen nehmen situations- und kulturspezifisch eine Nähe oder Distanz zueinander ein und leben rudimentäres archaisches Territorialverhalten aus. Im Sinn der modernen Hirnforschung spielen die menschlichen Grundbedürfnisse nach Orientierung und Sicherheit darin eine wesentliche Rolle. Diese Bedürfnisse werden durch die räumlichen Gegebenheiten tendenziell missachtet oder tendenziell befriedigt – mit entsprechenden Auswirkungen auf das psycho-physische Befinden der an der Interaktion beteiligten Personen. Also begünstigt und behindert das räumliche Setting eine gute Gesprächsatmosphäre.

Der Raum wirkt unmittelbar auf die darin agierenden und sich bewegenden Menschen. Licht- und Temperaturverhältnisse, Geräuschkulisse und architektonische Gegebenheiten, Anordnung von Mobiliar und dessen Qualität liefern die Rahmenbedingungen für sämtliches Lernen und Arbeiten in der Schule bzw. in einem Ausbildungsbetrieb. Sie beeinflussen in einem hohen Grad das intrapsychische Geschehen und somit auch das Lernen. Der Raum wird gerne als ‚dritter Pädagoge' bezeichnet. Damit sind in erster Linie seine Funktionalität und die Möglichkeit, verschiedene Lernarrangements differenziert zu gestalten, gemeint. Doch es geht auch darum, inwieweit der Raum gute Bedingungen für ein günstiges Lernklima bietet: „Wir müssten dazu lernen, Situationen, Umgebungen und menschliches Verhalten auf seine atmosphärische Wirksamkeit hin anzusehen." (Knodt 1994, 50)

Das räumliche Setting im Lerncoaching

Jedes Coaching und jede Beratung beginnen, bevor das erste Wort gesprochen worden ist. Interaktion ereignet sich als Bewegung im Raum und auf nonverbaler Ebene. So setzen sich Coach und Coachee als Körper im Raum zueinander in Beziehung, bereits vor und während der Begrüßung. In der Art, wie sie sich bewegen oder auf Abstand bleiben, können Informationen über psychische Befindlichkeiten liegen, d.h. der Lerncoach tut gut daran, in den ersten Momenten achtsam wahrzunehmen.

In diesem Zusammenhang kann es erhebliche Auswirkungen haben, wie der Coach das räumliche Setting von Stühlen, Tisch, FlipChart, etc. arrangiert hat. Mit solcher Gestaltung zeigt der Coach „atmosphärische Kompetenz" (Knodt 1994, 48). Gewissermaßen findet seine innere Haltung im Setting eine Entsprechung.

Wenn eine Begegnung auf Augenhöhe stattfinden soll, wäre es günstig, Stühle von gleicher Art und Sitzhöhe zu nehmen. Der Tisch sollte frei von coachingfremden Arbeitsmaterialien sein, um damit ein *Ich-gebe-Dir-meine Aufmerksamkeit* zu signalisieren. Zwei Gläser Wasser oder sogar eine Blume können ein Willkommen veranschaulichen. Günstig wäre es, wenn der Coachee die Möglichkeit hat, den Blick schweifen zu lassen und nicht permanent vom Coach fixiert wird. Dementsprechend empfiehlt Schreyögg für den Kontext Coaching eine Stellung der Stühle im 90-Grad-Winkel: „Der Vorteil dieser Anordnung besteht im Gegensatz einer direkten Gegenüber-Haltung darin, dass sich der zu Beratende nicht so ‚festgenagelt' fühlt. Wenn bereits durch die Sitzposition die Möglichkeit besteht, die Blicke zu kreuzen, erleben Klienten in der Regel eine größere subjektive Freiheit […]." (Schreyögg 2003, 216) So können internale Suchprozesse unterstützt werden. Blickkontakt sollte durch ein leichtes Wenden des Kopfes allerdings weiterhin möglich sein.

So sollten folgende Punkte beachtet werden:
* Besteht eine angenehme Raumtemperatur?
* Gewähren die Stuhlpositionen Beinfreiheit?
* Stellt die Stuhlposition des Coachees sicher, dass er eine Wand im Rücken hat?
* Worauf blickt der Coachee?

- Stellt die Stuhlposition des Coachees sicher, dass er günstigenfalls aus dem Fenster blicken kann – ohne von der Sonne geblendet zu werden?
- Befinden sich die Stühle in einem angemessenen Abstand?
- Stehen sie in einem günstigen Winkel zueinander?
- Ist der (möglicherweise vorhandene) Tisch einladend gestaltet?
- Ist sichergestellt, dass Störungen unterbunden sind?
- Liegen Arbeitsmaterialien (Karteikarten, Stifte, Flip-Chart, etc.) bereit?

Räume für Lerncoaching

Optimal wäre ein Raum, der eigens für Lerncoaching-Sitzungen verfügbar ist und mit Arbeitsmaterialien etc. ausgestattet werden kann. Aufgrund von institutionellen oder organisatorischen Bedingungen ist dies jedoch nicht immer der Fall. Wenn ein solcher Raum nicht bereitgestellt wird, lassen sich dennoch Spielräume finden und gestalten.

Einige Schulen nutzen für Lerncoachings jene Räumlichkeiten, die auch für andere Unterstützungsangebote (Förderunterricht, Schulsozialarbeit, Beratungslehrer) zur Verfügung stehen. Dies erfordert klare Kommunikation und klare Absprachen mit den entsprechenden KollegInnen sowie den Einsatz eines Belegungsplans.

Ein anderes Modell wird von Lehrern praktiziert, die Lerncoaching-Elemente in ihre Unterrichtspraxis integrieren. Sie nutzen Unterrichtsphasen selbstgesteuerten Lernens u. a. für Lerncoachinggespräche unter vier Augen mit einzelnen Schülern ihrer Klasse. Dazu haben sie sich einen abgetrennten Bereich durch Stellwände geschaffen oder eine Extra-Sitzecke im hinteren Klassenraum eingerichtet. Günstig wäre der Einsatz von Mobiliar, das sich von den bereits vorhandenen Klassentischen und -stühlen positiv unterscheidet. Denn es vermittelt eine wichtige Botschaft: In diesem Setting geschieht etwas anderes als im traditionellen Unterricht. Hier begegnen sich Coach und Coachee, um an den Lernbefindlichkeiten und Anliegen des Lerncoachees zu arbeiten.

2.3 Struktur des Gespräches

Gespräche in jeglichem Kontext von Beratung bedürfen einer Struktur, so auch das Lerncoaching-Gesprach. Die Struktur dient als Leitfaden für den Lerncoach sowie der Orientierung für den Lerncoachee. Daher ist es sinnvoll, dass der Coach sein Vorgehen transparent darstellt.

Mit der Struktur lässt sich die einzelne Sitzung wie auch der Gesamtverlauf von mehreren Treffen gestalten. Es ergibt sich äußerst selten, dass in einer einzelnen Sitzung der komplette Leitfaden durchgespielt wird. In der Regel erstreckt er sich über mehrere Sitzungen.

Jede Sitzung sollte über die folgende Struktur verfügen:
1. Einstieg,
2. Kerngespräch,
3. Abschluss.

Im Laufe der einzelnen Sitzungen werden in der Regel Phasen durchlaufen. Diese umfassen:
1. Erfassen des Themas,
2. Erarbeiten eines Ziels,
3. Arbeit an Lösungen.

Die erste Lerncoaching-Sitzung

Jede Sitzung, so kurz sie auch sein mag, sollte einen Einstieg inklusive einer kurzen informellen Begrüßung haben. Wenn es sich um ein erstes Treffen handelt, empfiehlt es sich für den Coach, nach der Begrüßung seine Rolle zu erläutern und die zeitlichen Rahmenbedingungen, inklusive Anzahl der Treffen, zu klären. Erst dann steigt er behutsam in das Thema ein und kommt auf das Anliegen des Schülers zu sprechen. Im darauffolgenden Dialog wird zunächst das Thema erfasst, welches den Anlass zum Lerncoaching gab. Zu diesem Zweck braucht der Coach einen Zugang zum inneren Erleben des Coachees (siehe Kapitel 4). Wenn anschließend noch genügend Zeit zur Verfügung steht, kann das Ziel des Schülers erarbeitet werden (siehe Kapitel 3). Gegebenenfalls wird die Zielformulierung in einer nächsten Sitzung vorgenommen. Kurz vor Ablauf der zur Verfügung stehenden Zeit leitet der Lerncoach den Abschluss ein. Er fasst die vorläufigen Ergebnisse zusammen und trifft mit dem Schüler Vereinbarungen für die nächsten Schritte. Zu guter Letzt bittet der Coach den Lernenden um eine kurze Rückmeldung hinsichtlich der gemeinsamen Coachingarbeit.

Die Folgesitzungen

Je nach dem Vorankommen in der ersten Sitzung wird entsprechend in den Folgesitzungen angeknüpft. In den meisten Fällen wird zunächst das Thema erneut überprüft und anschließend das Ziel formuliert. Wenn beide klar erfasst sind, geht es an die Arbeit für Lösungen oder Ressourcen. Häufig finden sich mögliche Elemente für die Lösungsarbeit bereits in vorhergehenden Sitzungen. Diese lassen sich späterhin aufgreifen (siehe Kapitel 5). Details und Vorgehen zu den einzelnen Phasen sind in den weiteren Kapiteln beschrieben.

Die im Folgenden dargestellten Phasen können sich über mehrere Sitzungen, d.h. über mehrere Gespräche erstrecken. Diese können einen wöchentlichen oder mehrwöchigen Abstand zueinander haben.

Phasen	Vorgehen	Hinweise
1. **Einstieg**	• Kontakt herstellen: Rapport • Rahmenbedingungen: Zeit, Ablauf • Rollenklärung • Vertraulichkeit • Auftragsklärung	siehe Kap. 2.4 siehe Kap. 2.4.1 siehe Kap. 8
2. **Thema erfassen**	• Präzise Formulierung des Themas • Grundbausteine Gesprächs- führung • Idiolektische Gesprächsführung • Verständnisfragen • Zugang zum inneren Erleben • optional: Arbeit an der Motivation	siehe Kap. 2.4.1 siehe Kap. 2.4.3 siehe Kap. 4.1 siehe Kap. 2.4.4/7/8
3. **Ziel erfassen**	• Präzise Zielerfassung im Dialog • Handlungswirksame Zielfomulie- rung	siehe Kap. 3
4. **Lösungen**	• Bearbeiten des Themas und der Begleitthemen • Ressourcen- und Lösungs- orientiertes Arbeiten • Veränderung des inneren Erlebens • Finden von Lernstrategien	 siehe Kap. 4.3/5 siehe Kap. 4.2 siehe Kap. 6
5. **Abschluss**	• Zusammenfassen des momentan Erreichten im Bearbeitungs- prozess • Konkrete Vereinbarungen für nächste Schritte • Festlegen einer weiteren Sitzung • Gegenseitige Rückmeldung	 siehe Kap. 5

2.4 Gesprächsführung

Gespräche zu führen und mit einem Gegenüber zu kommunizieren ist eine der wesentlichen Tätigkeiten in pädagogischen Arbeitsfeldern. Die entsprechende Fähigkeit dazu wird oftmals als naturgegeben und selbstverständlich angesehen. In vielen Fällen benötigt sie jedoch einer Kompetenzentwicklung durch entsprechendes Üben und Reflektieren. Gesprächsführung und Gestaltung von Kommunikation lassen sich durch Training professionalisieren.

Das Gespräch zwischen Coach und Coachee stellt ein wichtiges Element im Lerncoaching dar. Es umfasst die verbale Ebene (gesprochene Worte, gutturale Laute), die paraverbale Ebene (Sprachtempo und -duktus, Stimmlage etc.) sowie die nonverbale Ebene (Mimik, Gestik, Körperhaltungen und -bewegungen). Auf diesen Ebenen gestaltet der Lerncoach das Gespräch. Die Verantwortung für die Gesprächsgestaltung liegt in seinen Händen, gleichwohl das gesamte Gespräch dialogisch angelegt sein sollte.

Eine professionelle Gesprächsführung im Kontext von Lerncoaching verfolgt in erster Linie drei Ziele:
1. das Herstellen eines guten Kontakts und einer kooperativen Ebene zum Lerncoachee,
2. einen Zugang zu dessen innerem Erleben und
3. ein Fokussieren auf Ressourcen und Lösungen.

Auf solcher Basis können dann die vom Schüler genannten Anlässe bearbeitet werden, sei es das Entwickeln einer Lernstrategie oder das Lösen einer Lernblockade oder ein Stärken der Motivation.

Über das Lerncoaching hinaus kann eine professionelle Gesprächsführung auch für weitere Anlässe im schulischen Bereich wichtige Dienste leisten, z.B. Lernstandsgespräche, Arbeit mit Kompetenzrastern, Schülerentwicklungsgespräche, Elterngespräche etc. Solche Formate können durch spezifische Elemente von Gesprächsführung eine sinnvolle Ergänzung finden.

Kontakt zum Gesprächspartner: Rapport

Der Begriff meint den ‚gelingenden Kontakt' zum Gesprächspartner. „Eine ‚gute Arbeitsbeziehung' […] zwischen Berater und Klient ist von wirklich grundlegender Bedeutung für die Effektivität dieser Beratung. […] Mitunter wird sogar die Überzeugung vertreten, dass es sich hier um den wichtigsten Erfolgsprädiktor überhaupt handelt." (Bamberger 2001, 101)

Um diesen Erfolgsfaktor mit einer Basis auszustatten, ist eine Klärung der Selbstbeziehung dienlich, wie sie in Kapitel 2.1.1 angeregt worden ist. Denn wenn ich einen guten Kontakt zu mir selbst habe, wird mir der Rapport leichter fallen. Habe ich menschliche Untiefen am eigenen Leib bzw. in der eigenen Psyche kennengelernt, werden sie mich an meinem Gegenüber nicht mehr so sehr aufregen oder nicht mehr so leicht schrecken. Dann fällt es in der Beraterhaltung leichter, sich anhand von konzentrierter Wahrnehmung auf das momentane Befinden und Erleben des Gegenübers einstimmen. In Anlehnung an Martin Buber lässt sich von einer gelingenden ‚Ich-Du-Beziehung' sprechen, die für den pädagogischen und noch stärker für den beraterischen Kontext eine Voraussetzung darstellt. Für sämtliche Ansätze von Gesprächsführung, die in den folgenden Kapiteln dargestellt werden, ist Rapport unverzichtbar.

Rapport wird oftmals mit Metaphern umschrieben wie z.B. „Auf einer Wellenlänge sein". Die Redewendung beschreibt im wortwörtlichen Sinne das Kommunikationsphänomen Rapport, denn es handelt sich tatsächlich um ein Angleichen von körperlichen Veräußerungen, so dass eine Resonanz entsteht. Jüngere Erkenntnisse der Wissenschaften, wie z.B. die Spiegelneuronen-Forschung, belegen, dass sich Menschen mittels ihrer Organismen unwillkürlich synchronisieren (Bauer 2006; Damasio 2003; Künzler 2010). Solche Synchronisation vollzieht sich z.B. auf der Ebene von Körperhaltungen, des Sprachtempos oder der Atemfrequenz.

Rapport ist also als guter Kontakt auf der Resonanzebene zu verstehen. Er lässt sich über Zugewandtheit und nonverbale Kommunikation initiieren, ist jedoch nicht einseitig vom Coach steuerbar. Somit erübrigt sich die Frage nach der Gefahr von Manipulation, denn Rapport entsteht durch ein Sich-aufeinander-einlassen und gleicht eher einem Tanz. Willentlichen Verordnungen entzieht er sich. Und er bleibt in steter Dynamik, d.h. er ist kein statischer Zustand, der – einmal erreicht – für den weiteren Verlauf des Gespräches bestehen bleibt. So benötigt es immer wieder der Aufmerksamkeit des Lerncoaches, um den Kontakt zu halten. Insbesondere zu Beginn des Gesprächs sollte dies beachtet werden.

Rapport bedeutet
- Synchronisation auf non- und paraverbaler Ebene,
- Resonanzen in der Interaktionsdynamik,
- Verstehen durch Hineinversetzen in den Kunden,
- Empathie für das emotionale Erleben des Lernenden,
- Respekt vor der Autonomiebedürfnissen des Gegenübers.

Pacing & Leading
Mittels Pacing und Leading kann ein Gespräch auf der non- und paraverbalen Ebene von Kommunikation gestaltet werden. Dies ist nur mit gutem Rapport möglich.

Pacing. Frei übersetzt meint Pacing soviel wie: ein Stück des Weges in den Schritten des Gesprächspartners gehen. Es wird manchmal derart missverstanden, als dass der Coach permanent ruhig, empathisch und entspannt sein müsse. Vielmehr bedeutet Pacing ein Eingehen auf den energetischen Zustand des Gegenübers. „Pacing kann […] bedeuten, dass bei aufgeregten Kindern, die laut herumschreien, der Lehrer zunächst einmal die Energie aufgreift und laut ist, um dann Stück für Stück ruhiger zu werden." (Hermann 2010, 58)

Aufgrund von Spiegelneuronen, die auf neurobiologischer Basis die zwischenmenschliche Interaktion mitbestimmen, ‚spiegeln' wir unsere Gesprächspartner tagtäglich. Pacing meint einen bewussten Umgang mit diesen Phänomenen. Der Lerncoach stellt sich bewusst auf seinen Lerncoachee ein, indem er in analoger Weise dessen Körperbild (Angleichen auf der Makro- und Mikro-Ebene), kleine Bewegungen und Signale der paralingualen Ebene (Stimmhöhe, Sprachtempo, Sprachmelodie), kurzum: dessen Kommunikationsweise ansatzweise und vorsichtig spiegelt und gegebenenfalls Schlüsselworte wiedergibt.

Pacing

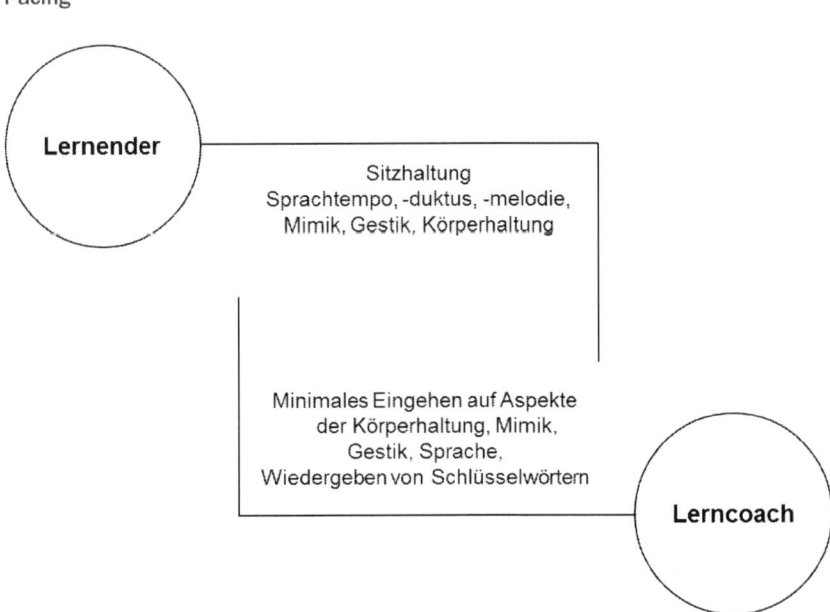

Leading. Nachdem der Lerncoach sich auf das momentane Befinden des Gegenübers sowie dessen Kommunikationsart eingestellt hat, kann er durch behutsames Verändern der eigenen Körperhaltung oder seines Sprachduktus das Gegenüber unausgesprochen einladen, es ihm gleich zu tun. Dadurch bietet der Lerncoach die Möglichkeit eines veränderten psycho-physischen Befindens an. Es lässt sich als ein Angebot auf nonverbaler und paralingualer Ebene für den Gesprächspartner verstehen, so dass dieser seinen Erlebensfokus zu ändern vermag. „Leading ist das langsame und maßgeschneiderte Hinführen zu neuen Arten des Denkens, Empfindens und Handelns, mit der Sie Klienten auffordern, den üblichen Problemrahmen zu verlassen […]. Leading funktioniert nur bei gutem Rapport." (Migge 2009, 86)

Rapport, Pacing und Leading basieren auf anthropologischen Grundlagen, mit denen eine angemessene Form von Gesprächsführung entfaltet werden kann.

Ansätze von Gesprächsführung
In den folgenden Textpassagen werden verschiedene Ansätze von Gesprächsführung und eine Auswahl ihrer jeweiligen Vorgehen dargestellt. Die Ansätze lassen sich Themenschwerpunkten zuordnen:

- Die pädagogisch-psychologische Gesprächsführung liefert Bausteine, die als Basis für dialogische Arbeit betrachtet werden können.
- Die Gesprächsführung mit lösungsorientiertem Schwerpunkt lenkt den Blick weg von Defiziten hin zu den Gestaltungskräften des Lernenden.
- Die Idiolektik leistet gute Dienste, um einen ressourcenorientierten Zugang zum inneren Erleben des Schülers herzustellen und um auf dieser Ebene Veränderungsprozesse zu initiieren.
- Mit der motivierenden Gesprächsführung können Ambivalenzen und reaktantes Verhalten in die Lerncoaching-Arbeit miteinbezogen werden.

Die nachfolgenden kurzen Darstellungen der verschiedenen Ansätze (inklusive einiger ihrer wesentlichen Bausteine und Vorgehensweisen) dienen einer jeweiligen Einführung und der Anregung. Sie schließen sich nicht gegenseitig aus – ganz im Gegenteil: Im Sinne einer guten Pragmatik lassen sich miteinander kombinieren. Je nach Gesprächanlass kann der Lerncoach den Einsatz der Gesprächsführung variieren.

2.4.1 Grundbausteine Gesprächsführung

Anlässe zum Einsatz:
- Einen angemessenen Kontakt herstellen.
- Dem Lernenden konzentriert zuhören.
- Eine kooperative Ebene herstellen.
- Emotionale Ladungen erfassen und ihren Ausdruck ermöglichen.
- Gemeinsam mit dem Lernenden dessen Thema erforschen.
- Die Lernproblematik und deren Faktoren erfassen.

Gesprächsführung baut auf die innere Haltung auf und ist von ihr gefärbt. Günstig ist eine Haltung des Nicht-Wissens, zu Gesprächsbeginn wie auch in späteren Phasen des Lerncoachings, z.B. in der Arbeit mit Ressourcen und Lösungen. Die innere Haltung stellt das Gefäß, in welches gesprächsgestaltende Elemente sowie weitere Interventionen eingebettet sind.

Die im Folgenden dargestellten Grundbausteine zur Gesprächsführung im Kontext von Lerncoaching sind als Basis für alle weiteren in diesem Buch dargestellten Methoden und Vorgehen zu verstehen. Sie rekrutieren sich zu großen Teilen aus dem Konzept des „Motivational Interviewing" nach W.R. Miller und S. Rollnick (2009) und aus dem Kompendium zur pädagogisch-psychologischen Gesprächsführung von W. Pallasch und D. Kölln (2002).

Übersicht der Bausteine:
1. Gesprächseinstieg
2. Offene Fragen stellen
3. Aktives Zuhören

4. Beachten der nonverbalen und paraverbalen Veräußerungen
5. Zusammenfassen
6. Widerspiegeln
7. Reflektierende Aussagen
8. Pausen zulassen
9. Strukturieren
10. Hypothesen formulieren

1. Gesprächseinstieg

Der Gesprächseinstieg hat ein Vorspiel: Es beginnt mit den ersten Momenten der Begegnung. Der Lerncoach begrüßt den Lernenden freundlich informell (im Sinne eines Mini-small-talks). Er gibt ihm Zeit, um im Raum anzukommen und die Umgebung sowie den Coach zu ‚beschnuppern'. Währenddessen kann er bereits die nonverbalen Veräußerungen des Lerncoachees aufmerksam wahrnehmen und Hinweise auf dessen momentanes Befinden erhalten. Der Lerncoach stellt Rapport her.

Schüler kommen mit unterschiedlichen Erwartungen und teilweise auch mit Befürchtungen ins Lerncoaching. Daher macht es Sinn, zunächst ein angenehmes Grundklima herzustellen. Dies unternimmt der Coach, indem er Positives betont, z. B. die Tatsache, dass der Schüler überhaupt zum Lerncoaching erschienen ist (Miller/Rollnick 2009, 101). Anschließend ist es zur Orientierung des Schülers sinnvoll, folgende Punkte als Rahmendaten zu klären:

• Rolle des Lerncoachs,
• Zeitrahmen,
• Ablauf des Coachings (Leitfaden),
• Vertraulichkeit.

Nachdem diese Aspekte vom Lerncoach klärend dargestellt worden sind, kann er das Kerngespräch starten – wenn möglich mit einer offenen Frage.

2. Offene Fragen stellen

Offen gestellte Fragen lassen sich dadurch charakterisieren, dass sie keine kurzen Antworten provozieren, sondern zum Erzählen einladen. Sie sind nicht mit einem „Ja" oder „Nein" zu beantworten. Damit eignen sie sich, ein Gespräch ins Laufen zu bringen und können als ein günstiges Vorgehen für die erste Gesprächsphase betrachtet werden (Miller/Rollnick 1999, 98 ff.).

Es empfiehlt sich, eine einzelne Frage kurz und klar zu formulieren. Lange Fragen mit verschachtelten Sätzen und wiederholten Anhängseln sind zu vermeiden. Ebenso wenig sollten mehrere Fragen direkt nacheinander folgen. Und so lapidar es klingen mag: Nach dem Fragen folgt das Zuhören – auch wenn zunächst erst einmal eine Pause entsteht. Eine offene Frage lädt den Lernenden zum Nachdenken oder inneren Erkunden ein. Also braucht er Zeit, um sie in sich wirken zu lassen. Einige Schüler benötigen nur eine kurze einleitende Frage oder ein Stichwort und sind sofort im Erzählfluss. Andere brauchen mehr Zeit oder Ermutigung und kommen eher langsam ins Gespräch.

Nachdem der Lerncoach den Coachee informell begrüßt und ihm Zeit zum Ankommen gegeben hat, eröffnet er das Gespräch mit einer offenen Frage.

Beispiele für offene Fragen zur Eröffnung des Kerngesprächs:
- „Welches Lernthema hat Dich hier ins Lerncoaching geführt?"
- „Da ich nur Dein Lerncoach bin, gibst Du das Thema vor. Was beschäftigt Dich?"
- „Was in Deinem Lernen läuft zurzeit gut, was läuft weniger gut?"
- „Ich möchte gern Deine Sicht der Dinge verstehen: Wie betrachtest Du Dein Lernen?"
- „Wie ist es Dir in der letzten Woche mit Deinem Lernen ergangen?"

Bei Themenlosigkeit:
- „Was müsste in dieser Sitzung passieren, damit Du sie als gut betrachtest?"

Die Qualität einer Frage im beraterischen Kontext hängt maßgeblich von der Haltung des Fragenden ab. Eine Frage kann auch noch so gut und passend gestellt sein, entscheidend ist das anschließende Zuhören.

3. Aktives Zuhören

Zuhören im professionellen Kontext ist ein aktiver Prozess. Er bildet die Grundlage jeglicher Beratung, die auf ein kooperatives Arbeiten setzt. Vom Begriff her scheint Aktives Zuhören leicht anwendbar. In der Praxis zeigt es sich jedoch als herausforderndes Vorgehen, denn es unterscheidet sich qualitativ vom ‚Hören' als alltäglichem Gebrauch eines Sinnesorgans. Aktives Zuhören bedeutet ein konzentriertes Aufnehmen von Mitteilungen sowie eine wertschätzende Zugewandtheit. Letztere lässt sich auf körperlicher Ebene, z.B. durch Zunicken, oder durch kleine Äußerungen wie „Ja" oder „Mmh" ausdrücken (Pallasch/Kölln 2002, 67 ff.). Also beansprucht diese Art des Zuhörens weit mehr als nur den auditiven Sinneskanal. Im besten Fall umfasst sie mehrere Aspekte:
- ein Aufnehmen der gesprochenen Worte und möglicher Andeutungen,
- ein aufmerksames Registrieren der nonverbalen und paraverbalen Begleitphänomene,
- ein Wahrnehmen der damit verbundenen Bedeutungen und Gefühle,
- eine Zugewandtheit, die wertschätzend, aber nicht bewertend ist,
- ein gutes Maß an Sich-einlassen auf das Gegenüber und seine Themen.

Lernproblematiken können vielschichtig sein. Das Aktive Zuhören leistet Gewähr, dass der Lerncoach sich nicht auf das erste Thema stürzt, welches vom Schüler genannt wird. Solch vorschnelles Agieren bezeichnen Miller und Rollnick als „frühzeitige Eingrenzungsfalle" (Miller/Rollnick 2009, 98).

Aktives Zuhören = konzentrierte Aufnahme v. Mitteilungen + wertschätzende Zugewandtheit

Zum Zwecke des Sammelns von Informationen ist es förderlich, eine weitere Runde um das mögliche Thema zu ziehen. Zusammenhänge und Bedeutungen gewinnen oftmals erst im Laufe des Gesprächs an Kontur.

Das Lerncoaching ist der Möglichkeitsraum, in dem der Schüler sich mitteilen und selbst erkunden kann. Der Lerncoach ist lediglich Begleiter – keineswegs aber Produzent von Texttiraden und Ratschlägen. Daher sollte er weniger als die Hälfte der zur Verfügung stehenden Zeit reden. Günstig wäre es, wenn der Umfang der Wortbeiträge vonseiten des Coachs noch wesentlich geringer ist. Von Lehrern wird in Seminaren immer wieder genannt, dass ihnen dies schwer fiele. Doch gerade in der Rolle als Lerncoach erhält das Aktive Zuhören ein umso größeres Gewicht, denn es geht um Raum für den Schüler und dessen Anliegen. Somit bedarf die Fertigkeit eines Zuhörens als aktiver Prozess der stetigen Übung.

4. Nonverbale und paraverbale Veräußerungen

Auf nonverbaler Ebene vollziehen sich wesentliche Prozesse sowohl der menschlichen Kommunikation als auch des individuellen Ausdrucks. Auf diesen Bahnen erhält der Coach wesentliche Informationen und kann Interaktion gestalten. Es erfordert jedoch ein Einlassen auf diese Ebene, ein Sensibilisieren und Gespür entwickeln.

Der Körper spricht unaufhörlich, nur wird dies in der Alltagskommunikation kaum wahrgenommen. Im professionellen Kontext von Beratung bietet es sich jedoch an, auf diese Ausdrucksebene zu achten und sie als Informationsträger zu verstehen. Dies kann eine sinnvolle Aufgabe für den Lerncoach sein: seine Aufmerksamkeit auf die nonverbalen und paraverbalen Veräußerungen des Gegenübers zu lenken. Sie geben Hinweise auf innere Regungen und noch nicht ausgedrückte Gefühle. Allerdings sind Bewegungen, Mimik, Gestik immer mehrdeutig. Ratgeber für Körpersprache unterschlagen dies gern und suggerieren Eindeutigkeit, z.B. dass verschränkte Arme immer ein Sich-verschließen meinen – allerdings empfinden es einige Menschen einfach als bequem, die Arme zu verschränken. Der tatsächliche Gehalt einer Gestik oder körperlichen Haltung lässt sich nur annähernd und lediglich im Kontext verstehen.

Die nonverbale (inklusive der paraverbalen) Veräußerung kann als ausdrucksbezogenes Element des Organismus betrachtet werden. Dieser steht im ständigen Austausch mit seiner Umwelt. Über diesen Kontakt werden Reize wahrgenommen, verarbeitet und mit Bedeutung versehen. Die Verarbeitung der Reize findet in Wechselwirkungsprozessen innerhalb des menschlichen Organismus statt. In diesem Zuge führen sie – gemäß der Annahme der Gestaltpsychologie ‚Jeder Eindruck verlangt nach Ausdruck' – zu einer Veräußerung. Auf der Mikroebene zeigt sich dies etwa in einer Mimik, die über ein Gesicht huscht, oder in der Minimalbewegung einer Hand; auf der Makroebene in einer Veränderung der Körperhaltung oder in größeren Bewegungen der Arme und Beine.

Das Nonverbale kann als unmittelbarer Ausdruck psychischen Geschehens verstanden werden. Es lässt sich nicht bzw. kaum kontrollieren, denn es vollzieht sich unwillkürlich und in weiten Teilen unbewusst.

Für das Lerncoaching birgt dies in zweierlei Hinsicht Gestaltungsmöglichkeit. Zum einen kann sich der Coach über die nonverbale Ebene auf seinen Kunden einstimmen, indem er eine ähnliche – wohlgemerkt: keine nachäffende! – Körperhaltung einnimmt. Wenn er zeitversetzt um einige Sekunden solcherart dem Coachee folgt, erlebt es der Schüler tendenziell als Zugewandtheit. Diese Interaktion geschieht sehr subtil. Eine Erklärung für dieses Phänomen liefert die Spiegelneuronen-Forschung.

Zum anderen kann der Lernbegleiter Nonverbales in die Coaching-Arbeit einbeziehen, indem er „die sich im Gesprächsverlauf im Zusammenhang mit den Äußerungen ergebenden Bewegungen und Veränderungen" (Pallasch/Kölln 2002, 100) achtsam wahrnimmt. Diese Veränderungen auf der Mikro- und Makro-Ebene werden in Bezug zu konkreten Gefühlen oder Gesprächsinhalten gesetzt. Der Lerncoach registriert diese und kann daraus für das weitere Vorgehen Hypothesen formulieren (siehe Baustein „Hypothesen bilden"). Gegebenenfalls mag er sie – abhängig von der Situation und dem Befinden des Coachee – vorsichtig ansprechen. Natürlich spielen an diesem Punkt nicht alle beliebigen nonverbalen Signale eine Rolle, sondern die hinsichtlich des Themas oder die Lernproblematik relevanten.

So wichtig und ergiebig die Arbeit mit nonverbalen Veräußerungen auch sein mag, der Coach kann sich niemals sicher sein, was sie im vollen Umfang bedeuten. Zudem wird das Ansprechen solcher körperlichen Veräußerungen vom Kunden in der Regel als sehr persönlich empfunden. Daher sollte der Lerncoach seine Sprache sehr sensibel, sorgfältig und im Wahrscheinlichkeits-Modus einsetzen.

Mögliche Sprachmuster:
- Der Schüler berichtet über eine für ihn peinliche Situation und errötet – Lerncoach spricht dies indirekt an: „... das berührt Dich?"
- Der Schüler, bisher relativ ruhig, beginnt seine Lernblockade zu schildern und rudert dabei schnell und wild mit den Armen – Lerncoach deutet die Gestik im Kleinen an: „Es ist wie ein inneres Durcheinander ...?"
- Der Schüler erzählt von seinem Lernen, wirkt dabei energielos. Als er sein Lernziel benennt macht er einen tiefen Seufzer – Lerncoach: „Ich bewege mich gerade auf dünnem Eis, aber kann es sein, dass es Dich sehr bedrückt?"
- Beim Erzählen über das anstehende Abitur beginnt der Schüler auf seinem Stuhl hin und her zu rutschen – Lerncoach: „Mir scheint es, dass Du bei diesem Thema unruhig wirst?"
- Beim Thema des Schulabschlusses sagt der Schüler, dass ihm dieser egal sei und hat einen kurzen Ausdruck von Besorgnis im Gesicht – Lerncoach: „Du sagst, es sei Dir egal – und machst aus meiner Sicht einen anderen Gesichtsausdruck ...?"

Diskrepanzen zwischen gesprochenem Wort und nonverbaler Äußerung können – müssen aber nicht – Hinweise auf interne Ambivalenz oder Konflikterleben sein. Wenn ein Schüler sagt „Das war total schlimm!" und dabei lächelt, könnte dies bedeuten, dass er sich selbst und dem Coach gegenüber noch nicht das ganze emotionale Ausmaß artikulieren will. Eventuell braucht er noch Zeit, bevor er dieses auszusprechen vermag.

Eine weiterführende Arbeit mit der nonverbalen Ebene findet sich in der Idiolektischen Gesprächsführung (siehe Kapitel 2.4.3) sowie in der Körperkoordination als Möglichkeit zur Veränderung des inneren Erlebens (Kapitel 4.2). In solchem Zusammenhang eignet sich das Eingehen auf eine nonverbale Veräußerung, z.B. in Form einer Geste, sogar zur konkreten Lösungsarbeit.

5. Zusammenfassen

Mittels eines Aktiven Zuhörens erhält der Lerncoach Informationen aus der Lebenswelt des Schülers. Ebenso gilt dies hinsichtlich der Lernproblematik. Während der Lerncoach beim Zuhören Informationen aufnimmt, verknüpfen sie sich unweigerlich mit dessen eigenen Erfahrungen und Wertungen. So entsteht eine subjektive Wahrnehmung, die sich zu ersten Annahmen und Vermutungen verdichtet. Daher ist es förderlich, wenn der Lerncoach die Schilderungen seines Gegenübers in wenigen Sätzen zusammenfasst. So geht er sicher, inwieweit er den Schüler tatsächlich verstanden und ob er einen wesentlichen Punkt überhört hat. Eigene Meinungen, Wertungen und Lösungsideen hält er zurück. Aufseiten des Lerncoachees bewirkt das Zusammenfassen oftmals ein Gefühl von Verstanden-werden. Während der Schüler die Zusammenfassung hört, hat er die Möglichkeit darüber zu reflektieren, nachzuspüren und gegebenenfalls Details zu ergänzen oder auch zu korrigieren.

Ein Zusammenfassen bewirkt immer eine Verminderung von Komplexität. Umso wichtiger ist dies für Schilderungen, in denen kein roter Faden zu erkennen ist – sei es aus der Sicht des Coachs oder sei es aus der Sicht des Coachee. Ein scheinbares Durcheinander im Erzählten, gerade wenn sich der Schüler dabei fahrig und nervös zeigt, lässt sich durch Zusammenfassen strukturieren und in einzelne Stränge ordnen (Pallasch/Kölln 2002, 111 ff.). Diese Stränge können vom Coach benannt, dem Lernenden angeboten und im weiteren Gesprächsverlauf gegebenenfalls hierarchisiert werden. Eine Clusterbildung, z.B. in Form von Themenüberschriften, verfolgt den gleichen Zweck. Der Coach bietet dem Coachee solche Überschriften an und prüft, ob sie für den Coachee stimmen. In den meisten Fällen bewirkt dies ein inneres Sortieren, bestenfalls sogar eine erste Klärung.

Damit verfolgt das Zusammenfassen mehrere Zwecke:
- Lerncoach vergewissert sich, ob seine Wahrnehmung hinsichtlich des Mitgeteilten stimmt und ob er den Schüler richtig verstanden hat.

- Der Schüler fühlt sich akzeptiert und verstanden.
- Das Geschilderte wird strukturiert.
- Einzelne Stränge kristallisieren sich heraus.

Das Zusammenfassen dient einerseits dem Strukturieren und Sammeln von Informationen, was besonders für die erste Phase des Gesprächs sinnvoll ist. Andererseits lassen sich mittels des Bausteins im Laufe oder am Ende des Gesprächs mögliche thematische Verknüpfungen erfragen. Damit ergeben sich zwei Grundausrichtungen:
1. Sammelndes Zusammenfassen: Informationen werden aufgenommen und in weitestgehend neutraler Weise wiedergegeben.
2. Verbindendes Zusammenfassen: Mögliche inhaltliche Zusammenhänge von einzelnen Erlebnissen oder Strängen werden geprüft, Verbindungen zwischen einzelnen Lerncoachingsitzungen hergestellt.

6. Widerspiegeln

Das Widerspiegeln ist auf Details im Erleben des Coachees gerichtet und will diese erkunden. Es umfasst zwei Komponenten: Das *Paraphrasieren* bezieht sich auf Sachinhalte und das *Verbalisieren* auf emotionale Erlebnisgehalte. Beide sind nicht immer hundertprozentig voneinander zu trennen. Gemeinsam ist ihnen, dass sie nur wenige Worte umfassen sollten.

Im Vergleich zum bereits genannten Baustein *Zusammenfassen,* der verschiedene Ereignisse aus der Schilderung des Schülers in groben Zügen wiedergibt und gegebenenfalls Stränge herausarbeitet, folgt das Widerspiegeln den Einzelheiten eines konkreten Stranges (siehe auch Baustein *Strukturieren*). Diese betreffen die problem- oder lösungsrelevanten Aspekte der geschilderten Lernthematik und das damit verbundene emotionale Erleben.

Verhältnis Zusammenfassen – Widerspiegeln

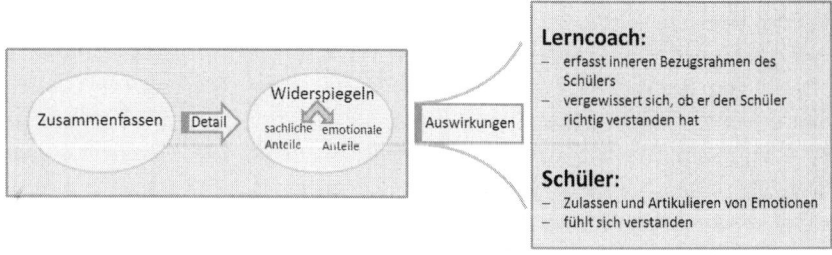

Die beiden Komponenten *Paraphrasieren* und *Verbalisieren* lassen sich wie folgt unterscheiden:

Paraphrasieren. Indem der Coach einzelne sachliche Aspekte aus der Schilderung des Schülers widerspiegelt (Paraphrasieren), hat dieser die Möglichkeit, den Inhalt zu präzisieren oder zu ergänzen. Und der Lernbegleiter vergewissert sich, ob er auf dem richtigen Weg ist. Beim Paraphrasieren werden lediglich wenige Worte oder auch nur ein Schlüsselwort des Gegenübers wiedergegeben. Es dient dem kurzen Impuls. Daher sollte der Coach keine langen und umständlichen Formulierungen benutzen.

Verbalisieren. Das Verbalisieren will emotionale Erlebnisgehalte benennen bzw. ins Bewusstsein heben. Es bezieht sich einerseits auf non- und paraverbale Veräußerungen des Lerncoachees und andererseits auf seine indirekten oder nebensächlichen Hinweise (z.B. zwischen den Zeilen) für emotionale Ladungen, die sich auf das Lernen auswirken. Beide sind dem Lernenden in der Regel wenig oder gar nicht bewusst.

Gefühle spielen im Zusammenhang von Lernschwierigkeiten oder -blockaden eine erhebliche Rolle. Bereits das Zulassen und Artikulieren von z.B. Druck, Unsicherheit, Angst oder Frustration im Rahmen des Lerncoachings kann klärend wirken – im Sinne einer Minimalform von Katharsis. Somit stellt die Komponente des *Verbalisierens* eine Möglichkeit für die Arbeit mit emotionalen Anteilen bereit. Bestenfalls trägt es zu einer „Bewusstwerdung über die eigene Lernsituation und die lernbeeinflussenden Emotionen" (Hameyer/Hardeland 2011, 12) bei.

Es gilt für das Widerspiegeln, was sich auch beim Stellen offener Fragen empfiehlt: kurze und knappe Formulierungen statt langer verschachtelter Sätze. Weiterhin ist es günstig, nur ein widerspiegelndes Angebot zur Zeit zu machen. Denn mehr als zwei bis drei Widerspiegelungen können verwirren und führen weg vom Detail des inneren Erlebens.

Widerspiegeln ist ein zentraler Baustein in der Gesprächsführung und ergibt an vielen Punkten in der Beratung einen guten Sinn. Dennoch ist es nicht universell einsetzbar – gleich einem Patentrezept – und braucht daher eines wachen Blicks. Dort, wo es zu einer Gesprächsführungs-Variable verkommt und der Schüler darin die ‚gute pädagogische Absicht' spürt, kann es vorkommen, dass er verstimmt reagiert. Widerspiegeln dient dem Herstellen von Rapport und dem Erfassen des inneren Erlebens des Gegenübers. Wenn es dazu nicht nützt, sollte es unterlassen werden. Und wenn es zu einer *Ich-kann-Dich-gut-verstehen*-Nummer gerät, ist es nicht verwunderlich, wenn der Schüler dies als unangenehm oder subtil invasiv empfindet. Ein reaktantes Verhalten könnte in diesem Kontext als angemessene Reaktion betrachtet werden, mit dem sich der Schüler vor dem aufgesetzten Methodismus des Lernbegleiters schützt.

Mit dem Widerspiegeln geht der der Lernbegleiter auf nonverbale Signale ein (siehe Baustein *Beachten der nonverbalen und paraverbalen Veräußerungen*) und unterstützt den Lerncoachee beim Zulassen und Artikulieren seiner Gefühle. Dies erfordert ein sensibles Vorgehen und den Respekt vor der emotionalen Realität des Gegenübers. Gelingt dies, löst das Widerspiegeln beim Lernenden in den meisten Fällen ein Gefühl des Verstandenwerdens aus – ähnlich dem Baustein *Zusammenfassen*. Dies ist dem Rapport zwischen Coach und Coachee sowie dem gesamten Coaching-Prozess dienlich.

7. Reflektierende Aussagen

Da im Allgemeinen für eine Lerncoaching-Sitzung keine 60 Minuten zur Verfügung stehen, wie dies für den Coaching-Kontext tendenziell die Regel ist, geht es darum, den schmalen Grad zwischen geduldigem Zeit geben und zügigem Voranschreiten zu finden. *Zusammenfassen* und *Widerspiegeln* sind wichtige Bausteine, um das Thema und den inneren Bezugsrahmens des Schülers zu erfassen. Jedoch sollten sie im Lerncoaching aus Rahmen- und Zeitgründen nicht zu ausgiebig betrieben werden. Um das Erkunden und Erfassen zügig voranzubringen, lassen sich Reflektierende Aussagen einsetzen.

Reflektierende Aussagen beziehen sich unmittelbar auf die verbalen Äußerungen sowie die para- und nonverbalen Veräußerungen des Schülers und verbinden diese mit den Hypothesen des Lernbegleiters. Auf dieser Weise kann der Lerncoach seine Vermutungen dem Schüler anbieten – sei es sensibel oder sei es auch provokant. Für den Schüler dient es als Impuls, vertiefend das eigene Problem- oder auch Lösungserleben zu erforschen und emotionale Anteile zu artikulieren. Auf diese Weise kann das Thema weiter ausgelotet werden.

Antwortet der Schüler auf eine offene Frage, kann sich der Lerncoach mit einer Reflektierenden Aussage direkt darauf beziehen. Anschließend lässt er wieder eine Pause zu. Solches Vorgehen bewahrt vor der Frage-Antwort-Falle.

Zum Zweck der impulsgebenden Wirkung empfiehlt es sich, die Reflektierende Aussage prägnant in nur einem Satz oder mit wenigen Worten zu formulieren.

8. Pausen zulassen

Lerncoaching bedeutet eine innere Arbeit für den Lernenden. Durch das Zusammenfassen, das Widerspiegeln und die Reflektierenden Aussagen können Erlebensinhalte oder Zusammenhänge klar werden, die vordem nicht bewusst waren. Einiges davon muss erst einmal ‚ankommen' und zugelassen werden. In solchen Momenten können Pausen auf der Ebene des Gesprächs entstehen. Doch auf der Ebene des inneren Erlebens sind es keineswegs Pausen. Denn es finden interne Prozesse des Bewegens und Verarbeitens statt. Die Momente des Schweigens sind notwendige und aussagekräftige Bestandteile eines Coachings. Mitunter ermöglichen sie mehr als gesprochene Worte. Hält der Lerncoachee im Gespräch inne, ist dies ein Indiz dafür, dass er Zeit benötigt.

Mit dem Zulassen von Pausen gibt der Lerncoach dem Schüler Zeit für ein inneres Nachsinnen, Prüfen oder Sortieren. Sollten im Dialog Gefühle auftauchen oder annähernd ins Bewusstsein kommen, die sich vordem im Abseits befanden (z. B. Prüfungsangst oder Niedergeschlagenheit), benötigen sie Raum. Das gesprochene Wort mag dies anstoßen, die Pause aber erst ermöglicht das Zulassen von emotionalen Ladungen. Auf diese Weise entstehen Einsichten, die erst einmal begriffen bzw. verdaut sein wollen.

Der Lernende braucht Zeit, d. h. Pausen
- zum Nachdenken und Nachsinnen,
- zum Zulassen von Gefühlen,
- zum Bewusst-werden emotionaler Anteile,
- zum Nachvollziehen von Zusammenhängen.

Grundsätzlich sollte der Lerncoach sensibel auf Sprechpausen des Gegenübers achten und ihnen den Vortritt lassen. Eigene Ideen, weiterführende Gedanken und Impulse hält er vorläufig zurück. Pausen bzw. Momente des Schweigens aufseiten des Lernenden folgen häufig einer offenen Frage, einem Widerspiegeln oder einer Reflektierenden Aussage. Würde der Coach über solche Momente hinweggehen, nähme er dem Schüler die Möglichkeiten inneren Arbeitens und Verarbeitens. Die Kunst besteht darin, die Wortlosigkeit auszuhalten und dem inneren Rhythmus des Gegenübers zu folgen.

Übersicht Bausteine 1–8

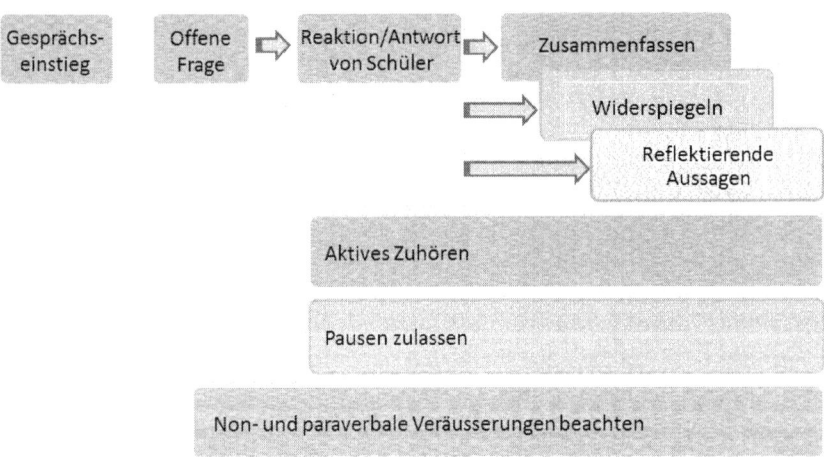

9. Strukturieren

Der Coach bietet dem Coachee Orientierung, indem er zu Beginn und zum Abschluss der Sitzung auf den Leitfaden (Kapitel 2.3) verweist. So gibt er eine Grobstruktur vor. In deren Rahmen entfaltet sich das Gespräch, worin der Schüler von seinem Anliegen erzählen kann. Dies tut er in der Regel ohne ,roten Faden'. Also ist es Aufgabe des Lernbegleiters, die Mitteilungen seines Gegenübers aus dem Bereich des Diffusen zu lösen.

Bereits durch den Baustein des Zusammenfassens zeichnen sich in vielen Gesprächen wesentliche Stränge des Berichteten ab. Diese können vom Lerncoach besonders herausgestellt werden, indem er sie mit einem Schlagwort benennt und dem Coachee anbietet. Dessen Antwort entscheidet dann, ob und in welchem Maß der Strang in der Lerncoaching-Sitzung eine Rolle spielt. Somit kann auch in eine anscheinend wirre Schilderung eine Struktur gebracht werden. Das Festlegen von Strängen wirkt komplexitätsvermindernd und gibt der weiteren Coachingarbeit eine Richtung.

Es bietet sich an, die Stränge zu visualisieren: Der Coach schreibt die im Gespräch erarbeiteten Begriffe einzeln auf Kärtchen, damit sie vor dem Lerncoachee ausgebreitet werden können. So lässt sich mit der entstandenen Anordnung spielen, d.h. die Kärtchen können geschoben und einander zugeordnet werden.

In einem nächsten Schritt des Gesprächs ist es für ein zielorientiertes Vorgehen sinnvoll, hinsichtlich der Anzahl von Strängen zu klären, welches der genannten Unterthemen für eine Bearbeitung der Lernproblematik am wichtigsten scheint. Während der Lerncoachee die Schlagworte hierarchisiert, kann der Lerncoach zum lauten Denken einladen und Kategorien anbieten wie ,dringlich' und ,wichtig'. Er ermöglicht ein Abwägen und Gewichten (Pallasch/Kölln 2002, 111 ff.). Schlussendlich entscheidet aber der Coachee, welche Anordnung die für ihn stimmige ist.

Strukturieren lässt sich also vornehmen durch
* den Bezug auf den Leitfaden,
* den Fokus auf das Ziel,
* das Herausarbeiten von Strängen,
* das Verfolgen eines Stranges,
* das Visualisieren anhand von Karten oder Objekten.

Auf die Stränge lässt sich im Verlauf des Lerncoachings oder in anschließenden Sitzungen immer wieder beziehen. Mit einem Bewegen der Karten können Unterschiede hypothetisch angeboten werden. Zwecks Hervorbringen zusätzlicher Details ist es möglich, weitere Karten ins Spiel zu bringen.

10. Hypothesen bilden

Eine förderliche Haltung für den Lerncoach ist – wie bereits genannt – die des Nicht-Wissenden. Er kann sich dem Gegenüber und dessen komplexen

Erlebenswelten lediglich annähern. Und doch wird er aufgrund der Funktionsweise seines menschlichen Gehirns immerzu Interpretationen darüber konstruieren, was in dem Lernenden vor sich geht und was er will. So werden mitunter beraterische Spekulationen mit Wahrheiten verwechselt. Das führt dann häufig dazu, dass sich der Coach auf den Holzweg begibt. Ein probates Mittel diesem vorzubeugen, ist das Bilden von Hypothesen. Mit ihnen kann der Lerncoach hinsichtlich der Relativität seiner Wahrnehmungen und Vermutungen Bewusstsein herstellen und gleichzeitig damit arbeiten. Denn der hypothetische Modus akzeptiert die Wahrnehmung des Coachs als subjektives Konstrukt und weiß um deren Begrenzung.

Die Hypothesenbildung wird nicht beliebig vorgenommen. Der Coach achtet z.B. darauf, ob der Schüler wiederholt bestimmte Schlüsselworte nennt oder ob er bei einem bestimmten Strang seiner Schilderung besonders emotional reagiert und ob nonverbale Veräußerungen diese Reaktion begleiten. Diese könnten Hinweise für innere Brennpunkte sein, die im Zusammenhang mit der Lernproblematik stehen. So kann der Lerncoach quasi Indizien sammeln, ob sich im Gespräch ein Hauptthema andeutet oder auch klar herauskristallisiert.

Der subjektive Bezugsrahmen des Lernenden bestimmt dessen situatives Empfinden. Ein Großteil der oben genannten Bausteine wie auch der nachfolgend dargestellten Interventionen zielt auf ein annäherndes Erfassen dieses Rahmens. Der Lerncoach kann eine solche Bestandsaufnahme jedoch nur aus seinem eigenen subjektiven Bezugsrahmen vornehmen. Seine Sicht auf den Coachee und dessen Lernproblematik sind immer durch seine Interpretationen und persönlichen Erfahrungen gefärbt, bisweilen sogar verzerrt. Daher kann er niemals im Besitz irgendeiner Wahrheit sein und niemals wissen, was für den Lernenden gut wäre. (Im Gewand des Wissenden sitzt oftmals eine subtile Selbsterhöhung.) So hilft die Arbeit mit Hypothesen, eigene Wahrnehmungen und Deutungen als Eventualität zu begreifen. Die Realität hingegen wird immer im subjektiven Bezugsrahmen des Gegenübers konstruiert.

Also beugt die Hypothesenbildung der Gefahr vor, eigene Vermutungen mit der Wahrheit zu verwechseln. Des Weiteren nützt sie dem Öffnen von Möglichkeitsräumen. „So geht es nicht darum, die eine richtige Hypothese zu finden. Vielmehr führt gerade die Vielfalt der Hypothesen auch zu einer Vielfalt von Perspektiven und Möglichkeiten." (Schlippe/Schweitzer 2003, 117)

Gerade wenn der Lerncoach aus dem Kollegium Informationen über den Lernenden erhalten hat, ist der Einsatz von Hypothesen notwendig. Denn die kolportierten Geschichten stellen lediglich eine Perspektive auf den Schüler dar, sie sind gewiss nicht die ganze Wahrheit. Umso stärker gilt dies für den Fall, wenn der Coach den besagten Schüler bereits aus einem anderen Zusammenhang kennt, z.B. aus seiner Rolle als Fachlehrer. In solchem Fall kommt leicht und unbewusst das Eigenschaftsmodell ins Spiel.

Im Sinne eines „Der ist eben so!" packt es den Lernenden in eine Schublade. Es führt häufig zu Festschreibungen, wie z. B. „Der Schüler ist immer aufmüpfig, er ist ein echter Aufrührer!" Sie schränken den Blick auf eine Person und ihre Potentiale in hohem Maße ein. „Eigenschaftsbegriffe zementieren die Welt. Sie vermitteln die statische Idee, wir und die Dinge seien so, wie sie sind." (Kindl-Beilfuß 2011, 23) Und sie blenden aus, dass eine Person mehr ist, als nur eines ihrer Verhalten in einem bestimmten Kontext.

Hypothesen dienen folgenden Zielen:
- Erweiterung von Perspektiven auf den Schüler,
- Relativieren von „Scheingewissheiten" (Hameyer 2009),
- Verflüssigen von Zuschreibungen,
- Vorbeugen von beraterischen Sackgassen,
- Relativierung von Vermutungen und Ideen des Coachs,
- Prüfen möglicher Interventionen und weiterer Vorgehen,
- Schaffen von Anknüpfungspunkten für folgende Sitzung.

Hypothesen haben eine Ordnungsfunktion – zunächst nur für den Lerncoach, damit dieser seine Spekulationen in eine für das Coaching fruchtbare Form bringen kann. Und sie dienen als Überlegung für mögliches weiteres Vorgehen im Coaching. Es empfiehlt für den Coach, nach einer Sitzung kurze Notizen zu seinen Gedanken und Wahrnehmungen zu machen und mit ihnen inhaltliche Hypothesen zu bilden. Diese bilden die Grundlage, um das weitere Vorgehen zu planen. Aus den methodischen Hypothesen lassen sich konkrete Interventionen ableiten.

Im Kontakt zum Lernenden sollten die Hypothesen nur vorsichtig als Reflektierende Aussage geäußert werden. Sie haben dann eine Anregungsfunktion und können Unerwartetes ins Gespräch bringen.

2.4.2 Lösungsorientierte Gesprächsführung

Anlässe zum Einsatz:
- Fokussieren auf individuelle Ressourcen des Lernenden.
- Die Aufmerksamkeit vom Problemerleben auf ein Erleben von Ressourcen lenken.
- Unter Verzicht einer Analyse des Problems direkt in Richtung Lösung arbeiten.
- Lösungselemente aufdecken.
- Erfahrungen von Selbstwirksamkeit ermöglichen.

Der Lösungsorientierte Ansatz, der für einige Kapitel dieses Buches einen wichtigen Bezugspunkt bildet, wurde in erster Linie von der Gruppe um Steve de Shazer und Insoo Kim Berg in den 1970er Jahren in Milwaukee konzeptioniert und praktiziert. Dessen zentrale Annahmen besagen zum einen, dass Problem und Lösung unabhängig voneinander bestehen und zum anderen, dass jedes Individuum und jedes System bereits alle Ressourcen in sich trägt, die es zur Lösung seiner Probleme braucht. Nur liegen jene Ressourcen nicht im Fokus des Bewusstseins. „Lösungsorientiertes Denken steht im pragmatischen Gegensatz zu Defizit-Konzepten welcher Herkunft auch immer [...]. Aus lösungsbezogener Perspektive ist dabei nicht die Frage, ob es solche Defizite ‚gibt' oder ‚nicht gibt', sondern welche Optionen sie den Betroffenen eröffnen oder verschließen." (Schlippe/Schweitzer 2003, 124)

Auf den Feldern von Beratung und Coaching findet der Lösungsorientierte Ansatz eine verbreitete Anwendung (Bamberger 2001; Sparrer 2007). Er ist vor dem Hintergrund der Personalen Systemik (siehe Teil 1, Kapitel 3) zu verstehen und setzt auf die Selbstgestaltungspotentiale des Klienten. Damit steht er synonym mit einer Orientierung an den persönlichen Ressourcen des Individuums, die bereits im Zusammenhang mit der inneren Haltung (Kapitel 2.1.2) als wichtiger Aspekt im Lerncoaching genannt wurde.

„Ziel der lösungsorientierten Beratung ist [...] nicht die Lösung als solche, sondern die Lösungsorientierung!" (Bamberger 2001, 30) Somit bedeutet eine Arbeit mit dem Lösungsorientierten Ansatz keinesfalls, dass der Coach für den Coachee Lösungen herbeizaubert. Vielmehr schafft er die Rahmenbedingungen, mittels derer der Schüler aus seinem Problemerleben aussteigen und Kontakt zu den eigenen Kräften und Ressourcen herstellen kann. Demnach ist die Lösungsorientierung „nicht nur die Lösung konkreter Probleme, die ja oft nur als Symptom hervortreten, sondern vielmehr eine Lösung aus der Erstarrung und Selbstbeschränkung, die darin besteht, die Vielfalt eigener Ressourcen nicht zu nutzen" (Seemann 1999, 178). In diesem Zusammenhang werden Erfahrungen von Selbstwirksamkeit ermöglicht.

Die Perspektive auf die Defizite der Lernenden ist im Alltag von Schule und Ausbildung noch immer weit verbreitet und wird erst allmählich durch eine Kompetenz- und Ressourcenorientierung abgelöst. Eine Lösungsorientierte Gesprächsführung im Lerncoaching will das Gegenüber einladen, den Blick weg vom Problem und gleichzeitig hin zu möglichen Lösungen zu lenken: „Die BeraterIn setzt mit ihrer Lösungsfokussierung einen Unterschied zur Problemsicht der KlientIn. Diese doppelte Beschreibung der Welt aktiviert einen Veränderungsprozess. Der Leidensdruck wird ergänzt durch die Sehnsucht nach der Lösung." (Sparrer 2007, 15)

Zu diesem Zweck muss der Lerncoach zunächst einmal den eigenen Blick neu ausrichten: Er verlässt die Defizitperspektive und richtet seinen Fokus auf die bereits im Schüler vorhandenen Ressourcen und Gestaltungspotentiale. Der Coach bietet dem Coachee solche Sichtweise an, indem er entsprechende Sprachmuster einsetzt, wie sie in diesem Kapitel vorgestellt werden. Akzeptiert der Coachee diese Sicht – was er nicht zwangsläufig muss –, geht damit in den meisten Fällen eine Veränderung des inneren Erlebens einher. Im Lerncoaching schildern Schüler immer wieder, dass unter dem Einsatz eines lösungsorientierten Vorgehens ihr Problem an Schwere verlieren würde und weitaus weniger relevant schiene. Hat der Lernende erst einmal solcherart sein Problembefinden verändert oder relativiert, kann er sich gestärkt der Lösung des Problems widmen – wenn dies dann überhaupt noch notwendig ist.

Die in den folgenden Textpassagen vorgestellten Sprachmuster und Fragetypen lassen sich in nahezu jeder Phase eines Lerncoachings einbauen. Sie bieten sich besonders für Gesprächssituationen an, in denen sich der Lerncoachee stark von dem Problem beladen fühlt oder sogar damit identifiziert ist. Nachdem das Problemerleben anerkannt und gewürdigt worden ist, kann der Coachee mittels eines lösungsorientierten Vorgehens Stärkung erfahren.

Übersicht
1. Lösungsfokussierende Sprachmuster
2. Lösungsorientiertes Fragen
3. Kategorien lösungs- und ressourcenorientierter Fragen

1. Lösungsfokussierende Sprachmuster

Die hier genannten Sprachmuster sind eine Auswahl an Mini-Interventionen, wie sie von Manfred Prior (2007) dargestellt worden sind. Anhand solcher Muster wird deutlich, in welcher minimalen Form der Lösungsorientierte Ansatz eine Anwendung im Gespräch finden kann. Sie leisten gute Dienste beim Auffinden bzw. Konstruieren von vergangenen, gegenwärtigen und zukünftigen Lösungen.

Die kleinen sprachlichen Muster des lösungsfokussierten Sprachstils lassen sich relativ schnell und leicht in nahezu jede Art von Gesprächsführung integrieren. Sie zielen darauf, die Problemfixierungen des Klienten kleinschrittig zu verändern und ein Erleben bereits vorhandener Lösungsanteile zu ermöglichen. Damit unterstützen sie subtil dessen Erleben von Selbstwirksamkeit.

„In der Vergangenheit …" Berichtet der Schüler von einer Lernproblematik, die sich über einen längeren Zeitraum erstreckt, kann der Coach subtil darauf hinweisen, dass im Lerncoaching künftige Möglichkeiten erarbeitet werden. Das Sprachmuster „In der Vergangenheit …" impliziert den Blick in eine Zukunft, die sich vom gegenwärtigen Problemerleben unterscheidet. Zugleich würdigt sie das emotionale Befinden des Lernenden. Grundsätzlich kann es hilfreich sein, über Lernschwierigkeiten in der Vergangenheitsform zu sprechen.

Lerncoach: „In der Vergangenheit hast Du Dich bei den Hausaufgaben nicht konzentrieren können …"

„... sondern ...?" Dieses kleine Sprachmuster lässt sich optimal an negative Formulierungen des Schülers anschließen. Es öffnet das Gespräch in Richtung möglicher Ziele und positiver Zustände – ohne diese vorzugeben. Der Lernende wird eingeladen, den Satz zu vollenden.

Lerncoach: „Du willst Dich also nicht mehr ärgern, sondern ...?" Der Lerncoach bringt den Satz nicht zu Ende und schaut den Klienten zuversichtlich und interessiert an.

Weiterhin kann das Wort „Sondern ...?" von großem Nutzen sein, um positive Ausnahmen ausfindig zu machen.

Schüler: „Letzte Woche habe ich gar nicht so viel gefaulenzt."
Lerncoach: „... sondern was hast Du stattdessen gemacht?"

„Dein Problem ist vergleichbar mit ... Es ist wie ..." Berichtet der Schüler von seinen Lernschwierigkeiten, kann der Lerncoach Vergleiche oder Bilder anbieten, die das Erleben des Gegenübers in nur einem sprachlichen Ausdruck komprimieren. Geht der Schüler darauf ein, können daraus Metaphern oder Geschichten entstehen, die helfen, die Wirklichkeit aus einem anderen Blickwinkel zu sehen. Das darin enthaltene vergleichende Moment vermag Lösungspotenziale und -wege freizusetzen.

Daher empfiehlt es sich für den Coach sehr, für die vom Schüler geäußerten Vergleiche, Bilder oder Metaphern wachsam zu sein und darauf mit der Formulierung zu entgegnen:

„Deine Lernsituation ist vergleichbar mit ... Das ist ja wie ..."

Die Arbeit mit Bildern und Metaphern erweist sich in vielen Lerncoachings als besonders ergiebig. (Detaillierte Vorgehen finden sich in weiteren Kapiteln, so z. B. in der Idiolektischen Gesprächsführung.)

„... noch nicht ..." Steckt ein Lernender in seiner Problemtrance fest, verdunkelt dieser Zustand den Blick in die Zukunft und behindert den Fokus auf Lösungsmöglichkeiten. Die Formulierung „... noch nicht ..." suggeriert, dass die Zukunft sich vom momentanen Zustand positiv unterscheidet und dass Veränderung möglich ist. Das Sprachmuster lenkt die Aufmerksamkeit auf Potenziale und Chancen:
- Lernprobleme sind *noch nicht entdeckte Lösungen,*
- Lernschwierigkeiten sind *noch nicht gefundene Lernstrategien,*
- Lernblockaden haben sich *noch nicht verändert,*
- Lustlosigkeit ist *noch nicht gefundene Anstrengungsbereitschaft,*
- Schlechte Angewohnheiten sind *noch nicht von guten Gewohnheiten ergänzt.*

Wichtig dabei ist, den Einsatz des „noch nicht"-Sprachmusters derart zu gestalten, dass der Schüler es nicht ironisch versteht. Und es sollte maßvoll eingesetzt werden, damit keine Überforderung entsteht.

2. Lösungsorientiertes Fragen

Fragen dienen im Lerncoaching nicht nur dem Generieren von Information. Werden sie im Sinne der Lösungsorientierung formuliert, laden sie den Schüler ein, in eine bestimmte Richtung zu denken oder auf eine internale Suche (z.B. auf die Suche nach Ressourcen) zu gehen. Damit erhalten sie – ähnlich den oben beschriebenen Sprachmustern – den Charakter einer Intervention.

Für die Coaching-Arbeit ist es sinnvoll, Fragen zu stellen, die „das Gesuchte als vorhanden implizieren" (Prior 2007, 53). So ließe sich auch von einer ‚Ressourcen-Unterstellung' sprechen. Im konkreten Gespräch ist dies z.B. in Form von konstruktiven ‚W'-Fragen (in Anlehnung an Prior 2007) anwendbar. Mit ihrer Hilfe lassen sich erste Lösungselemente herausarbeiten:

- „Was möchtest Du mit dem Lerncoaching erreichen?"
- „Welche Fähigkeiten hast Du, die Dir in Deiner Situation Unterstützung geben?"
- „Wie hast Du es geschafft, dass es nicht noch schlimmer wurde?"
- „Wie ist es Dir gelungen, damit umgehen zu können?"

Diese Fragen können im Gespräch mit dem Lernenden in vielerlei Hinsicht variieren. Die Variationen beziehen sich auf sein Verhalten, seine Fähigkeiten oder sein inneres Erleben.

Neben solchen einzelnen Fragen lassen sich Fragefolgen konstruieren, die aufeinander aufbauen und den Lerncoachee immer näher an mögliche Lösungen bringen. Bamberger (2001) nennt als zentrale Frage der Lösungsorientierung:

> „Was ist, wenn das Problem *nicht* ist bzw. wenn das Problem *nicht mehr* wäre?"

Als direkte Verlängerung dieser Frage lassen sich Frageblöcke anschließen, die sich auch im Lerncoaching bewährt haben (nach Bamberger 2001, 48):

„Woran wirst Du es merken, dass Dein Problem gelöst ist?
... Was wirst Du dann tun, was Du jetzt noch nicht tust?
... Was wäre dann anders?"

„Was wird einem Außenstehenden wohl als Erstes auffallen?
... Welche Veränderung wird ihn am meisten beeindrucken?"

3. Kategorien lösungs- und ressourcenorientierter Fragen

Eine Lösungsorientierte Gesprächsführung im Lerncoaching bedient sich diverser Fragetypen, die sich wie folgt kategorisieren lassen:

- Fragen nach Ausnahmen,
- Fragen nach Ressourcen,
- Fragen als virtuelle Bewegung auf der Zeitachse,
- Fragen nach bereits vorhandenen Lernstrategien,
- Fragen nach (Lern-)Erfolgen außerhalb der Schule (Sport, PC-Spiele etc.).

Sämtliche dieser Kategorien richten den Blick auf Gelingenserfahrungen sowie auf die Selbstwirksamkeit der Lernenden. Die genannten Fragetypen werden in den nachfolgenden Kapiteln eingehend dargestellt.

Anfangssituationen oder erste Sitzungen, in denen der Schüler trotz kompetenter Begleitung kein Thema benennen vermag und mit seinem Problemerleben im Diffusen bleibt, können mit einer lösungsorientierten Frage den weiteren Prozess in Gang setzen, so z. B.:

„Woran würdest Du merken, dass es Dir besser geht?"

Mit diesem Vorgehen lässt sich die Aufmerksamkeit auf Empfindungen von Wohlbefinden, Kraft, usw. lenken.

Exkurs: Fragen nach dem Kausalzusammenhang (*Warum?*-Fragen)

Es ist viel über die ‚richtigen' Fragen im pädagogischen und beraterischen Kontext geschrieben worden. Es empfiehlt sich, die Bewertung von ‚richtig' bzw. ‚falsch' durch ein ‚förderlich' bzw. ‚hinderlich' zu ersetzen – wobei letzteres jeweils abhängig vom Gesprächskontext ist.

Fragen, die sich auf einen Kausalnexus richten (womöglich noch auf *den einen*), werden tendenziell als ausfragend erlebt, also die ‚Sesamstraßen-Fragen' („Wieso?", „Weshalb?", „Warum?"). Das berühmte „Warum hast Du das nicht gemacht?" wird vom Schüler in den meisten Fällen mit einem achselzuckenden oder genervten „Weiß ich auch nicht!" quittiert. Das bedeutet, dass die berühmten Warum?-Fragen das Problemerleben verstärken und den Kontakt zwischen Coach und Coachee beeinträchtigen, wenn nicht sogar unterbrechen.

Um das Gespräch voranzubringen, empfiehlt es sich, offene und lösungsorientierte Fragen einzusetzen. Informationsfragen sind unerlässlich, sollten jedoch maßvoll benutzt werden.

2.4.3 Idiolektische Gesprächsführung

Anlässe zum Einsatz:

- Das innere Erleben des Lernenden im Detail erfassen.
- Die Lernproblematik mit einem Bild oder einer Metapher präzisieren.
- Individuelle Ressourcen entdecken.
- Lernblockaden lösen.
- Lösungen gemäß des inneren Bezugsrahmens des Lernenden konstruieren.

Eine spezielle, allerdings äußerst ergiebige Vertiefung von Gesprächsführung findet sich unter dem Aspekt der Idiolektik. Sie achtet sorgfältig auf die einzelnen nonverbalen Veräußerungen sowie den paraverbalen Ausdruck und betrachtet diese im Zusammenhang mit bildhafter Sprache. Dies macht die Idiolektische Gesprächsführung zu einem wirkungsvollen Vorgehen in Coaching-, Beratungs- und Therapiesettings, um das innere Erleben zu erfassen und auf dieser Ebene Veränderungen in initiieren.

Die Idiolektische Gesprächsführung findet in Kapitel 4 *(Inneres Erleben – Zugänge und Veränderung)* sowie in Kapitel 5 *(Ressourcen)* eine Vertiefung und Erweiterung.

Idiolektik

Die Enzyklopädie Britannica definiert ‚Idiolekt‘ als die individuelle Art und Weise einer Person, sich mittels Sprache auszudrücken. Diese umfasst sämtliche sprachlichen Eigenheiten der Person: Die Wortwahl, den Sprachduktus, das Tempo, phonetische und grammatikalische Präferenzen bis hin zu nonverbalen Begleitäußerungen. Der Idiolekt kann gewissermaßen als sprachlicher Fingerabdruck betrachtet werden.

‚Idiolektische Gesprächsführung‘ meint einen methodischen und präzisen Umgang mit der Eigensprache des Gegenübers. Sie stellt eine professionelle, kooperative Gesprächsform dar, welche die Idiolektik des Klienten in eine prozessuale, ressourcenorientierte Arbeit mit einbezieht. Indem der Berater den Klienten sorgfältig wahrnimmt und dessen Eigensprache aufgreift, wird der innere Bezugsrahmen des Klienten berücksichtigt und angesprochen. So kann in Kürze eine Vertrauensbasis hergestellt werden, die dem Beratungsprozess förderlich ist. Auf der Website der Gesellschaft für Idiolektik und Gesprächsführung findet sich der Satz: „Das Gespräch in der Eigensprache des anderen ist ein Gespräch in der Welt des anderen." Idiolektische Gesprächsführung dient also einem optimalen Kontakt zum Klienten und seinem inneren Bezugsrahmen. Der Klient wird als Experte für seine Sprachverwendung, seine Ressourcen und sein inneres Erleben gesehen und akzeptiert.

Von A.D. Jonas ursprünglich als kurzpsychotherapeutische Verfahrensweise entwickelt, findet die Idiolektische Gesprächsführung mittlerweile in diversen Arbeitsfeldern eine verbreitete und erfolgreiche Anwendung, z.B. im Bereich der Allgemeinmedizin und der psychosomatischen Medizin, im Bereich der Kinder- und Jugendpsychiatrie oder im Coaching. Für das Feld Lerncoaching bedeutet Idiolektik ein präzises und respektvolles Eingehen auf die verbalen, paralingualen und nonverbalen Äußerungen des Gegenübers – in der Annahme, dass der Lerncoachee die nötigen Ressourcen und Lösungspotentiale bereits in sich trägt.

Bilder, Metaphern, Gesten, Schlüsselworte als Zugang zu Ressourcen

Die Idiolektik geht davon aus, dass sich das menschliche Individuum in einer Eigensprache ausdrückt. Darin kommen Inhalte des impliziten (unbewussten) Gedächtnisses und ebenso Ressourcen zum Ausdruck, die bisher nicht bzw. wenig im Fokus der Aufmerksamkeit lagen. Dies geschieht in vielen Situationen unwillkürlich über die körperlichen Ausdrucksformen von Gesten sowie über den bildsprachlichen Ausdruck von Metaphern.

Erleben und Vorstellen sind komplexe Vorgänge, die weitaus umfassender wirken als Prozesse rationalen Verstehens. Bei dem, was in der Alltagssprache als ‚rationales Denken' bezeichnet wird, dominieren im Gehirn Areale des Kortex und des Präfrontalen Kortex. Bei Prozessen inneren Erlebens sind weitere Areale maßgeblich aktiv: primär Bereiche des sogenannten ‚Limbischen Systems' (siehe Teil 1, Kapitel 4) sowie des Stammhirns. In direkter Verbindung mit ihnen stehen Aktivitäten des motorischen und vegetativen Nervensystems. Auf neurophysiologischer Ebene sind sprachlicher und körperlicher Ausdruck, motorische Steuerung und emotionales Erleben eng miteinander verwoben (Bindernagel/Poimann 2010; Jonas/Winkler 2010). So drückt sich das Gesamtbefinden des Organismus subtil aus in Bild-Erleben, Sprachbildern (Metaphern), Schlüsselworten und begleitenden Gesten. Das Ansprechen dieser ‚Kanäle' und ihrer Ausdrucksmodalitäten ermöglicht einen umfassenderen Zugang zum (eigenen oder fremden) Erleben und Befinden. In diesem Zusammenhang funktioniert Sprache weniger ‚lexikalisch' und eindeutig, sondern eher emotional aufgeladen und vieldeutig. Diese Zusammenhänge nutzt die Idiolektik als diagnostischen Zugang zum inneren Erleben des Klienten:

„Bilder eröffnen eine andere Ebene des Verstehens. Es wird eine ganzheitliche ‚Anschauung' von komplexen Zusammenhängen ermöglicht. Durch die Mitbeteiligung von Hirnstrukturen, die bei der Verarbeitung emotionaler Inhalte eine große Rolle spielen (z.B. limbisches System, rechte Hirnrinde), werden zusammen mit den Bildern neuronale Netzwerke aktiviert, die mit Emotionen und den entsprechenden Körperempfindungen einhergehen." (Rentel 2010, 66f.)

Eine Idiolektische Gesprächsführung geht solchen Zusammenhängen nach. Lernblockaden lassen sich damit präzise erfassen. Es werden „mikroprozessuale Signale des Klienten sehr detailliert aufgegriffen und zur Exploration genutzt" (Bindernagel/Winkler 2010, 142). Weiterhin ermöglicht die Vernetztheit von Bildern, Sprache, Gesten und Körpererleben auf der neuronalen Ebene (Bindernagel/Poimann 2010) einen Zugang zu den persönlichen Ressourcen. Vor diesem Hintergrund lässt sich Sprache als „strukturiertes Gewebe betrachten wie jedes andere Gewebe des Körpers auch" (Krüger 2010b, 177). In einer Situation Von-Angesicht-zu-Angesicht ist es für den Lerncoach möglich, intensiv auf die Ebene der Metaphern und Gesten sowie der nonverbalen Äußerungen zu achten. Der Lerncoach „folgt in der thematischen Fokussierung konsequent non- und paraverbalen Signalen, die einen potenziell lebendigeren, kraftvolleren oder angenehmeren Zustand des Gesprächspartners anzeigen" (Poimann 2010, 131). Somit dient die Idiolektik einem diagnostischen Vorgehen. Darin richtet sic bereits den Blick auf mögliche Ressourcen beim Klienten. Indem sie auf entsprechende Gesten, Bilder und Metaphern eingeht und ins Bewusstsein hebt, lässt sich das Ressource-Erleben verstärken. Auf neuronaler Ebene bedeutet dies eine Aktivierung von Ressourcennetzwerken. Der menschliche Organismus produziert solche Vorgänge alltäglich und beständig – nur dass sie in der Regel unbewusst und unwillkürlich verlaufen. Im Lerncoaching lässt sich mit ihnen konkret arbeiten.

Übersicht Methoden:
1. Checkliste Idiolektische Gesprächsführung
2. Metaphern aufgreifen oder anbieten
3. Gesten widerspiegeln
4. Schlüsselworte widerspiegeln
5. Erfassen und Lösen von Lernblockaden

1. Checkliste Idiolektische Gesprächsführung

Die Idiolektische Gesprächsführung sieht ein sensibles und präzises Wahrnehmen vonseiten des Beraters hinsichtlich der Eigensprache des Gegenübers vor. Der Coach richtet seine Aufmerksamkeit auf folgende Aspekte:

- Körperhaltung,
- Mimik,
- Gestik,
- Atmung,
- Muskeltonus,
- Gesichtsfarbe,
- Augenbewegungen,
- Sprachtempo, -duktus,
- Wortwahl, Satzbau,
- Metaphern, Bilder.

Im weiteren Vorgehen bezieht sich der Coach auf seine Wahrnehmungen. Er teilt sie dem Lernenden mit, allerdings ohne sie inhaltlich zu interpretieren. Die Bedeutungen entstehen im Lernenden.

2. Metaphern aufgreifen oder anbieten

Während der Lerncoachee sein Lernen bzw. seine Antriebslosigkeit o.ä. schildert, kommen häufig Metaphern zur Sprache oder „sprachliche Ausdrücke mit metaphorischen Anklang oder direkt gewählte Vergleiche" (Winkler 2010, 171). Für den Lerncoach geht es darum, aufmerksam für solche Sprachbilder zu sein. Wenn sie in einem bedeutsamen Zusammenhang geäußert werden, nimmt der Coach dieses Sprachbild auf und fragt nach Details.

Metaphern aufgreifen:

1. Schritt:
Der Lerncoach hört der Schilderung aufmerksam zu und greift Metaphern oder sprachliche Bilder des Lerncoachee auf. Dies geschieht durch Widerspiegeln der Worte, gegebenenfalls mit einer kleinen Einleitung:
„Ich höre von Dir die Worte ..."

2. Schritt:
Fragen nach Details der Metapher bzw. des Bildes:
„Wie kann ich mir das vorstellen?"

Metaphern anbieten:

1. Schritt:
Nachdem der Lerncoach aufmerksam und zugewandt dem Schüler in der Schilderung seiner Lernproblematik zugehört hat, kann er dem Lerncoachee eine Metapher oder ein Bild anbieten:
„Es scheint mir wie ..." plus Beobachten der nonverbalen Äußerungen des Lerncoachee. Entgegnet der Coachee, dass er mit der Metapher nichts anfangen könne, fragt der Lerncoach: „In welche Richtung müsste die Metapher gehen, damit sie eher als Beschreibung für Dein Lernen passt?"

2. Schritt:
„Was löst diese Metapher/dieses Bild bei Dir aus?"

---

3. Gesten widerspiegeln

Dieses Element von Gesprächsführung konzentriert sich auf den Gestenausdruck. Oftmals sind es kleine Bewegungen mit den Händen, die eine sprachliche Äußerung begleiten. Neigt ein Lerncoachee zu permanentem Gestikulieren, lässt sich in diesem Fall die Beobachtung auf wiederholt auftretende Gesten richten oder auf Momente von Gestenlosigkeit. Schlüsselworte, die bestimmte Gesten begleiten, geben ebenfalls Hinweise auf eine mögliche Bedeutung. Dieses Vorgehen kombiniert ein Widerspiegeln der geäußerten Worte mit einem Widerspiegeln des begleitenden Gestenausdrucks. Anschließend sollte der Coach auch hier eine Pause einlegen, damit die Widerspiegelung ihre Wirkung entfalten kann.

Gesten widerspiegeln:

1. Schritt:
Der Lerncoach nimmt eine Geste beim Coachee wahr, während dieser von seiner Lernproblematik berichtet. Wenn der Coach diese als bedeutungsvoll erachtet, spiegelt er sie in Form eines Widerspiegelns der gesprochenen Worte plus eines Widerspiegelns der begleitenden Geste.
Nach einer Pause stellt er die Frage:
„Was könnte sich in Deiner Geste ausdrücken?" (alternativ: „Diese Geste scheint mir wie …")

2. Schritt:
„Stell Dir vor, diese Geste … könnte sprechen, was wären ihre Worte?"
Oder: „Wenn diese Geste ein Bild malen würde, wie könnte dieses aussehen?"

---

4. Schlüsselworte widerspiegeln

„Schlüsselwörter sind Wörter, die in der Art der Darstellung durch den Sprecher in irgendeiner Form hervorgehoben werden (Wiederholungen, Betonung, Mimik, Körperbewegungen, semantische Verschiebungen)." (Winkler 2010, 171) Ähnlich wie in der Arbeit mit Gesten und Metaphern werden auch hier Wörter des Coachees aufgegriffen und nach Details im Erleben gefragt.

Leitfragen: „Wie kann ich mir das vorstellen?" oder „Welche Bedeutung verbindest Du mit …?"

Schlüsselworte widerspiegeln:

1. Schritt:
Der Lerncoach achtet darauf, ob der Coachee ein bestimmtes Wort oder eine bestimmte Formulierung öfter bzw. wiederholt benutzt. Sind dazu begleitende signifikante nonverbale Äußerungen (Betonung, Mimik) zu beobachten oder zu hören?

2. Schritt:
Der Lerncoach spiegelt dann dieses Wort bzw. diese Formulierung einfach wider. Dies kann er mit einer kurzen Bemerkung einleiten wie z.B. „Ich höre von Dir erneut das Wort … (Pause zulassen) … verbindest Du damit eine Bedeutung?"

5. Erfassen und Lösen von Lernblockaden

Ein Beispiel soll deutlichen machen, inwieweit die Idiolektische Gesprächsführung zum Erfassen bzw. Lösen von Lernblockaden dienen kann. Das
konsequente Arbeiten mit Metaphern und Bildern mag anscheinend wenig
mit dem eigentlichen Lernen zu tun haben. Tatsächlich aber wird damit auf
die Eigensprache des Coachees eingegangen. Diese ist stark mit den individuellen Lernprozessen verknüpft. Die Lernproblematik wird auf der Ebene
des inneren Erlebens erfasst und durch Unterschiedsbildung veränderbar. In
einer Vielzahl der Fälle zeigt sich eine nachhaltige Wirkung.

Das folgende Beispiel zeigt ein mögliches Vorgehen inklusive Anwendung der Grundbausteine *Widerspiegeln, Pausen zulassen* und *Reflektierende Aussagen.* (Siehe Kapitel 2.4.1).

Das methodische Vorgehen umfasst vier Schritte:
1. Präzises Erfassen der Lernblockade in einem Bild bzw. einer Metapher,
2. Sensibles Erfragen von Details des Bildes bzw. der Metapher,
3. Angebote von Unterschiedsbildung,
4. Bezug zum Lernen herstellen.

Gesprächsbeispiel:

1. Schritt:
Suche nach einem Bild bzw. einer Metapher, um die Lernblockade präzise zu erfassen.

Schüler: „Ich will ja lernen, aber es geht nicht."
Lerncoach: „... Du willst lernen, aber es geht nicht." (Widerspiegeln)
Schüler: „Nein, es geht nicht."
Lerncoach: „... es? – Wie kann ich mir *es* vorstellen?"
Schüler: „Es ist so ein Durcheinander ..."
Lerncoach: „... ein Durcheinander ... (Widerspiegeln, Pause) ... ein Drunter und Drü-
ber?" (Reflektierende Aussage)
Schüler: „Ja, so ähnlich ..."
Schüler: „... so ähnlich ... (Widerspiegeln, Pause) ... wie ist denn dieses Drunter und
Drüber?"
Schüler: „... so ... (Pause) ... so wie ein Dschungel."

2. Schritt:
Sensibles Erfragen von Details des Bildes bzw. der Metapher.

Lerncoach: „Ein Dschungel ... und wie sieht der Dschungel aus?" (Aufgreifen der Meta-
pher)
Schüler (denkt nach, dann): „Das ist so ein Dschungelwald ... so mit Lianen ... und al-
les ganz dicht gewachsen."
Lerncoach: „... alles ganz dicht gewachsen – wie dicht?"
Schüler: „Naja ... ich komme nicht durch und ... sehe ... keinen Weg."

Lerncoach: „Du siehst keinen Weg, weil alles so dicht gewachsen ist?" (Reflektierende Aussage, Erfragen eines Details der Metapher)
Schüler: „Ja ... und es ist schwummrig."
Lerncoach: „Schwummrig ... ?" (Widerspiegeln)
Schüler: „Ja, so dunkel schwummrig ..."
Lerncoach: „... schwummrig – wie kann ich mir das genau vorstellen?"
Schüler: „... so undeutlich ... so ... (Pause) ... ich sehe keinen Weg."

3. Schritt:
Anbahnen eines Lösens der Lernblockade durch Angebote von Unterschiedsbildung.

Lerncoach: „Du bist in einem Dschungel ... und siehst keinen Weg." (Benutzen der Eigensprache des Schülers)
Schüler: „Ja ..."
Lerncoach: „... und Du kannst nichts machen – auch keine der Lianen zur Seite tun ..." (Reflektierende Aussage, Angebot eines Unterschiedes)
Schüler: „... naja ... das vielleicht schon."
Lerncoach: „... was vielleicht schon?"
Schüler: „... so mit den Lianen ... so das Dickicht ... (Pause)."
Lerncoach: „... einen Weg durch das Dickicht ...?" (Reflektierende Aussage)
Schüler: „... naja, mir einen Weg ... bahnen ..."
Lerncoach: „... verstehe ich richtig: Du bahnst Dir einen Weg durch das Dickicht?"
Schüler: „Ja ..."
Lerncoach: „... und wie genau machst du das?"
Schüler: „Ich bewege mich ... und schiebe die Lianen zur Seite."
Lerncoach: „Du bewegst Dich ... und wie schiebst Du die Lianen zur Seite?"
Schüler: führt spontan eine Geste aus.
Lerncoach: wiederholt die Geste.

4. Schritt:
Bezug zum Lernen herstellen bzw. Lösen der Lernblockade.

Lerncoach: „Könntest Du Dir vorstellen, dass Dir ein Bewegen bei Deinem Lernen hilft?"
Schüler: „... weiß nicht ..."
Lerncoach: „Wärest Du bereit das auszuprobieren, wenn Du beim Lernen bist?"
Schüler: „Mmh ja."
Lerncoach: „Könntest Du Dir z.B. vorstellen, Deine Geste einzusetzen, um durch Deinen Lern-Dschungel einen Weg zu bahnen?"
Schüler (lächelt): „Ja, das schon ..."

2.4.4 Motivierende Gesprächsführung

Ein klar konturierter Ansatz von Gesprächsführung findet sich im *Motivational Interviewing* von Miller und Rollnick (2009), welches den Schwerpunkt auf motivierende Aspekte legt. Die beiden Autoren verbinden das klientenzentrierte Beratungskonzept von Carl Rogers mit direktiven Anteilen. Empathie vonseiten des Beraters wird als eine Grundvoraussetzung für das motivierende Gespräch gesehen. Diese Haltung findet eine Ergänzung in der Annahme, dass ein Erleben von Diskrepanz oder Ambivalenz als Grundlage möglicher Motivation für Verhaltensveränderungen dient. Miller und Rollnick definieren die motivierende Gesprächsführung als „eine klientenzentrierte, direktive Methode zur Verbesserung der intrinsischen Motivation für eine Veränderung mittels der Erforschung und Auflösung von Ambivalenz" (Miller/Rollnick 2009, 47).

Die hier in Kürze dargestellte Motivierende Gesprächsführung wird in den Kapiteln über *Motive und Motivation* (Kapitel 7) und über den *Umgang mit Unfreiwilligkeit und Reaktanz* (Kapitel 8) vertieft sowie um weitere Vorgehensweisen ergänzt.

In der Lerncoaching-Arbeit ist es aufgrund der Gemütslage der Schüler in vielen Fällen förderlich, die Gesprächsführung auf motivationale Aspekte auszurichten. Solches Vorgehen macht gerade dann guten Sinn, wenn aufseiten des Lernenden ein minderes Selbstwerterleben oder Anteile von Lustlosigkeit vorherrschen. Grundsätzlich kann der Lerncoach den Schüler nicht zu einer Handlung motivieren – das vermag dieser nur selbst. Gutgemeinte Ermunterungen bewirken in den meisten Fällen das Gegenteil und führen in die ‚Gutgemeint-Falle'. Der Lerncoach kann jedoch über seine Haltung, seine Gesprächsführung und seine Interventionen eine Begleitung bieten, die einen *Change-talk* begünstigt, so dass der Lerncoachee die eigene Motivation verstehen und in Folge verändern kann.

Miller und Rollnick charakterisieren ihr Vorgehen wie folgt:

„Der Klient sollte die Argumente für die Veränderung selbst aussprechen. Wenn Sie sich in der Rolle desjenigen wieder finden, der für eine Veränderung argumentiert, während Ihr [...] Schüler oder Kind die Argumente dagegen ausspricht, sind Sie genau in der falschen Rolle. [...] Obwohl die Drehbücher bekannt und vorhersehbar sind, verlassen die

Parteien die Interaktion oft frustriert und unbefriedigt, jeder gibt vielleicht der anderen Seite die Schuld und sehr wenig positive Veränderung findet statt." Ein Kollege der Autoren „schlug den hilfreichen Vergleich vor, dass sich solche Beziehung wie ein Ringkampf anfühlt, in dem jeder darum kämpft, die Oberhand zu gewinnen. Ein Ringkampf, der beide Teilnehmer erschöpft und wenigstens bei einem von ihnen das Gefühl der Niederlage hinterlässt. Motivierende Gesprächsführung ist eher wie tanzen: anstatt miteinander zu ringen, bewegen sich die Partner in einem harmonischen Zusammenspiel. Die Tatsache, dass einer von ihnen führt, ist eher subtil und für einen Beobachter nicht unbedingt offensichtlich." (Miller/Rollnick 2009, 43)

Eine motivierende Gesprächsführung eignet sich, um persönliche Motive des Schülers in die Arbeit einzubeziehen, wie es noch eingehend im Kapitel *Motive und Motivation* beschrieben wird. Weiterhin nützt sie in der Arbeit mit sogenannten reaktanten Schülern, d.h. mit Lerncoachees, die nicht wissen, was sie mit ihrem Lernen erreichen wollen (siehe auch Kapitel 8: *Umgang mit Unfreiwilligkeit und Reaktanz*). Zwar betrifft dies in erster Linie Lernende in der Pubertät, doch findet eine motivierende Gesprächsführung darüber hinaus in sämtlichen Altersklassen einen sinnvollen Einsatz.

Change-talk

Schüler tragen gern den Satz vor sich her, dass sie gar nicht wüssten, auf welches Problem sie gerade angesprochen würden. Dies kann auch passieren, wenn sie mehr oder minder unfreiwillig in einem Lerncoaching gelandet sind. In solcher Situation geht es nun nicht darum, dem Lernenden ein Problem einzureden. Vielmehr sollte der Lerncoach aufmerksam auf Äußerungen hören und auf nonverbale Signale achten, die als Hinweis für einen möglichen Bedarf an Veränderung gesehen werden könnten. Dabei sollte er sich bewusst sein, dass seine Vermutungen lediglich Konstruktionen sind. Um diesen konstruktiv zu begegnen, empfiehlt sich der Einsatz von Hypothesen (Kapitel 2.4.1, Baustein *Hypothesen bilden*).

Der Lerncoach bezieht sich also auf die vom Schüler artikulierten Hinweise und prüft bzw. konturiert den darin liegenden möglichen Veränderungsbedarf. „Change-talk sind die Äußerungen, mit denen Klienten ihre Fähigkeit, ihre Bereitschaft, ihre Gründe, ihre Wünsche und ihre Selbstverpflichtung für eine Veränderung zum Ausdruck bringen." (Miller/Rollnick 2009, 25)

Sollten im Gespräch Widersprüche oder Diskrepanzen auftauchen, so sind dies willkommene Informationen, die den Change-talk voranbringen können. Sie sind daher nicht mit dem vorwurfvollen Etikett „Das ist ein Widerspruch!" zu versehen, sondern als wertvoller Hinweis auf eine potentielle Bereitschaft für Veränderung zu betrachten. An solcher Stelle kann der Lerncoach ansetzen und das Diskrepanzerleben sogar noch verstärken.

Change-talk zielt auf eine Erhöhung des Bewusstseins für die „Diskrepanz zwischen eigenen Zielen und dem gegenwärtigen Verhalten." (Miller/Rollnick 2009, 122)

In der ersten Phase des Gesprächs mag es geschehen, dass sich die genannten Hinweise für einen Veränderungsbedarf bzw. mögliche Diskrepanzen kaum in klarer Gestalt zeigen, sondern eher indirekt daherkommen. Sie liegen oftmals in einer kleinen Formulierung oder in einem Gesichtsausdruck. Erst im weiteren Gesprächsverlauf und unter Einsatz diverser Methoden (siehe unten) gewinnen sie an Kontur und werden zu klaren selbstmotivierenden Aussagen. Sind diese erst einmal formuliert, können Coach und Coachee an konkreten Zielen arbeiten und in einem nächsten Schritt an deren Umsetzung.

Es ist leicht möglich, eine oder mehrere der hier genannten Methoden in andere Ansätze von Gesprächsführung einzubauen. In jedem Fall dienen sie dem Lerncoach zum Herausarbeiten von Diskrepanzen und in direktem Übergang zum Initiieren von Change-talk. Sie folgen in weiten Teilen der Darstellung von Miller und Rollnick (2009).

Übersicht Methoden zum Einleiten von Change-talk:
1. Offene Fragen
2. Konkretion
3. Extreme erwägen
4. Zurückblicken
5. In die Zukunft blicken
6. Bestätigen

1. Offene Fragen
Aufbauend auf den Grundbaustein *Offene Fragen* (Kapitel 2.4.1) wird unter folgenden Gesichtspunkten mit der Motivation des Lernenden gearbeitet:
a) Nachteile des Status quo,
b) Vorteile einer Veränderung,
c) Zuversicht bezüglich der Veränderung,
d) Veränderungsabsicht.

a) Fragen zu Nachteilen des Status quo:
- „Was führt Dich dazu, in ein Lerncoaching zu kommen?"
- „Was an Deinem Lernen besorgt Dich?"
- „Wovon haben Dich Deine Lernschwierigkeiten abgehalten?"
- „Was glaubst Du, was wird geschehen, wenn Du nichts veränderst?"

b) Fragen zu Vorteilen einer Veränderung:
- „Wie hättest Du gerne, dass Dein Lernen anders wäre?"
- „Was wäre das Gute an einem besseren Lernen?"

- „Wie würde ein Leben aussehen, wenn Du die Lernschwierigkeiten überwunden hättest?"
  (Siehe auch Lösungsorientiertes Fragen, Kapitel 2.4.2)

c) Fragen zur Zuversicht bezüglich der Veränderung:
- „Was gibt Dir Zuversicht, Deine Lernblockade zu überwinden?"
- „Wie könntest Du zu einer Veränderung in kleinen Schritten beitragen?"
- „Welche Deiner Kräfte könnte Dir bei der Veränderung helfen?"
- „Wer könnte Dich auf dem Weg gut begleiten?"
  (Siehe auch Lösungsorientiertes Fragen, Kapitel 2.4.2)

d) Fragen zur Veränderungsabsicht:
- „Was wärest Du bereit zu versuchen?"
- „Wie wichtig ist ein leichteres Lernen für Dich?"
- „Welche Möglichkeit scheint Dir am besten?"
- „Was glaubst Du solltest Du tun?"

2. Konkretion

Spricht der Schüler in Allgemeinplätzen über seine Schwierigkeiten beim Lernen, sollte der Coach ihn zum Konkretisieren einladen. Der Bedarf an Veränderung zeigt sich oftmals an einzelnen Begebenheiten, Situationen oder an einzelnen Gefühlen.

Sollte der Lernende auf entsprechende Fragen nicht eingehen, besteht eine weitere Möglichkeit darin, dass der Coach ihn um die Schilderung eines typischen Tagesablaufs bittet.

Mögliche Fragen zur Konkretion:
- „Wo bzw. in welcher Situation drückt der Schuh am meisten?"
- „Worin besteht Dein Wunsch nach Veränderung?"
- „Könntest Du bitte ein konkretes Beispiel schildern?"
- „Welche Details spielen für Deinen Veränderungsbedarf eine Rolle?"
- „Wie kann ich mir Deinen Tagesablauf vorstellen?"

3. Extreme erwägen

Wenn der Schüler den Status quo seines Lernverhaltens geschildert hat, spiegelt der Lerncoach diesen wider. Im gleichen Atemzug malt er die Folgen aus und kann diese drastisch übertreiben. Das bedeutet, er zeigt *„extreme Konsequenzen des zu verändernden Verhaltensmusters"* (Miller/Rollnick 2009, 119) auf. Dies sollte ohne vorwurfsvollen Unterton geschehen.

Mögliche Fragen zum Erwägen von Extremen:
- „Wenn Deine Lernschwierigkeiten noch größer werden – was sind Deine Sorgen?"

4. Zurückblicken

Diese Methode sieht vor, mit dem Lernenden in eine Zeit zu blicken, in der sein Verhalten und die damit verbundene Lernschwierigkeit weniger problematisch oder gar nicht vorhanden gewesen sind. Solcher Rückblick ermöglicht einen Vergleich zwischen *Damals* und *Jetzt*. Auf diese Weise kann das Diskrepanzerleben des Schülers verstärkt werden.

Zurückblickende Fragen:
- „Kannst Du Dich an eine Zeit erinnern, in der Du gut gelernt hast?"
- „Wie ist das damals für Dich gewesen?"
- „Was sind die Unterschiede zwischen dem Menschen, der Du damals warst, und dem, der Du heute bist?"

5. In die Zukunft blicken

Der Blick in die Zukunft lässt sich gut mit dem Erwägen von Extremen kombinieren. Grundsätzlich geht es mit dieser Methode jedoch darum, eine realistische Perspektive für die Zukunft anzubieten.

Durch einen Vergleich von möglicher Zukunft und gegenwärtiger Situation wird das Erleben von Diskrepanz zunächst stärker. Mit dem Blick in die Zukunft werden aber auch kleine Sehnsüchte geweckt. Sie sind der Motor für Veränderung.

Vorwärtsblickende Fragen:
- „Was wäre in nächster Zeit ein kleiner Erfolg für Dich?"
- „Wenn Du Dich entscheidest, etwas zu verändern, wie könnte die Zukunft dann aussehen?"
- „Zurzeit geht es Dir mit Deinem Lernen nicht gut – was hättest Du gerne anders?"

6. Bestätigen

Erwähnt der Lernende im Gespräch, dass er zu einem früheren Zeitpunkt ein Hindernis überwunden hat, sollte dies in einer angemessenen Weise hervorgehoben werden und vom Coach Anerkennung und Würdigung finden. Gleiches gilt für Ressourcen und Stärken des Lernenden. Der Lerncoach unternimmt dieses Bestätigen in einer angemessenen Weise. Überschwang und ein zu hohes Maß an Empathie sind nicht angebracht und können vom Lernenden leicht als unauthentisch empfunden werden. Für einen Schüler, der die eigene Selbstwirksamkeit erlebt, mag ein Bewerten oder sogar Belobigen als herablassend empfunden werden.

Das Bestätigen hat den Zweck, beim Schüler Zuversicht und Vertrauen in die eigenen Fähigkeiten zu stärken.

Bestätigende Formulierungen:
- „Es ist sehr anerkennenswert, wie Du das geschafft hast."
- „Du hast eine schwierige Situation gemeistert."
- „Vielen Dank, dass Du Dich auf unsere Arbeit eingelassen hast."

Kapitel 3
Arbeit an Zielen

Anlässe zum Einsatz:
- Dem Lerncoaching eine Richtung geben.
- Die Motive des Lernenden einbeziehen.
- Den Blick vom Problemerleben auf die Zukunft richten.
- Einsatzbereitschaft und Ressourcen aktivieren.
- Zielerreichung als Weg zum Erleben von Selbstwirksamkeit.

Ein wichtiges Element im Lerncoachingprozess ist die Arbeit an einem angemessenen Ziel. Dies mag banal klingen, hat jedoch immense Auswirkungen. Ziele dienen der Orientierung und schaffen Sinnhaftigkeit. Damit werden grundlegende Bedürfnisse angesprochen und bestenfalls sogar befriedigt (siehe Teil 1, Kapitel 6). In einigen Fällen geschieht dies vor dem Hintergrund des Themas Motivation (siehe Kapitel 7) und kann diesbezüglich einen positiven Effekt auslösen oder sogar Handlungspotentiale freisetzen. Mit einem guten Ziel lässt sich so mancher Impuls von Anstrengungsvermeidung überwinden. Folgende Schülerfragen sind nicht ungewöhnlich: „Weshalb soll ich in dem Fach X eine bessere Note bekommen? Wozu soll ich mich überhaupt in der Schule anstrengen?" Mit solchen Äußerungen drückt sich indirekt die Bedürfnisebene aus. Wenn sich die Lernenden in der pubertären Phase befinden, können dahinter Identitätsfragen und womöglich sogar die großen Sinnfragen schlummern: „Wer bin ich? Wofür lerne ich? Was ist für mich im Leben wichtig?" Die entsprechenden Antworten können sich Schüler und Schülerinnen nur selbst geben. Das Beschäftigen mit ihnen kann stark motivierend wirken. Ein Lerncoaching lässt sich als mentaler Ort gestalten, in dem solche Fragen thematisiert werden können, um sie dann auf die aktuelle Lernsituation zu beziehen.

In erster Linie richtet sich die Zielarbeit im Lerncoaching jedoch auf das Durchführen von Handlungen. Sie gibt freigesetzter Energie eine Richtung sowie eine Präzisierung. Lernschwierigkeiten lassen sich leichter angehen, wenn klar ist, wozu das Lerncoaching dienen soll.

Die zentrale Frage lautet: *Was ist das Ziel?*
Mit einer Metapher formuliert: *Wohin soll die Reise gehen?*
Präziser ausgedrückt: *Was genau kann und was will ich als Schüler in dem Lerncoaching erreichen?*

Zur Klärung dieser Belange benötigt es eines kooperativen Vorgehens, worin der Schüler eingeladen wird, sein Ziel zu formulieren.

Ziele als Kooperationsangebot

Über Ziele ist es für den Lerncoach möglich, den Schüler zur Kooperation einzuladen. Wird diesem bewusst, dass der Coach keine Ziele vorgibt, sondern ernsthaft nach den Zielen des Schülers fragt, stärkt dies in der Regel die Bereitschaft, sich auf das Coaching einzulassen. Dies trifft auch bei einem diffusen Problemerleben zu. Wenn der Coachee mitteilt, dass er nicht weiß, was ihn beschäftigt oder blockiert, er sich aber gewiss ist, *dass* es sich so verhält, kann eine bestimmte Frage des Lerncoachs wichtig sein: „In welche Richtung müsste unsere gemeinsame Arbeit gehen, damit Dir geholfen würde?" Die Frage nach dem, was der Lernende erreichen will, spricht ihn in seinen Anliegen und Bedarfen an. Daraus lässt sich im Dialog ein Ziel schmieden.

In diesem Sinne sollten Ziele immer im Zusammenhang mit dem inneren Bezugsrahmen des Lernenden gesehen werden. Erst in Abgleich mit seinen Bedürfnissen, Gedanken, Gefühlen und Sichtweisen lässt sich ein motivierendes Ziel erarbeiten. Die nötigen Informationen liegen im Schüler und werden über den Dialog ins Bewusstsein gehoben.

Damit ist der Lerncoach wieder in der Rolle eines lediglichen Begleiters, nicht aber in der des Problemlösers: Er hinterfragt, achtet auf die inneren Beweggründe des Schülers und richtet den Fokus auf dessen mögliche Ressourcen, die zur Zielerreichung dienlich sein könnten. Das Ziel wird vom Schüler formuliert. Für den Fall, dass der Lernende ideenlos, wortkarg oder unsicher ist, braucht es der sensiblen Initiative des Coachs, um den Dialog in Zielrichtung voranzubringen. Wenn es notwendig scheint, können dem Lernenden Formulierungen angeboten werden – allerdings in aller Vorsicht und immer in der Möglichkeitsform. Gerade in solchen Situationen sollte der Coach umso stärker auf die nonverbalen Signale des Gegenübers und ein behutsames Vorgehen achten. Sollten sich auf non- oder paraverbaler Ebene Zweifel an der Stimmigkeit der angebotenen Zielformulierung zeigen, ist dies der Hinweis, dass sie verändert werden sollte. Auch jetzt wird der Schüler in seiner Selbstwirksamkeit angesprochen und in seiner Eigenverantwortung ernst genommen.

Somit dient eine gelungene Arbeit an Zielen der Eigenmotivation und dem Wachrufen von Selbstgestaltungspotentialen. In diesem Zuge können bereits Ressourcen auftauchen und Motivation verstärkt werden. Die Arbeit an den Zielen stellt oftmals die entscheidende Phase im Lerncoaching dar. Der gemeinsamen Arbeit wird eine konkrete Richtung gegeben. Und der Coach begleitet seinen Kunden dann im weiteren Coachingverlauf bei dessen Schritten auf das Ziel zu.

Kriterien zur Arbeit an Zielen

Mit dem Blick auf Kriterien, die in den folgenden Textpassagen eingehend dargestellt sind, können Ziele erarbeitet und klar formuliert werden. Dabei geht es weniger darum, sämtliche Kriterien abzuarbeiten. Vielmehr dienen sie der Inspiration, um mit Schülern in einem Lerncoaching oder Lernentwicklungsgespräch an ihren persönlichen Zielen zu arbeiten. Folgende Aspekte können dienlich sein:

Übersicht Kriterien zur Zielarbeit
1. Zielerfassung auf der Haltungs- und Verhaltensebene
2. Zielformulicrung: SMART
3. Handlungswirksame Zielformulierung
4. Zielformulierung im Gegenwartsmodus
5. Größe und Kontext von Zielen

1. Zielerfassung auf der Haltungs- und der Verhaltensebene

In der Arbeit mit Zielen lässt sich gemäß der Motivationspsychologie unterscheiden zwischen solchen, die auf die Verhaltensebene gerichtet sind, und solchen, welche die Ebene persönlicher Haltungen anvisieren.

Verhaltensziele fokussieren auf ein konkretes Verhalten in einer bestimmten Situation. Sie erfassen das Ziel über die äußeren Rahmendaten sowie über eine konkrete Definition der Kontexte, in denen das Ziel erreicht werden soll. Damit schaffen sie eine Art ‚Geländer' für die Handlung. Sie bieten die Möglichkeit zur Strukturierung und legen Kriterien fest, an denen Erfolg messbar wird. Allerdings berücksichtigen sie weniger das innere Erleben und die Werteinstellungen des Lerncoachee.

Haltungsziele beziehen das Identitätserleben des Lernenden in eine Zielformulierung mit ein. Was sind seine grundlegenden Werte und Motive? Welche Aspekte sind wichtig für seinen Selbstwert? Lässt sich in der Zielformulierung auf eine Haltung eingehen, die für das persönliche Identitätserleben des Lernenden ausschlaggebend ist? Bedürfnisse nach Selbstkonsistenz und einer Bewahrung bzw. Erhöhung des Selbstwertgefühls werden durch Haltungsziele angesprochen und bestenfalls sogar befriedigt. Auf diesem Weg entsteht in hohem Maß Sinnhaftigkeit.

Auswirkungen von Zielformulierungen auf der neurobiologischen Ebene. Konkrete Verhaltensziele beanspruchen das Absichtsgedächtnis (Intentionsgedächtnis). Sie vollziehen sich als kortikale Prozesse, d.h. tendenziell bewusst. Das Absichtsgedächtnis ist an einen rationalen, kontrollierten Modus gekoppelt. Dieser Modus reguliert jedoch den positiven Affekt (subkortikale Prozesse, unbewusst) herunter. Ein verstandesmäßiges Festlegen von Verhaltensmustern, wie z.B. die alljährlichen Neujahrsvorsätze, gerät leicht mit unbewussten bzw. wenig bewussten affektiven bzw. emotionalen Antei-len in Widerstreit – oftmals mit dem Effekt, dass die letzteren obsiegen. „Ziele, die den Charakter von ‚ich sollte', ‚ich müsste', ‚man kann von mir erwarten, dass ich' haben, haben wenig Aussicht auf Realisierung und füh-ren selbst bei ihrer Erreichung nicht zu einer wirklichen Befindensverbesse-rung." (Grawe 2004, 335)

Haltungsziele stellen einen Bezug zum emotionalen Erfahrungsgedächt-nis her, welches im subkortikalen Modus, d.h. unbewusst, abläuft. Sie be-ziehen sich auf das Werterleben und sind daher stärker mit der Gesamtper-sönlichkeit und ihrem Identitätserleben verwoben. Nach Kuhl (2001) lässt sich das subkortikale Erfahrungsgedächtnis durch bildhafte, metaphorische Formulierungen eher anregen als durch trockene, konkrete Vorsätze. Daher kann das Einbeziehen entsprechender Elemente sehr sinnvoll sein und eine intendierte Handlung unterstützen.

Die genannten Aspekte haben Konsequenzen für die beiden Varianten von Zielformulierung, die in den nächsten Abschnitten beschrieben sind. Während SMART-Ziele sich auf der Verhaltensebene des Lernenden bewe-gen, wird in der Handlungswirksamen Zielformulierung (nach Storch/Krau-se 2007) über die somatischen Marker als Signale aus dem unbewussten Er-fahrungsgedächtnis das innere (Wert-)Erleben befragt.

2. Zielformulierung: SMART

Die Zielformulierung nach den SMART-Kriterien eignet sich als Unterstüt-zung für Lernende, die grundsätzlich für eine Lernanstrengung bereit sind, aber noch diffus oder strukturlos scheinen. Sie dient dazu, geplante Lern-aktivitäten zu konkretisieren und überprüfen zu können. Für den Lerner werden Orientierungspunkte hinsichtlich seines eigenen Lernprozesses ge-schaffen, so dass er sein Lernstand besser einschätzen kann. Aspekte von Zeitmanagement sind in der SMART-Formulierung bereits enthalten und lassen sich erweitern – je nach dem Bedarf des Schülers.

Das Lernen erhält eine äußere Struktur, ähnlich wie im Projektmanage-ment. In der Regel sind SMART-Zielformulierungen gut in Lernstands- oder Lernentwicklungsgespräche zu integrieren.

SMART-Ziele sprechen die Verhaltensebene des Lernenden an. Bei Re-aktanz und Lustlosigkeit empfiehlt es sich, zunächst an der Kooperation bzw. den emotionalen Anteilen zu arbeiten. In einer weiteren Sitzung ließe sich dann das SMART-Modell mit der Formulierung eines handlungswirk-samen Ziels (siehe unten) kombinieren oder ersetzen.

Ziele SMART formulieren:
Spezifisch: Was ist das genaue Thema (Pensum, Verhalten etc.)?
Messbar: Was sind die Indikatoren, die den Lernerfolg deutlich machen? Woran sieht der Lernende, dass er sein Ziel erreicht hat?

Anspruchsvoll/Attraktiv: Was wird mit dem Ziel erreicht? Wie ist die Motivationslage?
Realistisch: Ist das Lernziel angemessen? Sind entsprechende Ressourcen verfügbar?
Terminiert: Bis wann genau wird das Thema [...] gelernt? Wann wird was gelernt?

3. Handlungswirksame Zielformulierung

Das Formulieren von handlungswirksamen Zielen entstammt dem Zürcher Ressourcenmodell, welches von Maja Storch und Frank Krause (2007) als ein umfangreiches Trainingsmanual zum Selbstmanagement entwickelt worden ist. Eine Adaptation für die Arbeit mit Kindern und Jugendlichen haben Storch und Riedener (2006) vorgelegt.

Diese Art der Zielformulierung bedient sich dreier Kriterien, die weniger die Verhaltensdaten festlegen (wie beim SMART-Ziel), sondern eher die Ebene persönlicher Motive und Werte anspricht. Sie arbeitet mit dem emotionalen Erfahrungsgedächtnis und den damit verbundenen körperlichen Empfindungen.

Das Ziel ist zu formulieren
1. als Annäherungsziel,
2. so, dass es ausschließlich unter eigener Kontrolle steht,
3. mit erkennbar positivem somatischen Marker (nonverbalen Signal).

Kriterium 1: Das Ziel ist als Annäherungsziel zu formulieren. Aufgrund neurobiologischer Erkenntnisse lässt sich sagen, dass ein Vermeidungsverhalten als Ziel tendenziell dazu führt, dass eben jenes unerwünschte Verhalten während des Formulierens der Vermeidung bereits neuronal gebahnt wird.

Weiterhin lösen Ziele, die im positiven Modus formuliert sind, ein wohles Empfinden aus und steigern damit die Handlungsbereitschaft: „[...] im Unterschied zu positiv formulierten Annäherungszielen (z.B.: ‚Ich möchte in der Klausur eine bessere Note erreichen') sind bei Vermeidungszielen (‚Ich möchte nicht wieder eine Fünf schreiben') keine positiven Auswirkungen der Zielerreichung auf das Wohlbefinden zu beobachten." (Kuhl/ Koole 2005, 112)

Um eine konkrete Handlungsausführung zu unterstützen ist es also günstiger, das Ziel als Annäherungsziel zu formulieren. Es ist wichtig, dass das Ziel die Anwesenheit und nicht die Abwesenheit von etwas darstellt. In Kurzform: „Wohin willst Du?" anstelle von „Was willst Du nicht?"

Kriterium 2: Das Ziel ist so zu formulieren, dass es sich unter eigener Kontrolle befindet. Oftmals nennen Schüler andere Personen und deren Verhalten, durch welche sie sich vom Lernen abgehalten fühlten. Sätze wie „Ich würde ja lernen, wenn mein Lehrer endlich freundlicher zu mir wäre" oder „Die anderen in der Klasse lenken mich immer ab" drücken dies aus. Das

Verhalten Dritter lässt sich allerdings nicht kontrollieren. Der Schüler kann also nur bezogen auf das eigene Denken, Fühlen und Verhalten kleine Veränderungen vornehmen. Ein Herausstellen dieser Situation mag für ihn eine unangenehme Erkenntnis sein und sollte vom Coach dementsprechend sensibel durchgeführt werden. Das zweite Kriterium will die Selbstwirksamkeit stärken Es schaut darauf, wie sich der Schüler vom Verhalten seiner Mitmenschen unabhängiger machen kann. In diesem Sinne lässt sich der Satz „Die anderen lenken mich ab" handlungswirksam umformulieren in „Ich bleibe konzentriert bei mir".

Ein weiterer kritischer Punkt, der im Zusammenhang mit dem zweiten Kriterium häufig genannt wird, ist das Auftauchen von Gefühlen, die das Lernen stören oder sogar blockieren. Lernende schildern dies in vielen Fällen derart, dass sie sich dem eigenen Gefühl hilflos ausgeliefert fühlen: Es scheint sie zu überwältigen. Natürlich lassen sich solch starke Gefühle nicht gänzlich kontrollieren, geschweige denn beseitigen. Das kann nicht das Ziel sein. Allerdings ist es möglich, einen Umgang mit ihnen zu erarbeiten. Dies führt mit dem zweiten Kriterium zu Formulierungen wie „Ich habe einen guten Umgang mit meinen Gefühlen". Konkrete Wege zum Erreichen solch eines Ziels werden im weiteren Coaching erarbeitet.

Kriterium 3: Das Ziel ist so zu formulieren, dass es mit einem positiven nonverbalen somatischen Marker verbunden ist. Im Dialog mit dem Lerncoach arbeitet der Coachee an seinem Ziel. Wenn während dieser Arbeit beim Coachee auf körperlicher Ebene Signale auftauchen (wie z.B. ein Stirnrunzeln), weisen diese darauf hin, ob die Zielformulierung für den Lerncoachee stimmt. Der nonverbale Ausdruck (Mimik, Gestik, Körperhaltung) wie auch konkrete Körperempfindungen (gutes Bauchgefühl, sich entspannende Muskelpartien) geben Hinweise auf das interne Erleben. In ihm zeigt sich, ob das Ziel für den Lernenden tatsächlich passt – oder ob es noch einer Nachbesserung bzw. Neuformulierung bedarf. Denn auf neurobiologischer Ebene besteht eine „enge Koppelung von emotionaler Bewertung und körperlichen Reaktionen" (Storch/Krause 2007, 48). Antonio Damasio hat diese Zusammenhänge mit seinem Konzept der somatischen Marker erforscht und beschrieben. Das Konzept wird im weiteren Text gesondert erläutert.

Die somatischen Marker machen sich unwillkürlich bemerkbar, sie lassen sich nicht steuern. Finden sie Beachtung, ist es möglich, implizite Gedächtnisinhalte bzw. intuitives Wissen in die Zielformulierung miteinzubeziehen. Der Schüler kann im Gespräch sensibel eingeladen werden, auf sein Körperempfinden zu achten und wahrzunehmen, ob es ihm eine positive Rückmeldung zum formulierten Ziel gibt.

4. Zielformulierung im Gegenwartsmodus

Sprache ist machtvoll und wirkt suggestiv. Sie trägt erheblich zum Erleben von Wirklichkeit bei (Teil 1, Kapitel 3.3.3). Daher sollte sie in der Arbeit an Zielen möglichst präzise eingesetzt werden und den beabsichtigten Zustand beschreiben. Eine Formulierung wie z.B. „Ich würde gern konzentrierter lernen" benennt lediglich den Wunsch als Ziel, nicht aber den intendierten Zustand. Als Botschaft an das Unterbewusstsein könnte dies kontraproduktive Auswirkungen haben. So müsste sie umformuliert werden in ein „Ich lerne konzentriert".

Indem das Ziel als Beschreibung der erreichten Situation bzw. als bereits präsente Gegenwart in Worte gefasst wird, aktiviert es auf subkortikaler Ebene entsprechende Handlungspotentiale. Zudem gewinnt das Ziel an Kontur. Bestenfalls wird es zu einem klaren Bild, welches motivierende und selbststärkende Auswirkungen hat.

5. Größe und Kontext von Zielen

Es empfiehlt sich, zwischen kurz-, mittel- und langfristigen Zielen und ihren Ebenen zu unterscheiden. Zielebenen sind z.B. Ober- und Unterziele. Tauchen im Gespräch während des Erfassens der Hauptthematik diverse

Stränge oder Geschichten auf, die für die Bearbeitung der Lernproblematik relevant sind, können sie entsprechend in kurz-, mittel- und langfristige Ziele unterteilt werden. Einleitend stellt der Coach Fragen wie „Wo drückt der Schuh am meisten?" oder „Welches der Themen liegt für Dich obenauf und müsste als erstes bearbeitet werden?"

Manches Vermeidungsverhalten hängt mit der Zielgröße oder den Zielkontexten zusammen. So mag ein viel zu großes Ziel den Schüler eher frustrieren als motivieren. Wird die Größe modifiziert oder der Kontext erweitert, erhöht sich bisweilen die Bereitschaft, das Ziel zu erreichen. Es ist sinnvoll, das Ziel in irgendeiner Form zu visualisieren, z.B. auf einer Karteikarte, und diese im Raum zu platzieren.

Modifikation der Zielgröße:
- Lässt sich das Ziel verkleinern oder vergrößern?
- Lässt sich der zeitliche Rahmen verändern?
- Können Zwischenschritte bzw. Meilensteine benannt werden?
- Ist eine Differenzierung in kurz-, mittel- und langfristigen Ziele erleichternd?

Erweitern des Zielkontextes:
- Wofür soll das Ziel erreicht werden?
- Steht das Ziel in Verbindung mit einer persönlichen Haltung?
- Gibt es einen höheren Wert, der zur Einsatzbereitschaft beiträgt?
- Gibt es einen Zusammenhang, der bisher nicht beachtet wurde, der für die Sinnhaftigkeit des Zieles aber wichtig ist?

Wenn sich der Schüler ein bewusstes Ziel setzt, das ihm jedoch unbewusst Bauchschmerzen verursacht, wird er sich dem Ziel nicht wirklich und mit wenig Einsatzbereitschaft nähern wollen. In den meisten Fällen veräußert sich dies auf nonverbaler Ebene. Der Coach sollte dies wahrnehmen und ins Gespräch bringen. Anschließend kann das Ziel insoweit verändert werden, bis der Coachee dies als stimmig erlebt.

Kapitel 4
Inneres Erleben –
Zugänge und Veränderung

Anlässe zum Einsatz:
- Die wichtigen Bedeutungsgebungen des Lernenden verstehen.
- Für die Lernproblematik relevante Erlebenselemente erfassen.
- Mit emotionalen Ladungen arbeiten.
- Konkrete Veränderungsarbeit gemäß des inneren Bezugsrahmens begleiten.
- Körperliche Elemente im Lernprozess einbeziehen.

Das innere Erleben ist quasi die ‚Bühne‘, auf der individuelles Lernen stattfindet. Es hat eine hohe Eigendynamik und lässt sich als Ergebnis selbstorganisatorischer Prozesse betrachten. Diese laufen nur zu einem kleinen Teil bewusst ab. Das Erleben des eigenen Lernens, inklusive seiner Schwierigkeiten, hat Auswirkungen auf eben diese Lernprozesse. Darin wird im Lerncoaching weniger auf die fachlichen Lerninhalte geschaut als vielmehr auf die Prozesshaftigkeit des Lernens sowie auf einzelne Erlebenselemente. Beide vollziehen sich unweigerlich im Rahmen der subjektiven Realität.

Jegliches methodisches Vorgehen und jegliche Intervention kommen erst dann zur Wirkung, wenn sie den inneren Bezugsrahmen des Klienten berücksichtigen und auf ihn eingehen. Dieser eher abstrakte Begriff stammt aus der Tradition der Humanistischen Psychologie (Quitmann 1996) und wird auch auf den beraterischen und pädagogischen Kontext angewandt (Pallasch/Kölln 2002; Schnotz 2009). Konkret meint der Begriff das psychische Erleben und Bewerten von Ereignissen und Situationen. Es sind die inneren Erlebniswelten gemeint, die sowohl positive als auch negative Erfahrungen umfassen.

Im Erleben finden sich Gedanken, Gefühle, Bilder, Erinnerungen und subjektive Bedeutungen. Sie sind mit Lernprozessen verknüpft und wirken sich in diesem Zusammenhang förderlich oder hinderlich aus. Wenn der Lernende ein starkes negatives Gefühl hat, vermag dieses, sein Lernen zu stören. Je nachdem wohin er seine Aufmerksamkeit richtet, erlebt er tendenziell etwas Problematisches oder einen Ressourcenzustand. Dies spielt z.B. in der Bearbeitung von Lernblockaden eine erhebliche Rolle. Problemlösungen entstehen im Lerncoaching nicht als Erweckungserlebnis, sondern als eine kleinschrittige und allmähliche Veränderung im individuellen Erleben. Durch das Bilden von kleinen Unterschieden werden Lösungen konstruiert oder angebahnt. Durch sensibles Fragen und geschicktes Fokussieren von Aufmerksamkeit lassen sich Ressourcen entdecken. Lösungen und Lernstrategien ergeben erst dann einen Sinn, wenn sie mit dem inneren Erleben kompatibel sind.

Inneres Erleben: Worte, Bilder, Körper

Wie lässt sich das innere Erleben konkreter und zugleich theoretisch fundiert erfassen? Gemäß Bucci (2002) stehen dem menschlichen Organismus drei wesentliche Ebenen zur Verfügung, um Informationen zu verarbeiten. Sie spricht von Informations-Codes und nimmt folgende Unterscheidung vor: symbolisch verbal, symbolisch-nonverbal und vorsymbolisch. Auf diesen Ebenen lässt sich inneres Erleben erfassen und verändern.

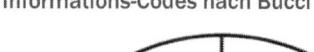

Informations-Codes nach Bucci

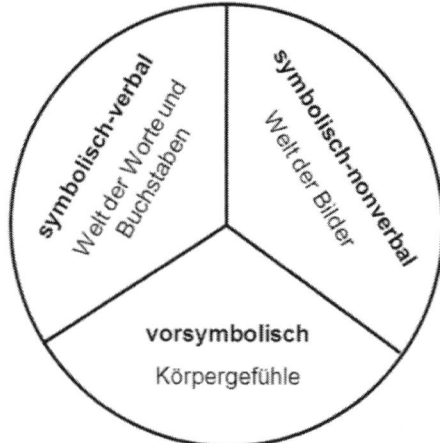

Eine mögliche Bezugnahme auf diese drei Codierungen wurde bereits mit der Idiolektischen Gesprächsführung vorgestellt (Kapitel 2.4.3). Die nachfolgenden Methoden bedienen sich ebenfalls der drei Codierungs-Arten, um einen Zugang zum inneren Erleben herzustellen wie auch um Veränderungen einzuleiten.

4.1 Zugänge zum inneren Erleben

Die bereits dargestellten Ansätze von Gesprächsführung (Kapitel 2.4) dienen u. a. ebenfalls dazu, Zugänge zum inneren Bezugsrahmen, in dem sich das Erleben des Schülers vollzieht, herzustellen. An die einzelnen Bausteine

(*Zusammenfassen, Widerspiegeln, Beachten der nonverbalen Veräußerungen* etc.) schließen sich nun Methoden an, die das internale Geschehen noch präziser erfassen und dessen Einzelheiten aufnehmen. Sie sind die Voraussetzung, um den Schüler u.a. darin zu begleiten, sich selbst besser zu verstehen, eigene Ressourcen aufzufinden, Lösungen zu erarbeiten oder eine individuell passgenaue Lernstrategie zu entwickeln.

Auch in dieser Hinsicht bieten systemische Perspektiven Verstehensfolien. So beschreiben sie z.B. Prozesse von Selbstorganisation, die sich in jedem Individuum vollziehen (Teil 1, Kapitel 3). Problem- oder Lösungserleben, Empfinden von Selbstwirksamkeit und Motivation sind Resultate eben jener Prozesse. Vor diesem Hintergrund sind die folgenden Methoden zu verstehen.

Synopsis Methoden zum Erfassen des inneren Erlebens

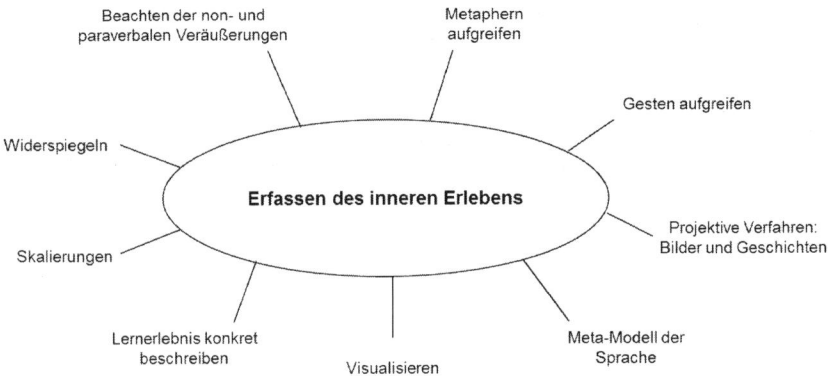

Übersicht Methoden
1. Skalierungen
2. Lernerlebnis konkret beschreiben
3. Visualisieren
4. Metamodell der Sprache
5. Bilder und Geschichten – projektive Verfahren

1. Skalierungen

Der Vorteil an der Arbeit mit Skalierungen besteht darin, relativ schnell an den inneren Bezugsrahmen des Lernenden andocken zu können. Dies ist möglich, ohne Themen, Gefühle oder ähnliches in einem ausführlichen Gespräch herausarbeiten zu müssen, auch wenn dies paradox klingen mag. Der Lerncoach bittet den Coachee – bezogen auf dessen Erleben einer konkreten Situation oder einer Lernproblematik – seine subjektive Bewertung lediglich in Form einer Zahl zu nennen. Auf diese Weise kann er unmittelbar seine persönliche Einschätzung mitteilen. Die Dringlichkeit wie auch das Gewicht des Themas werden rasch deutlich. Dabei ist es für den Lerncoach nicht nötig, zu wissen, welche Inhalte oder Bedeutungen mit den Zahlen verknüpft sind.

„Die Arbeit mit Skalen ermöglicht es auch, ohne Inhalte […] und damit ohne Interpretationen zu arbeiten" (Sparrer 2007, 63) und dennoch – oder gerade deswegen – ein inneres Befinden aus dem Bereich des Diffusen herauszuholen und zu präzisieren. Darüber hinaus stellt sie für den Schüler eine Einladung zur Selbstwahrnehmung dar.

Beispiele:

- „Auf einer Skala von 1 bis 10: Wie dringlich ist es für Dich, Dein Lernproblem zu bewältigen?"
- „Auf einer Skala von 1 bis 10: Wie schwer belastet Dich Deine Lernsituation?"
- „Was könnten wir in dieser Sitzung tun, damit Du auf der Skala einen Punkt nach oben gelangst?"

2. Lernerlebnis konkret beschreiben

Ein anderes Vorgehen als die Arbeit mit Skalierungen besteht im möglichst präzisen Erfassen des Lernerlebnisses. Diesem Zweck will der vorliegende Baustein dienen.

Der Schüler benennt seine Lernproblematik oftmals mit nur wenigen Worten, z.B. „Ich bin genervt!" oder „Ich habe dann eine Blockade". Dahinter steckt immer eine subjektive Realität mit der Fülle einer ganzen Erlebenswelt. Doch mit der Kurz-Aussage lässt sich keine Lerncoaching-Arbeit machen. Ebenso verhält es sich mit einem Lerncoachee, der sich – ähnlich einem verbalen Wasserfall – in der Schilderung einer Vielzahl einzelner Ereignisse verliert, in deren Verflochtenheit sich aber das Problem verbirgt. In beiden Beispielen ist es notwendig, sich aus Allgemeinplätzen und Diffusitäten zu lösen und sich auf eine singuläre, entscheidende Lernsituation zu beziehen (siehe auch Pallasch/Kölln 2002, 130 ff.). Es braucht einen Zugang zum inneren Erleben. Dieses sollte konkret beschrieben werden.

Ein probates Mittel, um das innere Erleben bezogen auf eine Lernsituation konkret zu beschreiben, ist die *Drehbuch*-Methode.

Das bisherige Gespräch brachte eine Eingrenzung der Problematik. Im Anschluss lädt der Lerncoach den Schüler zur *Drehbuch*-Methode ein und erläutert diese. Willigt der Coachee ein, lässt sich der Coach die Lernsituation derart beschreiben, als ob für sie ein Drehbuch zu verfassen sei:

„Bitte schildere mir die Situation so, als ob wir beide daraus ein Drehbuch für einen kleinen Film schreiben müssten. Wir brauchen also möglichst genaue Details."

Der Lerncoach hält einen guten Kontakt zum Schüler und begleitet ihn mit einer Kombination aus Informationsfragen und dem Grundbaustein *Widerspiegeln* (Kapitel 2.4.1).

Während der Schüler sein Erlebnis beschreibt, können sich verschiedene Ebenen des Erlebens auftun: einerseits als Schilderung der äußeren Geschehnisse, andererseits als Mitteilen des internalen Denken-und-Fühlens. Durch seine Fragen und sein Spiegeln kann der Lernbegleiter den Fokus des Drehbuchs bis zu einem gewissen Grad auf eine bestimmte Ebene des Erlebens lenken. So sind zwei Varianten für den Einsatz der *Drehbuch*-Methode möglich:

- Variante 1 beschreibt das äußere Geschehen und erfasst die Details (im Sinne von *,ZDF':* Zahlen, Daten, Fakten).
- Variante 2 fragt dezidiert nach dem inneren Erleben in Gestalt von Gedanken, Gefühlen, Bildern und möglicherweise Körperempfindungen.

Der Coach muss einschätzen, was dem Lerncoachee während der genauen Beschreibung des Erlebnisses angemessen bzw. zumutbar ist.

Die beiden Varianten sind von vornherein in der Schilderung des Schülers nicht immer trennscharf zu differenzieren. Dies stellt in der Regel kein Problem dar. Allerdings sollte sich der Coach bewusst sein, innerhalb welcher der Varianten er das Gespräch führt. Und für Lernende, denen das Artikulieren eigener Gefühle und Befindlichkeiten tendenziell schwerer scheint, bietet es sich an, zunächst mit der ersten Variante zu arbeiten. Ein Übergang in die zweite Variante sollte vom Coach in aller Sensibilität vorgenommen oder auch unterlassen werden.

Beispielfragen zur Variante 1 – das äußere Geschehen:
- Was genau passiert in der Situation?
- Wie ist die konkrete Beschaffenheit des Raums?
- Wie sind die Temperatur- und Lichtverhältnisse?
- Wie sieht die räumliche Anordnung von Gegenständen aus?
- Wer ist daran beteiligt?
- Was geschieht: Personen, Handlungen, Bewegungsabläufe, Ereignisse?

Beispielfragen zur Variante 2 – das innere Geschehen:
- An welcher Stelle der Schilderung tauchen emotionale Anteile auf?
- Wie lässt sich deren Einfluss auf das Lernen benennen?
- Wenn der Schüler sprachlich ein „Ich bin genervt!" ausdrückt: Wie sieht der genaue Kontext aus?
- Wie verhalten sich dann die beteiligten Personen und welche Auswirkungen hat dies wiederum auf den Lernenden?
- Gibt es Stolpersteine im Handlungsablauf, z. B. beim Hinsetzen, um zu lesen?
- Tauchen unangenehme Körperempfindungen auf? Wenn ja, wann genau?
- Welche Bedeutung hat das Geschehen für den Lernenden?

Wenn das Erlebnis konkret beschrieben wurde, kann an Einzelheiten gearbeitet werden, die sich als relevant für das Lernen des Schülers herausgestellt haben. Für den Lerncoachee ergibt sich beiläufig noch ein Mehrwert: Mit Bezug auf die Gestaltpädagogik lässt sich von einem ‚Gewahr-werden dessen, was real geschieht' sprechen. Solch ein Moment stärkt den Schüler in seiner Selbstwahrnehmung sowie -einschätzung. So lernt er z.B. Befürchtungen, die sich auf Zukünftiges beziehen, einzuordnen und sich auf das Hier-und-Jetzt zu konzentrieren.

3. Visualisieren

Eine Bestandsaufnahme des inneren Erlebens lässt sich durch den Einsatz von Visualisationen unterstützen. Diese beziehen sich unmittelbar auf die Äußerungen des Schülers. Gefühle und Gedanken, Begriffe und Satzfragmente, erwähnte Situationen und Personen werden in einen visuellen Modus überführt. So wird ein internales Geschehen und Empfinden in eine externale Form oder Gestalt gebracht. Dies hat einen doppelten Effekt: Aufseiten des Coachees führt solch ein Prozess des Externalisierens häufig zu einem Sortieren seiner Gedanken und Gefühle, aufseiten des Lerncoachs bereitet das Visualisieren eine bessere Einsicht in das Thema sowie die Nebenthemen, die in der Lernproblematik stecken. Die Gesprächspartner können nunmehr gemeinsam das Visualisierte betrachten und darüber in den Dialog gehen.

Eine naheliegende und leicht anwendbare Form des Visualisierens ist die Arbeit mit Moderationskärtchen. Erlebnisanteile können mit einem Wort oder kurzen Formulierungen benannt und einzeln auf Karten geschrieben werden. Die Karten lassen sich auf dem Tisch oder dem Boden hin und her bewegen, einander zuordnen und hierarchisieren. Auf diese Weise können Stränge herausgearbeitet (siehe auch Baustein *Strukturieren* in Kapitel 2.4.1) und Zusammenhänge deutlich werden.

Neben der Arbeit mit Stift und Moderationskarten gibt es weitere Möglichkeiten des Visualisierens. Um die Beziehung zu Menschen darzustellen, eignen sich z.B. Netzwerkkarten, wie sie in der Sozialen Arbeit eingesetzt werden. Kleine Objekte (z.B. Holzklötzchen) werden in der systemischen Beratung genutzt, um zwischenmenschliche Dynamiken zu visualisieren. Grundsätzlich ist es möglich, mit sämtlichen im Raum vorhandenen Materialien zu arbeiten. Es braucht keine kostenintensive Sammlung an Moderationsmaterialien. Oftmals bietet die Situation das Notwendige für eine gute Coaching-Arbeit.

Mögliche Visualisierungen:
- Worte oder Satzfragmente auf einzelne Moderationskarten
- Skizzenhafte Zeichnungen oder Bilder
- Grafische Elemente, z.B. Mind-Map
- Netzwerkkarten
- Kleine Objekte, z.B. Kieselsteine oder Holzklötze

Visualisierende Elemente begünstigen das multisensorische Lernen und hinterlassen einen nachhaltigeren Eindruck als nur das im Dialog geäußerte Wort. Insoweit vermögen Visualisierungen Suchprozesse und Veränderungen im inneren Erleben anzustoßen. Damit übersteigen sie die Funktion einer bloßen Bestandsaufnahme, was dem Coaching allerdings durchaus dienlich sein kann. Eine Darstellung solcher „Impact-Techniken" liefert Beaulieu (2010).

4. Meta-Modell der Sprache

Das Meta-Modell wurde von John Grinder und Richard Bandler in den 1970er Jahren entwickelt. Sie analysierten und modellierten die Kommunikationsmuster solch erfolgreicher Therapeuten wie Milton Erickson, Fritz Perls und Virginia Satir. Das Substrat dieser Muster kombinierten sie zu einem eklektizistischen System, welches pragmatisch auf eine Optimierung von Kommunikation abzielt. Die mangelnde theoretische Basis sowie einige der daraus abgeleiteten Methoden sind kritisch zu sehen. Dennoch verfügen andere Methoden über einen hohen Praxiswert (zur fundierten Kritik siehe z. B. Ludwig 1999).

Sprache ist das Vehikel, mit dem Menschen sich einander mitteilen können. Dies geschieht manches Mal mehr schlecht als recht. Denn das Medium Sprache ist nicht imstande, die Vielfalt und Komplexität des individuellen Denkens und Fühlens in ihrer Gänze wiederzugeben. Ein gedachtes Wort oder ein gesprochener Satz sind lediglich Repräsentationen von Erfahrung. Mit einer Metapher ausgedrückt: Das gesprochene Wort ist die ,Landkarte', die Erfahrung ist die ,Landschaft'. Die Zweidimensionalität der Karte schafft Orientierung, die Landschaft aber bedeutet mannigfaltiges Geschehen in den Tiefen des Organismus. Die alltägliche Sprache bewegt sich überwiegend auf der Oberfläche der Landkarte. Die professionelle Sprache im Beratungskontext beabsichtigt u. a. sich an die Welten eines vieldeutigen individuellen Erlebens anzuknüpfen.

„Die Fähigkeit, Sprache mit Präzision anzuwenden, ist essentiell für jeden professionellen Kommunikator. Fähig zu sein, genau die Wörter zu benutzen, die eine Bedeutung in der Landkarte des anderen haben, und präzise zu bestimmen, was jemand mit den Wörtern meint, die er oder sie benutzt, sind unschätzbare Kommunikationsfertigkeiten." (O'Connor/Seymour 2005, 149)

Die Bedeutung, die ein Wort oder ein Satz für eine Person hat, ist durch den Kontext des persönlichen inneren Bezugsrahmens bestimmt. Und die einzelne Bedeutung ist nicht immer im Bewusstsein des Sprechenden. Im Lerncoaching verfolgt das Meta-Modell der Sprache maßgeblich zwei Aspekte:

1. Ein möglichst genaues Erfassen des inneren Erlebens des Lerncoachees, welches sich hinter einem gesprochenen Wort oder Satz verbirgt.
   Zweck: Den Coachee besser verstehen.
2. Eine bessere Verbindung zwischen dem gesprochenen Wort (Oberflächenstruktur) und dem Bedeutungsraum des innerlichen Erlebens (Tiefenstruktur) herstellen.
   Zweck: Dem Coachee einen besseren Zugang zum eigenen Erleben ermöglichen.

Zu diesen Zwecken geht es darum, mittels konkreter Fragestellungen
- Informationen zu sammeln und zu präzisieren,
- Bedeutungen und Kontexte zu klären,
- Einschränkungen zu identifizieren,
- Wahlmöglichkeiten zu eröffnen,
- sprachliche Tilgungen, Verzerrungen und Generalisierungen aufzudecken.

Oberflächen- und Tiefenstruktur. Das Metamodell der Sprache unterscheidet zwischen einer Oberflächen- und einer Tiefenstruktur im Verhältnis von Sprache und Erleben. Worte werden zum Beschreiben von Lernprozessen oder zum Schildern einer Erfahrung benutzt. Sie sind allerdings nicht identisch mit dem Lernvorgang oder der Erfahrung, sondern lediglich dessen Oberfläche. Gerade im Zusammenhang mit dem Erfassen von Lernblockaden oder -schwierigkeiten kann die Frage „Was genau bedeutet es, wenn Du von Deiner Prüfungsangst sprichst? Wie genau kann ich sie mir vorstellen?" wichtige Informationen zutage fördern.

Meta-Modell der Sprache

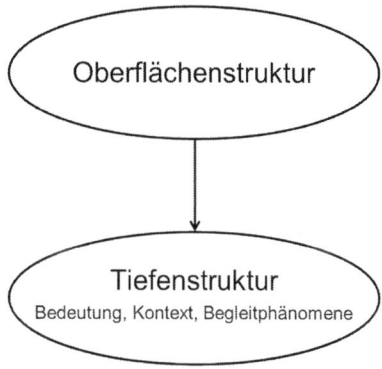

Aufdecken von Tilgungen, Verzerrungen und Generalisierungen. Ein Satz, der einen Lernprozess oder ein Lernerlebnis benennt, kann niemals das gesamte Spektrum des damit verbundenen Erlebens wiedergeben. Im Gegenteil: Es liegt in seiner sprachgebundenen Funktion, dass er dieses Spektrum verkürzt und Komplexität ausblendet. In diesem Zuge werden allerdings Informationen getilgt, verzerrt oder verallgemeinert. Eine Aufgabe des Coachs kann darin bestehen, solche Tilgungen, Verzerrungen und Generalisierungen aufzudecken. Die folgende Übersicht liefert Kategorisierungen und entsprechende Fragemuster.

Aufdecken von Tilgungen

Kategorien und Sprachmuster	Fragen
Unspezifische Substantive/Pronomen Bsp.: „Lehrer sind eine Plage." Bsp.: „Das ist blöd."	Wer oder was genau? Wessen Verhalten oder was genau?
Unspezifische Verben Bsp.: „Der Schüler ärgerte mich."	Wann, wo und wie ärgerte er Dich?
Vergleiche ohne Bezug Bsp.: „So geht das viel schlechter."	...verglichen womit?
Bewertungen Bsp.: „Das ist kompletter Mist."	... nach welchen Maßstäben?
Nominalisierungen Bsp.: „Ich brauche Hilfe." Bsp.: „Ich brauche Anerkennung."	Wofür konkret benötigst Du Hilfe? Wer erkennt Dich nicht an?

Aufdecken von Verzerrungen

Kategorien und Sprachmuster	Fragen
Vorannahmen, Gedanken lesen Bsp.: „Er sollte wissen, dass ich ihn mag."	Wie sollte/könnte er wissen, dass Du ihn magst?
Gleichsetzung Bsp.: „Du sagst nichts. Du findest es wohl blöd."	Inwiefern bedeutet dieses eine das andere?
Scheinbarer Kausalzusammenhang Bsp.: „Er macht mich krank."	Womit macht er Dich krank?

Kategorien und Sprachmuster	Fragen
Modalverben der Möglichkeit Bsp.: „Ich kann nicht."	Was hält Dich davon ab?
Modalverben der Notwendigkeit Bsp.: „Ich muss." Bsp.: „Ich darf nicht."	Was geschähe, wenn Du es dürftest?
Allquantoren Bsp.: „Das ist alles Mist."	Alles? Zu jeder Zeit?

5. Bilder und Geschichten – projektive Verfahren

Die Fähigkeit zur Imagination kann als eine wesentliche Kraft im menschlichen Dasein bezeichnet werden (Böhme 1985). Sie bildet die Grundlage für das folgende Vorgehen wie auch für weitere Methoden in diesem Buch, die sich mit dem Erfassen und Verändern von individuellen Lernprozessen beschäftigen (siehe Kapitel 4.2).

Projektive Verfahren lassen sich mit einer Metapher verstehen: Sie sind wie eine Leinwand, auf die etwas projiziert wird. In diesem Fall handelt es sich um das Erleben einer bestimmten Lernsituation oder -befindlichkeit. Das nicht sichtbare und kaum fassbare intrapsychische Geschehen wird quasi externalisiert und damit sichtbar gemacht. Das heißt noch nicht, dass ein Begleiter all das verstehen kann, was nun eine konkrete Gestalt angenommen hat. Doch er kann in einen Dialog treten über das, was für ihn sinnlich wahrnehmbar ist, und über diesen Weg einen Zugang zum inneren Erleben des Schülers erhalten.

Über projektive Verfahren werden Informationen aus dem impliziten, d.h. unbewussten Gedächtnis abgerufen, die über einen rational-analytischen Gedankengang nicht zu erreichen wären. Die Einladung des Lerncoachs an den Schüler, das eigene Lernen in einem Bild oder mit einer Geschichte zu schildern, spricht diesen in seiner Gesamtpersönlichkeit an und bringt entsprechend mannigfaltige Informationen zutage.

Ein kurzes Beispiel aus der Schulpraxis soll dies verdeutlichen. Einige Schulen bedienen sich projektiver Verfahren im Rahmen von Schülerentwicklungsgesprächen und sammeln damit gute Erfahrungen. Darin werden Schüler aufgefordert, eine vorgegebene Landschaftszeichnung mit der Idee zu betrachten, die Landschaft würde ihr Lernen darstellen. Anschließend werden sie gebeten, sich mitzuteilen, wo sie sich gerade in der Landschaft befinden: Sehen sie sich auf einem steilen bergigen Pfad oder auf einem begrünten Spazierweg? Sehen sie sich eher zum Ausruhen auf einer Bank sitzen oder in der Nähe eines Gasthauses, um dort eine Mahlzeit einzunehmen? Durch das Gespräch über die vorliegende Zeichnung erhält der Lernbegleiter Informationen über das Lernbefinden des Schülers. Der Einsatz eines Landschaftsbildes ist sinnvoll, da es den Vorstellungsraum öffnet und den Betrachter thematisch nicht allzu sehr festlegt. Er kann im wahrsten Sinne gedanklich spazieren gehen.

Projektive Verfahren lassen sich relativ unaufwändig auch im Lerncoaching einsetzen. Das begleitende Gespräch sollte in einem Plauderton unternommen werden, d. h. der Coach fragt zwar nach einzelnen Bedeutungen, begnügt sich aber mit der Rolle des interessierten, zugewandten Zuhörers, der weder bewertet noch beurteilt. Vornehmlich hört er einfach zu.

Bilder als projektive Verfahren. Die Arbeit mit Bildern als projektives Verfahren ist in zwei Varianten möglich:

- Variante 1: Dem Lerncoachee wird ein bereits vorgefertigtes Landschaftsbild als Projektionsfläche angeboten. Der Coach bittet ihn das Bild eingehend zu betrachten und sich vorzustellen, dass es sein Lernen symbolisch darstelle.
- Variante 2: Der Coach lädt den Lerncoachee ein, sein Lernen in einem selbst gezeichneten Bild darzustellen und ermuntert ihn, dass eine kleine Bleistiftskizze wunderbar ausreicht. Es braucht keiner großen Kunst.

Beiden Varianten folgt das Gespräch über das vorliegende Bild. Häufig beginnen die Schüler von sich aus zu erläutern, so dass es für den Coach einfach ist, in den Dialog zu kommen. Für den Fall, dass der Schüler sich zunächst nicht äußert, beginnt der Coach mit einer offenen Frage, z. B. wo sich der Schüler im Bild wieder findet oder welche Bedeutung ein Detail des Bildes für den Schüler hat.

Eine Vertiefung dieser Methode bietet die Idiolektische Gesprächsführung, wie sie in Kapitel 2.4.3 dargestellt ist.

Geschichten als projektive Verfahren. Einen anderen Schwerpunkt als die oben beschriebene Bildvariante bietet die Arbeit mit fiktiven oder halbfiktiven Geschichten. Gemäß der Narrativen Theorie werden „subjektive Erfahrungen in Form von Geschichten organisiert" (Nordmann/Kötter 2008, 302). Wenn der Schüler sich ernsthaft eingeladen fühlt, seine eigene ‚Lerngeschichte' zu erzählen, unternimmt er dies aus seinem subjektiven inneren Bezugsrahmen.

In diesem Sinne bittet der Lerncoach den Coachee um eine erdachte Geschichte, die stellvertretend für das Lernerleben bzw. die Lernproblematik steht. Sollte der Schüler noch weitere Anregung benötigen, kann der Coach verschiedene Fragen stellen, die allesamt nur als ‚opener' zu verstehen sind.

Tauchen in den Bildern bzw. Geschichten weitere Personen auf, die für die Geschichte relevant sind und durch besonderes Verhalten auffallen, kann der Coach gegebenenfalls den Schritt aus der Geschichte ins reale Leben des Lerncoachees tun. Die entsprechende Frage könnte lauten: „Gibt es in Deinem echten Leben eine Person, die der Figur aus Deiner Geschichte entspräche?" In diesem Zusammenhang lassen sich Beziehungsaspekte thematisieren und klären. Entsprechende Leitfragen wären:

- Welche Person ist für das Lernen des Schülers wichtig?
- Findet er durch sie Unterstützung?
- Gibt es ambivalente Gefühle zu ihr?
- Welche Personen oder Gruppen, z.B. in der Klasse, werden als störend oder das Lernen beeinträchtigend erlebt?

Sprache und Bilder sind miteinander verflochten, dementsprechend können sie im methodischen Vorgehen miteinander kombiniert werden. In jedem Fall aber dienen sie der reinen, nicht wertenden Bestandsaufnahme:

„Unsere Sprache hat die Bildhaftigkeit unserer Art und Weise, diese Welt wahrzunehmen, in einer schier endlosen Zahl von Metaphern, Redewendungen usw. bewahrt. Auf dieser konkreten Bildebene zu verbleiben, vermeidet ein frühzeitiges Anspringen unserer urteilenden und zensierenden Ratio." (Krüger 2010a, 37)

4.2 Veränderung des inneren Erlebens

Sämtliche der folgend beschriebenen Vorgehensweisen implizieren eine Veränderung von emotionalen Anteilen sowie eine Erweiterung von Perspektiven. Solche Veränderungen mögen sich nicht unmittelbar und in aller Klarheit während der Sitzung zeigen. Manche von ihnen benötigen Zeit bis sie ins Bewusstsein fließen und sich in konkreten Handlungen manifestieren.

Basis-Methoden

An die Vorgehensweisen der Kapitel *Gesprächsführung* und *Zugänge zum inneren Erleben* schließen sich basale Interventionen an. Sie dienen grundsätzlich einer Unterschiedsbildung. Diese wird neben anderen als einzelne Methode beschrieben. Mit dem Bilden von Unterschieden werden weitere Veränderungsschritte initiiert. Da die Arbeit mit Ressourcen (Kapitel 4.3), mit Lösungen (Kapitel 5) und Lernstrategien (Kapitel 6) eine Veränderung des inneren Erlebens impliziert, fließen die Basis-Methoden auch dort mit ein. Sie lassen sich jedoch auch bei anderen Themen oder Anliegen anwenden und mit anderen Verfahren kombinieren. Ein Fokussieren der Aufmerksamkeit ist ihnen allen als erster Schritt gemeinsam.

Aufmerksamkeitsfokussierung

Das Prinzip der Aufmerksamkeitsfokussierung ist vielen der in diesem Buch dargestellten Methoden implizit. Dies gilt für die *lösungsorientierten Fragen* (Kapitel 2.4.2) im gleichen Maße wie für die *Aktivierung von Ressourcen* (Kapitel 4.3) oder für die in diesem Kapitel vorgestellten Basis-Methoden zum Verändern des inneren Erlebens. Allesamt fokussieren in Richtung von Ressourcen und Lösungselementen. Auf diesem Weg lassen sich Lösungen anbahnen oder Hinweise für Lösungsmöglichkeiten entdecken. Daher ist die Kenntnis und ein Grundverständnis dieses simplen, doch basalen Prinzips für die Coaching-Arbeit besonders wertvoll.

Aus Sicht der Gehirnforschung unterscheidet Roth (2011) zwischen außengeleiteter und innengeleiteter Aufmerksamkeit. Die außengeleitete Variante wird durch auffällige Außenreize aktiviert, so z.B. durch einen lauten Knall. Die innengeleitete Variante hingegen kann sich auf unauffällige Reize oder auf eine Selbstwahrnehmung richten. Wenn in den folgenden Passagen von Aufmerksamkeitsfokussierung die Rede ist, meint diese die innengeleitete Variante.

„Je stärker wir uns auf etwas ‚fokussieren‘, desto mehr verschwindet alles außerhalb dieses Fokus aus unserem Bewusstsein – wir sind wie blind." (Roth 2011, 131) Mit Bezug auf Mack und Rock bezeichnet Roth dies als *inattentional blindness* (Roth 2011, 131). Diese gilt für ein positives Erfahren ebenso wie für ein negatives. Erlebt ein Schüler im starken Maß eine Lernblockade, kann davon ausgegangen werden, dass er links und rechts des Problems wenig wahrnimmt.

Jedes Erleben kann als Ergebnis eines Fokussierens von Aufmerksamkeit betrachtet werden (Schmidt 2007, 2010). Auf neurobiologischer Ebene lässt es sich als aktiviertes neuronales Muster verstehen. Eine Lernblockade geht in den meisten Fällen mit Erlebenselementen einher, wie z.B. mit einem Sich-klein-fühlen, mit inneren Sätzen wie „Ich schaffe es eh nicht!", mit Körperempfindungen von Starre, mit Muskelanspannungen, mit einem flachen Atemmuster etc. Das Problemerleben zeigt sich also in einer ganzen Reihe von Phänomenen und umfasst mehr als nur ein Element. In diesem Sinne stellt es ein spezifisch aktiviertes neuronales Netzwerk dar, in dem die einzelnen Erlebenselemente verknüpft sind (siehe auch Teil 1, Kapitel 4.2). In dem Moment, wenn der Schüler seine Aufmerksamkeit auf etwas lenkt, was ihm eine Gelingenserfahrung gewesen ist, wird ein anderes neuronales Netzwerk aktiviert, das mit positiven Gefühlen verknüpft ist.

Der Lerncoach kann den Coachee durch indirekte Angebote und geschicktes Fragen lediglich einladen, dass dieser seine Aufmerksamkeit in eine bestimmte Richtung fokussiert. Die Formulierung *einladen* ist ausschlaggebend, denn die Fokussierung lässt sich weder verordnen noch linear steuern. Sie vollzieht sich innerhalb der selbstorganisatorischen Bewusstseinsprozesse des Schülers. Also gibt der Coach nicht vor, sondern er bietet eine mögliche Konstruktion von Realität an. Wenn der Schüler als Coachee der Einladung nicht folgt, ist dies der Hinweis für den Lerncoach einen anderen Weg zu gehen.

Fokussieren der Aufmerksamkeit durch Widerspiegeln. Der Gesprächsführungsbaustein Widerspiegeln (siehe Kap. 2.4.1) leitet eine Mini-Form von Aufmerksamkeitsfokussierung ein. In dem bereits dargestellten Zusammenhang von Gesprächsführung dient er dem Erfassen von emotionalen Anteilen. Er lässt sich jedoch ebenso zum Fokussieren z.B. auf ein Ressourcenerleben nutzen. Spiegelt der Lerncoach im Gespräch mit Coachee wider, dass dieser an einer bestimmten Stelle im Dialog tief durchatmete, mag dies bereits den Fokus des Schülers auf sein bisher unbewusstes ressourcenhaltiges Erleben lenken, welches mit dem Durchatmen verbunden ist.

Übersicht Basis-Methoden zur Veränderung des inneren Erlebens:
1. Unterschiedsbildung
2. Ausnahmen suchen
3. Hypothetisches Fragen
4. Imaginative Verfahren
5. Körperkoordination

1. Unterschiedsbildung
Die Unterschiedsbildung zielt primär auf das Verändern von Erlebenszuständen und sekundär auf ein Erleben von Selbstwirksamkeit. Sie ist weniger als großer Wurf zu verstehen, der die Lösung herbeizaubert, sondern

eher als ein konkretes Erleben von Einflussnahme. Der Lernbegleiter kann darauf hinweisen, dass Veränderung in kleinen Schritten passiert und dass diese Schritte in der Lerncoachingsitzung wie in einem Labor erprobt werden können. Wenn das Bilden von Unterschieden im Coaching als Intervention eingesetzt wird, geht es um das Herstellen von bedeutsamen, nicht von beliebigen Unterschieden (Bateson 1981, 582).

Der Begriff bezieht sich in erster Linie auf die Elemente des internalen Erlebens. „Schon durch geringfügige Veränderung von Raum, Zeit, Ort, Art und Dauer des Problemerlebens kann dem Klienten ein Gefühl der Steuerung bzw. der Möglichkeit, sein Problemerleben zu beeinflussen, vermittelt werden." (Wienands 2010, 18) Also geht es darum, das Erleben einer als schwierig empfundenen Lernsituation detailreich zu erfassen, um in einem nächsten Schritt Einzelheiten zu verändern.

Beispielfragen:
- „Woran würdest Du merken, dass Du konzentrierter lernen würdest?"
- „Wäre es ein Unterschied, wenn Du Dich von den Stimmen der anderen Schüler weniger gestört fühlen würdest?"
- „Du hast Deinen Prüfungsdruck beschrieben, der Dir im Nacken sitzt – würde es einen Unterschied machen, wenn Du im Nacken entspannter wärest?"

Wenn auch nur ein Detail im Erleben verändert worden ist, lassen sich Fragen anschließen, die diesen Unterschied verstärken. Das wiederholte Stellen dieser Fragen dient dem Auflösen von Fixierungen und dem Verlassen des Problemkontextes.

Mögliche Anschlussfragen:
- „Was ist dann anders?"
- „Und was ist noch anders?"
- „Woran bemerkst Du diesen Unterschied?"

Zweifaches Skalieren. Eine weitere Möglichkeit zum Bilden von Unterschieden ist der Einsatz einer zweifachen Skalierung (zur Methode der Skalierung: siehe Kapitel 4.1). Sie bietet sich an, um in einem schnellen Verfahren die Wirksamkeit einer Intervention oder auch einer gesamten Coaching-Sitzung festzustellen. Mit dieser Hilfe erfährt der Lerncoachee unmittelbar, wie Veränderung in kleinen Schritten möglich ist. Dazu bittet der Coach den Coachee vor dem Einsatz einer Intervention um eine Skalierung bezüglich der Schwere des Problemerlebens. Der Schüler teilt z.B. mit: „Mein Problemerleben liegt bei 8." Unmittelbar nach der Intervention fragt der Lerncoach erneut: „Wie würdest Du Dein Problemerleben jetzt skalieren?" Nennt der Schüle nun eine Zahl, die sich unterhalb von „8" befindet, wird deutlich, dass sich etwas in seinem Inneren verändert haben muss. Anschließend kann der Coach darauf eingehen, woran der Schüler dies feststellt und ist damit in Kontakt mit dem internalen Veränderungspotential.

Das gleiche Vorgehen lässt sich auf eine gesamte Lerncoachingsitzung anwenden. In diesem Fall stellt der Lernbegleiter die Skalierungsfrage zu Beginn und zum Abschluss der Sitzung. Er sollte noch einen kleinen Zeitraum einplanen, den Unterschied im Gespräch hervorzuheben. Dies kann auch in Form einer kurzen Frage geschehen: „Ich weiß nicht, was sich genau in Dir gewandelt hat – aber die Skalierung zeigt, dass Du in Deinem Erleben etwas verändert hast! Vielleicht kannst Du das mit in die nächsten Tage nehmen."

2. Ausnahmen suchen

Diese Methode holt die problemfreien Zonen des Lernens in den Lichtkegel der Aufmerksamkeit. Denn ein Problem, so groß und gravierend es auch sein mag, besteht nicht permanent 24 Stunden am Tag, sieben Tage die Woche und ein Leben lang. Es gibt in jedem Problemfall Phasen oder Momente, in denen das Problem von weitaus geringerem Gewicht ist oder sogar wie aufgelöst scheint. Auf diese Augenblicke und Phasen des Erlebens richtet das *Ausnahmen suchen* die Aufmerksamkeit. Und es stellt Fragen zu dem, was während solcher Momente im Erleben vorherrschend ist.

Eine Lernschwierigkeit kann sich wie eine Trance auswirken. Der Schüler glaubt dann mit voller Überzeugung an die Ausweglosigkeit seiner Situation. Er fokussiert voll und ganz auf sein Problem und ist damit identifiziert. Das Suchen und Auffinden einer Ausnahme vom Problemerleben stellt in diesem Zusammenhang eine Möglichkeit zur Umfokussierung dar. Mit der Ausnahme tauchen Ressourcen und Lösungspotentiale am Horizont des Erlebens auf. Insoweit liegt auch dieser Methode eine Aufmerksamkeitsfokussierung zugrunde. Mittels solchen Vorgehens kann der Lerncoach einen Beitrag zu einer alternativen Möglichkeitskonstruktion leisten.

Die entsprechenden Leitfragen haben neben anderen Autoren Schlippe und Schweitzer formuliert:

„Wie oft (wie lange, wann) ist das Problem nicht aufgetreten?
Was haben Sie und andere in diesen Zeiten anders gemacht?
Wie haben Sie es geschafft, in diesen Zeiten das Problem nicht auftreten zu lassen?" (Schlippe/Schweitzer 2010, 50)

Mit den Ausnahmen tauchen Erinnerungen an Situationen auf, in denen ein guter Kontakt zu den eigenen Fähigkeiten und Kräften erfahrbar gewesen ist. Diese gilt es dann zu noch stärker zu vergegenwärtigen. Des Weiteren können aktuelle Gelingenserfahrungen hinzugezogen und ins Bewusstsein geholt werden:

Ausnahmen suchen bei Generalisierungen. Die Methode Ausnahmen suchen bietet sich besonders in Gesprächssequenzen an, in denen der Schülers generalisierende, d.h. extrem verallgemeinernde Sprachmuster äußert. In solchem Fall spiegelt der Coach lediglich den Allquantor („nie", „immer", „alles" etc.) in Frageform wider und schließt dann eine der oben aufgelisteten Fragen an.

Beispiel:
Schüler: „Bei meinem Lernen läuft alles schief!"
Lerncoach: „... alles? ..."
Schüler: „Ja, einfach alles."
Lerncoach: „... Dir läuft beim Lernen alles schief ... in allen Fächern ... 24 Stunden lang ...?"
Schüler: „... naja ..."
Lerncoach: „... naja ...?"
Schüler: „... nicht alles ..."
Lerncoach: „... nicht alles. Was genau läuft denn bei Deinem Lernen nicht schief?"

3. Hypothetisches Fragen

Während sich das *Ausnahmen suchen* auf bereits real vorhandene Erfahrungen konzentriert, richtet das *hypothetische Fragen* die Aufmerksamkeit auf eventuelle Möglichkeiten des Erlebens und Handelns. Diese müssen nicht immer hundertprozentig realistisch sein. Wie auch beim Einsatz anderer Bausteinen geht es hier darum, Unterschiede herzustellen. Somit kann das Hypothetische Fragen als Form der Unterschiedsbildung verstanden werden. Zu solchem Zweck wurde es maßgeblich von Paul Watzlawick im Zusammenhang seiner „Therapy as if" entwickelt.

Diese Art des Fragens macht sich ein ‚Was wäre, wenn ...-Denken' zunutze. Es öffnet einen Möglichkeitsraum, der von dem Lerncoachee in Gedanken begangen und probeweise in Bezug genommen werden kann. Und er mag jederzeit wieder verworfen oder abgelehnt werden. So erfahren starre Erlebenszustände oder Problemtrancen eine Relativierung. Das Problem lockert sich, im gleichen Zug weitet sich das Erleben, und es entstehen Wahlmöglichkeiten.

Unmögliches denken. Mit dem hypothetisches Fragen ist es im Lerncoaching möglich, auch schlimmsten Befürchtungen und Zuständen von Verzweiflung zu begegnen. Folgende Fragen öffnen Perspektiven:

„Gesetz dem Fall, es könnte Dir niemand auf der Welt helfen, wie würdest Du Dein Problem lösen?"
„Angenommen, Dein Lernproblem würde unauflösbar sein und Dich immer begleiten: Wie würdest Du mit ihm umgehen?"

Voraussetzung zum Einsatz solcher Fragen ist auch hier ein guter Rapport (Kapitel 2.4), damit sie vom Schüler nicht als Sarkasmus missverstanden werden. Die Fragen fokussieren auf verschüttete Potentiale von Selbstgestaltung und wollen ein Empfinden von Selbstwirksamkeit wecken.

4. Imaginative Verfahren

Der Stellenwert der Vorstellungskraft wurde bereits im vorhergehenden Kapitel im Zusammenhang mit projektiven Verfahren betont. Bilder als Projektionen ermöglichen dem Coach einen guten Zugang zum Coachee und dessen Erleben seines Lernbefindens. Sie eignen sich umso stärker, um dieses Erleben zu verändern.

Um die Kraft der Imagination zu betonen, sei ein Zitat aus dem Kontext der Historischen Anthropologie genannt:

„Mit ihrer Fähigkeit, Bilder aufzunehmen, zu reproduzieren und zu erzeugen kommt der Einbildungskraft für die Phylogenese und die Ontogenese keine geringere Bedeutung als der Sprache zu." (Wulf 1992, 87)

Die Fähigkeit zur Imagination ist eine anthropologische Grundkonstante und bestimmt das menschliche Dasein in einer umfassenderen und tiefer greifenden Dimension als es dem menschlichen Ego im Alltag bewusst ist (Hüther 2005). Imaginationen werden erfolgreich und mit hohem Wirkungsgrad in Beratung und Therapie eingesetzt (Reddemann 2008; Bürgi-

Kraus et al. 2008; Schreyögg 2003). In medizinischen Bereichen zählen imaginative Verfahren als Entspannungsmethode zu den Standards (Vaitl 2000, 19). Ludwig (1999) gibt eine kritische Übersicht und ausführliche Belege für den Einsatz in pädagogischen Feldern. Einige Elaborationen von Lernstrategien beziehen sich ausdrücklich auf die Vorstellungskraft (Bannert/Schnotz 2006).

Imaginationen reichen tief hinein in die neuronalen Netzwerke und Verschaltungen des Organismus. Mittlerweile belegt die Wissenschaft einen „direkten Einfluss der Bilder auf das vegetative Nervensystem" (Rentel 2010, 67). Dies gilt sowohl für visuell wahrgenommene Bilder der Außenwelt als auch für imaginierte Bilder. Jeder Mensch, der sensibel auf einen Horrorfilm reagiert, mag dies bestätigen. Die Filmbilder wirken im Anschluss an das cineastische Ende nach und lösen z. B. in der Dunkelheit ein Angstgefühl aus, mit dem eine erhöhte Herzfrequenz und andere somatische Phänomene einhergehen. Für den Körper sind diese Reaktionen gewöhnliche Prozesse und Zustände, die er täglich durchläuft.

Für den Kontext von Beratung und Coaching lassen sich die alltäglichen natürlichen Prozesse des Bilderlebens nutzen. „Jede beliebige Phantasie in jeder beliebigen Zeitdimension und in jedem beliebigen Raum kann von der menschlichen Vorstellung prinzipiell gegenwärtig gesetzt werden." (Schreyögg 2006, 266) Der Einsatz von Imaginationen kann eine wirksame Vorgehensweise sein, so z. B. in der Arbeit mit emotionalen Anteilen oder bei Anlässen wie Prüfungsangst und Black out. Mittels bildhafter Vorstellungen ist es möglich, mit den Dynamiken innerhalb des sogenannten ‚Limbischen Systems' zu arbeiten. Es werden „mit Bildern neuronale Netzwerke aktiviert, die mit Emotionen und den entsprechenden Körperempfindungen einhergehen" (Rentel 2010, 67). Hier deutet sich an, dass über Imaginationen emotional-somatisches Erleben verändert werden kann.

Imaginationen bzw. Vorstellungen als methodisches Verfahren sollten dem Schüler transparent gemacht und erläutert werden. Sie stellen einen möglichen Weg dar, und lediglich als eine Möglichkeit (neben anderen) werden sie angeboten. In jedem Fall sollten sie durch einen Drei-Schritt von Induktion, Anwendung und Abschluss strukturiert sein.

Haben sich Coach und Coachee darüber verständigt, dass eine Arbeit mit vorgestellten Bildern für das Coaching sinnvoll sein könnte und einen gewünschten Effekt haben mag, kann der Lerncoach die Imagination mit einer kleinen Entspannungssequenz einleiten. Um das vorgestellte Erleben zu intensiveren, werden während der Imagination die verschiedenen Sinnesmodalitäten angesprochen: visuell, auditiv, kinästhetisch und – wenn für den Lernenden passend – auch olfaktorisch und gustatorisch. „Von multisensorischen Vorstellungen verspricht man sich eine Intensivierung des Vorstellungserlebens. Imaginationen würden dadurch plastischer, lebendiger und anschaulicher." (Ludwig 1999, 212) Nach Abschluss der Imagination klärt der Lerncoach im Gespräch mit dem Coachee, ob das Vorgehen als dienlich und angenehm empfunden wurde oder ob es noch Nachbesserungsbedarf gibt.

In seiner Einleitung sollte der Lerncoach betonen, dass es dem Coachee jederzeit frei steht, eventuell aufkommendes Unbehagen zu äußern und aus dem Prozess auszusteigen. Macht er tatsächlich davon Gebrauch, benötigt dies eine kritische Nachbesprechung: „Was konkret hat Dein Unbehagen ausgelöst?" Doch auch in solch einem Fall kann der Lerncoach auf die Ressource fokussieren, die den Abbruch der Imagination bewirkt hat: Der Coachee hat kompetent eine Grenze gesetzt. Entsprechende Leitfragen des Lernbegleiters könnten lauten: „Wie hast Du es geschafft, so deutlich Deine Grenze wahrzunehmen und auch zu artikulieren?"

Imaginationen, Ressourcen und Lösungen. Ein geschicktes Fragen nach Ressourcen (Kapitel 4.3) vermag das Bilderleben zu wecken. Dies wiederum kann auf neuronaler Ebene einen positiven Effekt haben. So eignen sich bildhafte Vorstellungen, um von einer Fixierung auf das Problemerleben zu lassen und in Richtung von Ressourcen und Lösungen zu fokussieren: „Durch das ressourcenorientierte Nachfragen werden gezielt Bilder aktiviert, die mit erinnerten Fähigkeiten und positiven Zuständen verbunden sind. Dies schafft auf der ‚inneren Bühne' einen Spielraum, der es ermöglicht, die problematischen Inhalte aus einem anderen Blickwinkel zu betrachten. Der direkte Einfluss der Bilder auf das vegetative Nervensystem schafft eine entspannte Atmosphäre, die Sicherheit und Vertrauen wachsen lässt." (Rentel 2010, 67)

Weiterhin vermag die Vorstellungskraft künftige Handlungen zu unterstützen. Im Leistungssport wird dies in vielen Disziplinen praktiziert (Edgette/Rowan 2007). Das wiederholte Vorstellen erwünschter Verhaltensweisen bahnt entsprechende neuronale Muster, die ein späteres reales Verhalten wahrscheinlicher machen.

Beispiel Prüfungsangst

Bei Prüfungsangst schlägt Peter H. Ludwig (1999, 190) eine Arbeit mit Imaginationen vor, die er in zwei maßgebliche Elemente ausdifferenziert: Zum ersten braucht es einer klaren Vorstellung des Ziels, zum zweiten eines Imaginierens der Stunden vor der Prüfung.

1. Die Ziel-Imagination. Das Ziel und das damit einhergehende Empfinden wird im Detail und unter Einbezug der verschiedenen Sinneskanäle imaginiert. Durch die achtsame Begleitung des Lerncoachs wird es im Hier und Jetzt erlebbar gemacht. Das Zielerleben lässt sich durch Elemente der Körperkoordination (siehe Methode 6 in diesem Kapitel) z.B. in Form von konkreten Gesten oder Atemmuster intensivieren und quasi ‚ankern'.

2. Imaginieren der Zeit vor der Prüfung. In einer kleinen Gedankenreise lädt der Coach den Schüler zu einem minutiösen Imaginieren des 24-Stunden-Ablaufs vor der Prüfung ein. Währenddessen mag sich der Lernende vorstellen, welche guten Gefühle ihn begleiten. Kleine Erfahrungen von positiver Kontrolle können darin eingebaut werden. Das Einschlafen am Vorabend und der Weg zum Prüfungsort am nächsten Morgen werden als unaufgeregte, ruhige Bewegungsabläufe imaginiert.

Während der Prüfung. Hat sich der Coachee mit entsprechenden Vorstellungsbildern auf die Prüfung und die Zeit davor gewappnet, können unterstützende Bilder ebenso für das Zeitfenster während der Prüfung gefunden bzw. konstruiert werden. Diese Vorstellungen sollten einen guten Verlauf der Prüfung zum Inhalt haben und bei aufkommenden Gefühlen von Druck, Angst oder Nervosität eingesetzt werden. Ein wichtiges Element in solchem Vorgehen besteht darin, nicht gegen diese Gefühle anzukämpfen. Es geht vielmehr darum, ihnen einen Platz zu geben und durch positive Bilder zu relativieren.

> **Beispiel:**
> „Meine Nervosität ist ok. Sie darf sein. Sie hilft mir, wach und mit lebendigen Gedanken eine Note ‚Drei' zu schreiben. Ich schreibe eine gute Klausur!"

Bei plötzlich auftauchenden negativen Selbstzuschreibungen („Ich bin zu blöd!", „Ich schaffe die Klausur nicht!", „Meine Eltern werden enttäuscht von mir sein!") ist es möglich einen Gedanken-Stopp einzubauen. Dieser kann z.B. als Vorstellungsbild eines großen Stopp-Schildes in die Gedanken eingeschoben werden. Und die negativen Selbstzuschreibungen können innerhalb der Vorstellung in eine abbiegende Straße gelenkt werden. Auf solche Weise lassen sich negative Selbstzuschreibungen utilisieren, d.h. sie dienen als Erinnerung an positive Erfahrungen, positive Gefühle und Gedanken.

Die Prüfungsangst verbildlichen. Prüfungsangst wird oftmals als schwer greifbares und doch machtvolles Gefühl wahrgenommen. Daher mag es hilfreich sein, wenn ihr eine konkrete Form oder auch Gestalt gegeben wird. Diese mag komplett der Fantasie entspringen. Ebenso kann sie auch auf simpler Weise dargestellt werden, z.B. als ein auf eine Moderationskarte geschriebenes „X". Ausschlaggebend ist, dass ein Externalisieren vorgenommen wird: Das vordem schwer fassbare innere Erleben wird nun betrachtbar. Allein dieser Vorgang bewirkt ein Erleben von positiver Distanz.

Nachdem dies getan ist, kann die nunmehr in Gestalt gebrachte Angst an einen bestimmen Platz gestellt bzw. auf eine Nähe-Distanz-Position gebracht werden. Der Coach geht auch in diesem Zusammenhang mit der

Prinzip der Unterschiedsbildung (1. Basis-Methode) vor, sei es faktisch-räumlich oder in der raum-bildlichen Vorstellung. Sehr häufig teilen Lernende im Laufe dieses Vorgehens mit, dass ein gewisser Abstand zur versinnbildlichten Prüfungsangst als angenehm empfunden wird und ihr ein Stück weit die Macht nimmt.

6. Körperkoordination

Die körperliche Ebene hat einen unmittelbaren und starken Einfluss auf das emotionale Befinden. Körperempfindungen werden häufig im Zusammenhang mit dem Erleben von Ressourcen geschildert, z.B. Durchatmen, ein gutes Bauchgefühl, eine angenehme Wärme im Brustraum und ähnliches. Damasio (2006) hat solche Phänomene in seinem Konzept der ‚somatischen Marker' beschrieben (siehe auch Erläuterungen in Kapitel 3). Die Wechselwirkungen zwischen emotionalen Bewertungen, körperlichen Empfindungen und motivierendem Erleben werden bereits in diversen Beratungs- und Trainingsfeldern genutzt. So sind sie z.B. wichtiger und bewährter Bestandteil der Selbstmanagement-Trainings mit dem Zürcher Ressourcen-Modell, die mittlerweile für Erwachsene (Storch/Krause 2007) wie auch für Jugendliche (Storch/Riedener 2006) angeboten werden.

Jene genannten Wechselwirkungen lassen sich auch für den Kontext von Lerncoaching nutzen. Dementsprechend kann ein Ziel des Lerncoachings darin liegen, den Lernenden zu unterstützen, dass er sich der Körperkoordination als Einflussmöglichkeit auf sein Lernbefinden wie auch auf seine Lernprozesse bewusst wird.

Körperempfindungen als Ressource. Grundsätzlich kann der Lerncoach durch ressourcenorientiertes Fragen die Achtsamkeit auch auf positive Körperempfindungen lenken. Diese bieten gerade in Fällen von Prüfungsangst oder Black out eine gute Unterstützung für die Lernenden. Solche Lernproblematiken sind nur in den seltensten Fällen durch ein Gespräch über das Thema zu lösen. Ganz im Gegenteil: Manchmal wird dadurch das Problemerleben umso stärker und im Erleben des Schülers entsteht ein Gefühl von Ausweglosigkeit. Diese Lernschwierigkeit lässt sich nicht durch eine Versprachlichung lösen. Die Körperkoordination verfügt über eine weitaus höhere Wirkung auf das Lernbefinden als eine bloße sprachliche Intervention: „Auf Grund seiner engen Beziehung zum Körper ist es oft leichter, über den Körper auf das emotionale Gehirn einzuwirken als über die Sprache." (Servan-Schreiber 2006, 37) Die körperliche Ebene spricht die nonverbale und vor-symbolische Codierungsebene (Bucci 2002) an.

Hat der Schüler im Lerncoaching eine erwünschte Ressource, z.B. das Gefühl von Selbstsicherheit, gefunden und dieses in einer kleinen Geste codiert, lässt sich das ressourcenreiche Erleben in der entsprechenden Problemsituation durch eben jene Geste wieder ins Bewusstsein rufen.

Darüber hinaus können Gesten als unwillkürliche Hinweise für Ressourcen und implizite (d. h. noch nicht bewusste) Lösungspotentiale dienen. Ein entsprechendes Explorieren ist mittels einer Idiolektischen Gesprächsführung möglich (siehe Kapitel 2.4.3).

Körperkoordination und Unterschiedbildung. Koordinationen auf der körperlichen Ebene als „motorische Prozesse können Stimmungen, Einstellungen und Informationsverarbeitungsprozesse beeinflussen" (Storch/Riedener 2009, 108). Diese mögen sich auf die Makro-Ebene (z. B. Körperhaltung) oder auf die Mikro-Ebene (z. B. Atem) beziehen.

So umfasst die Körperkoordination jegliche Art von Körperhaltung, Bewegung, Gestik, Mimik, Atemmuster. Jedes Verändern kleiner Elemente dieser körperbezogenen Bereiche vermag das innere Erleben zumindest in kleinen Aspekten zu wandeln: „Über Gesten oder Veränderungen von Spannungsmustern der Muskulatur, aber auch über Veränderungen des Atems und des Stimmausdrucks kann die emotionale Befindlichkeit absichtlich verändert werden." (Rüegg 2010, 38)

Für das Lerncoaching bietet sich ein Vorgehen in zwei Phasen an:

1. Musterbeschreibung des Problemerlebens. Unter Einsatz diverser Bausteine (z. B. Meta-Modell der Sprache oder Lernerlebnis konkret beschreiben, Kapitel 4.1) erfassen Coach und Coachee im Dialog die Lernschwierigkeit. Der Coachee schildert sein Problemerleben und damit verbundene körperliche Empfindungen. Das Zusammenwirken der einzelnen Elemente kann als Muster bezeichnet werden.

2. Einbauen von Unterschieden in das Muster. Ohne den Lernenden zu berühren, lädt ihn der Coach ein, bestimmte kleine Veränderungen in der Haltung, der Gestik oder im Atemmuster vorzunehmen.

Dies sollte immer mit einer anschließenden Frage nach Unterschieden (siehe Basis-Methode 1 in diesem Kapitel) verbunden sein. Der Lerncoach fragt: „Ist es besser/schlechter/gleich/anders?" Auf diese Weise wird erkennbar, welches der passende Weg für den Lernenden ist. In kleinen Schritten kann das Problemmuster allmählich verändert werden. Der Schüler gibt an, wann das Ergebnis für ihn zufriedenstellend ist.

So lassen sich z. B. innere Unruhe oder Stresserleben häufig innerhalb weniger Momente mittels des Atems relativieren. Dies ist möglich über ein Verändern des Atemmusters hin zu einem tiefen, langsamen Atem, der jeweilig nach dem Ein- und Ausatmen eine kleine Pause macht. In der Regel hat dies eine beruhigende Auswirkung.

Durch den Einbezug solch kleiner körperbezogener Erlebenselemente kann Veränderung herbeigeführt oder unterstützt werden, denn sie bedeutet weitaus mehr als eine kognitive Einsicht. Wenn das Ziel darin besteht, „Sinnstrukturen im Kontext eines jeweiligen Systems zu verändern [...] braucht es [...] neben neuen kognitiven Konzepten auch neue Erfahrungen, nicht nur der Kopf muss eine neue Geschichte erfinden, sondern der Leib muss sie neu erfahren." (Schlippe 1995b, 23) Kleine Gesten des Krafterlebens können große Wirksamkeit entfalten. Dies gilt umso stärker für die Verstetigung bzw. die Nachhaltigkeit eines Lerncoachings, das einen kleinen Wandel in den Lernprozess des Schülers gebracht hat: „Nachhaltige Veränderung ist [...] nur möglich, wenn die Wechselwirkung zwischen Körper und mental-psychischen Vorgängen in den Veränderungsprozess mit einbezogen wird." (Storch/Krause 2007, 119)

Mögliche Leitfragen:
- „Wenn Du Dir Deine Lernsituation vor Augen führst: Welches Körpererleben geht mit der Lernsituation einher?"
- „Gibt es bestimmten Punkte oder Bereiche, an denen Du eine Anspannung spürst?"
- „Geht damit eine bestimmte Körperhaltung einher?"
- „Hast Du das Gefühl, Du würdest kleiner oder größer?"
- „Und was wäre, wenn Du diese Anspannung stärker werden lässt, um sie gleich darauf loszulassen?"

4.3 Ressourcen

Anlässe zum Einsatz:
- Ressourcen im Erfahrungsschatz des Lernenden entdecken.
- Ressourcen lösungsadäquat aktivieren.
- Vom Problemerleben ins Ressourcenerleben begleiten.
- In der Vergangenheit erlebte Ressourcen für gegenwärtige oder zukünftige Lernereignisse verfügbar machen.
- Stimmigkeit des Ressourcen-Einsatzes überprüfen.

Einige der in Kapitel 4.2 geschilderten Basis-Methoden zur Veränderung des subjektiven Erlebens führen im Zuge ihrer Anwendung dazu, dass der Lernende seinen Fokus in Richtung der in ihm vorhandenen Ressourcen und Lösungspotentiale lenkt. Bestenfalls bewirken sie bereits eine Ressourcenaktivierung. Dementsprechend lassen sich in den Themenbereichen Lösungsorientierung, Verändern innerer Erlebniselemente und der Arbeit mit Ressourcen Überschneidungen und direkte Bezüge feststellen.

Was ist eine Ressource?
Der Begriff ist in aller Munde. Er könnte suggerieren, dass eine Ressource ein Objekt wäre, über welches sich verfügen ließe wie über einen Gegenstand. Für den Bereich der Wirtschaft, in dem ‚Ressource' gemeinhin einen Rohstoff bezeichnet, mag dies auch gelten. Für den Bereich der psycholo-

gisch orientierten Beratung kann solche Verdinglichung zu hinderlichen Annahmen führen, denn die ‚Ressource' ist immer individuell geprägt und lässt sich – situativ bedingt – nicht ohne weiteres greifen und sofort verfügbar machen. Die psychologische Ressource ist an das persönliche Erleben und Bewerten geknüpft.

Der Begriff wurde von Badura (1981) in die Sozialwissenschaften eingeführt. Hornung und Gutscher (1994) liefern präzise Beschreibungen der Wechselwirkungen zwischen individuellen und sozialen Ressourcen. Grawe beschreibt sie als „selbstwerterhöhende oder positive Kontrollerfahrungen" (Grawe 2004, 392) und sieht in den Ressourcen „bedürfnisbefriedigende Erfahrungen" (Grawe 2004, 394).

Zur Konkretisierung des Begriffs ‚Ressource' im Lerncoaching, in dem es um unmittelbare Erfahrbarkeit geht, kann die neurobiologische Perspektive dienlich sein. In dieser Hinsicht ist eine Ressource als neuronales Erregungsmuster zu verstehen, das im Kontext des subjektiven Erlebens als positiv bewertet wird. Der Begriff ‚Ressource' wird somit oftmals konnotiert mit Kraftempfinden, Wohlbefinden, einem ‚guten' Körpergefühl – immer bezogen auf die Zusammenhänge des Erlebens.

In der Alltagssprache wird weniger das neuronale Netzwerk als Ressource bezeichnet, als vielmehr die intrapsychischen und die äußeren Begebenheiten, die das gute Empfinden auslösen: konkrete Ereignisse in Beziehungen, Mitmenschen und Vorbilder, Bilder, Klänge, Objekte, Gefühle, Körperempfindungen, Erinnerungen, persönliches Wertempfinden, Fähigkeiten, kleine oder große Erfolgserlebnisse – Ressourcen können vielfältig sein. Storch und Riedener (2009) formulieren in ihrem Selbstmanagement-Konzept für Jugendliche: „Als Ressource gilt alles, was dazu beiträgt, das erwünschte neuronale Netz zu aktivieren." (Storch/Riedener 2009, 78)

Ressourcen-Übersicht

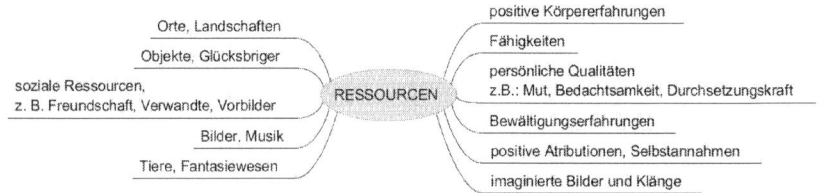

Ressourcen in der Beratung und im Lerncoaching

Im Kontext von Lerncoaching und weiteren Beratungsformen meint der Begriff ‚Ressource' ein positiv bewertetes Erleben der eigenen Person bzw. eines Teils oder einer Handlung der eigenen Person. ‚Ressource' bedeutet persönliches Krafterleben und Gestaltungspotential. Damit gehen positive

Selbstwahrnehmungen und -bewertungen einher. Also kann der Coach verschiedene Wege gehen, um gemeinsam mit den Coachee einen Kontakt zu dessen Kräften herzustellen. Denn im Problemerleben sind diese ausgeblendet. Vielleicht ist es eine der Hauptaufgaben des Lerncoachs, im Sinne einer Schatzsuche den Lernenden ein Begleiter zu sein, eigene ressourcenreiche Erfahrungen zu eruieren – sie sind bereits (unbewusst) vorhanden: „Jedes System verfügt bereits über alle Ressourcen, die es zur Lösung seiner Probleme benötigt." (Schlippe/Schweitzer 2010, 124) Der Zugang zu Ressourcen dient dem Erweitern von Wahlmöglichkeiten.

Übersicht Methoden zur Ressourcenaktivierung
1. Ressourcenorientierter Gesprächseinstieg
2. Ressourcenorientierte Fragen
3. Ressource ins ‚Hier und Jetzt' holen
4. Timeline
5. Ressourcen-Korb
6. Ressourcen-Check

1. Ressourcenorientierter Gesprächseinstieg

Der Lerncoach kann gleich in der ersten Phase der Coachingsitzung den Fokus auf die individuellen Ressourcen und Gelingenserfahrungen des Schülers lenken. Eine entsprechende Eröffnung des Kerngesprächs stellt relativ zügig einen guten Kontakt zum Gegenüber her. Der Ressourcenfokus dient also auch dem Rapport.

Nach einer kurzen informellen Kontaktaufnahme und der Rollenklärung kann der Lerncoach wie nachfolgend beispielhaft beschrieben in das Gespräch einsteigen.

Gesprächseinstieg für die erste Sitzung
„Bevor wir gleich starten und Du Dein Anliegen schilderst, möchte ich Dir etwas Wichtiges mitteilen: Ich arbeite im Lerncoaching derart, dass ich auch auf das schaue, was bei Dir gut läuft. Also: Wenn Du mit mir Dein Lernen verbessern möchtest, müsstest Du Dich damit abfinden, dass wir uns auch mit dem beschäftigen, worin Du Freude findest oder andere gute Gefühle und Gedanken hast …
Erst wenn ich verstehe, was bei Dir gut läuft, schauen wir uns andere Themen an …"

Möglich wäre auch die Kurzvariante, mit der sich erfrischend und leicht provokant das Lerncoaching-Gespräch starten lässt. Sie lenkt den Fokus unmittelbar auf die Ressourcen des Lerncoachee und lädt gleichzeitig zur Kooperation ein.

„Bevor wir mit dem Lerncoaching starten, will ich eines klar stellen: Wir arbeiten nur dann zusammenarbeiten, wenn wir auch auf das schauen, was gut bei Dir läuft ..."

Die genannten Beispiele eignen sich für eine erste Sitzung. Ein entsprechender Gesprächseinstieg für Folgesitzungen lässt sich entsprechend formulieren: „Was ist Dir in letzter Zeit gelungen?"

Für den therapeutischen Kontext belegt Grawe, dass der Einsatz einer Ressourcenaktivierung in den ersten fünf Minuten sowie in den letzten fünf Minuten der Beratungssitzung (Grawe 2004, 400 f.) faktisch das nachhaltige Ressourcenerleben des Klienten erhöht. So erhält das Kerngespräch, worin vielleicht an schwerwiegenden Problemen gearbeitet wird, gewissermaßen einen Rahmen von Ressourcenaktivierungen zu Beginn und zum Schluss der Sitzung. Eine Voraussetzung ist das positive Zusammenspiel von Berater und Klient. Ohne eine positiv erlebte Bindungserfahrung ist auch eine Ressourcenaktivierung von geringer Auswirkung.

2. Ressourcenorientierte Fragen

Der Lerncoach kann durch präzises Formulieren von Fragen den Lerncoachee einladen, auf die eigenen Ressourcen zu fokussieren und dementsprechend das eigene Erleben im Hier-und-Jetzt zu verändern. Auf diese Weise wird das Empfinden von Selbstwirksamkeit gestärkt. Dies ist der Grund, weshalb „Warum?"-Fragen im Gespräch nicht dienlich sind. Sie lenken die Aufmerksamkeit auf das Problem und geben ihm Nahrung. Mitunter können sie in den Ohren des Coachees sogar als Vorwurf verstanden werden.

Ressourcenorientiertes Fragen dient primär dazu, den Coachee in seinem individuellen Kraft-Erleben zu stärken. Damit ist noch keine konkrete Lösung gegeben. Doch aus der Position eines positiveren Selbsterlebens ist ein Problem leichter zu bewältigen. Allein durch die Veränderung des Erlebens erscheint das Problem oftmals weniger groß. Die Fragen stellen ein Angebot dar, den Problemfokus zu verlassen und die Aufmerksamkeit auf Stärken, auf bereits erlebte Bewältigungsmuster und auf mögliche Lösungen zu lenken.

Beispiele für ressourcenorientiertes Fragen:
- „Wenn Deine Schwierigkeit beim Lernen etwas kleiner wäre, woran würdest Du dies merken?"
- „Wenn Du beim Lernen einen richtigen Durchhänger hast, wer oder was ist für Dich ein guter Muntermacher?"
- „Stell Dir vor, Du hättest in einer möglichen Zukunft Deine Lernprobleme bewältigt ... wie würdest Du Dich fühlen? Was wäre anders? Und was wäre noch anders? Auf welche Schritte, die Du gegangen bist, könntest Du zurückblicken?" (siehe auch Methode *Timeline*)
- „Wie hast Du es geschafft, es nicht zu schaffen?"
- „Was ist Dein Lieblingsplatz, wenn Du entspannen möchtest?"

- „Wenn Du nach einer langen Reise Neuland betrittst, wie heißt Dein neues Ufer?" (nach Kindl-Beilfuß 2011)

In einigen der genannten Beispiele wird deutlich, inwieweit sich das ressourcenorientierte Fragen mit Metaphern bzw. Bildern kombinieren lässt. Die Wirkkraft von Imaginationen ist bereits in Kapitel 4.2 benannt worden.

3. Ressource ins ‚Hier und Jetzt‘ holen

Jeder Mensch kennt Zeitfenster oder Phasen in seinem Leben, in denen er sich von seinen Ressourcen wie abgeschnitten fühlt. Dies ändert jedoch nichts an der Tatsache, dass er in jüngster oder auch ferner Vergangenheit Ressourcenzustände erlebt hat – und seien sie auch noch so klein gewesen. Die Bewältigung von problematischen Situationen und andere positive Erfahrungen sind als neuronale Netzwerke im Gehirn gespeichert – gleichwohl sie nicht immer sofort zugänglich sind. Sie lassen sich durch ein Erinnern und durch das konsequente Fokussieren der Aufmerksamkeit ins Bewusstsein holen. Nichts anderes bietet z.B. die Methode *Ausnahmen suchen* (Kapitel 4.2). In diesem Sinne kann die Ressource als ‚Re-Source‘ betrachtet werden, d.h. als ein Rückanbinden an die persönliche Quelle der Kraft.

Wenn es sich im Coaching-Verlauf als sinnvoll herausstellt, eine Ressource in der Sitzung erlebbar zu machen, kann der Lerncoach das Prinzip der Aufmerksamkeitsfokussierung nutzen (siehe Kapitel 4.2). Die Aufmerksamkeit wird auf ein Ressource-Erlebnis gelenkt, z.B. auf einen Erfolg im Sport oder auf einen Moment, in dem der Schüler ganz im Lernen versunken gewesen ist oder auf ein gutes Vorankommen beim Computerspiel etc. Es dürfen auch gerne schulfremde Erfahrungen sein. In solchen Erlebnissen sind Ressourcen von Anstrengungsbereitschaft, Konzentration, Ausdauer usw. enthalten.

Wenn eine für das Lernen relevante Ressource identifiziert und ein entsprechendes Erlebnis dieser Ressource gefunden worden ist, lädt der Coach den Coachee ein, jenes Erleben wach werden zu lassen und zu intensivieren. Zu diesem Zweck fragt er nach den verschiedenen Sinneserfahrungen, die mit der Situation verknüpft sind:

- Was siehst Du? Welche Bilder kommen Dir vor Dein inneres Auge?
- Was hörst Du? Welche Klänge kommen Dir in Erinnerung, welche Stimmen oder Geräusche?
- Was fühlst Du? Gibt es eine Empfindung Deiner Haut? Gibt es eine Körperempfindung? Gibt es eine spezifische Bewegung, Geste oder Körperhaltung?
- Taucht in der Situation ein besonderer Geruch oder Geschmack auf?

Der Lerncoach achtet darauf, dass der Schüler in der Gegenwartsform über das Erleben seiner Ressource spricht. Er kann ihn über folgende Formulierung einladen: „Jetzt, da Du Dich wieder in Deinem guten Erleben befindest, ..." Dieses Erleben lässt sich durch Fragen nach den Submodalitäten verstärken und verfeinern:

* Zu den Bildern: „Ist das Bild, das Du gerade beschrieben hast, ein klares Bild? Hat es kräftige oder matte Farben? Ist es schwarz/weiß? ..."
* Zu den Klängen: „Wie sind die Geräusche? Eher laut oder leise? Eher schrill oder gedämpft? ..."
* Zu den Körperempfindungen: „Wie ist dieses Gefühl auf der Haut? Eher ein Druck? Eher stechend? Gibt es Bewegung? Ist diese schnell oder langsam? Zeitlupe? ..."
* Zu möglichen Gerüchen: „Du hast einen Geruch geschildert: Ist er eher stechend oder weich? Ist er eher angenehm oder unangenehm? ..."
* Zu möglichen Geschmäckern: „Du nanntest einen schalen Geschmack – wie stark ist dieser? Gibt es einen Geschmack von Bitterkeit? Von Süße? ..."

Der Schüler erfährt auf diese Weise im Lerncoaching, dass er sein Ressource-Erleben willentlich aktivieren und intensivieren kann, z.B. durch eine (im wahrsten Sinne des Wortes) Rückbesinnung auf frühere Erlebensmuster bzw. durch ein bewusstes Lenken von Aufmerksamkeit. Das Abfragen von Sinneserfahrungen und den entsprechenden Details wird in der Beratungsliteratur mit dem Akronym VAKOG bezeichnet. Es kann als Grundlage zur Entwicklung weiterer Fragen genommen werden:

*V*isuell: die visuelle Sinneserfahrung in den Blick nehmend,
*A*uditiv: den Hörsinn ansprechend,
*K*inästhetisch: haptische Eindrücke und körperinternale Empfindungen betreffend,
*O*lfaktorisch: den Geruchssinn befragend,
*G*ustatorisch: den Geschmackssinn betreffend.

4. Timeline

Milton Erickson gilt als einer der wichtigsten Impulsgeber für Beratung und Therapie des vergangenen Jahrhunderts. In seinen unzähligen Sitzungen mit Klienten verfolgte er konsequent eine Orientierung an Ressourcen. Eine seiner Vorgehensweisen ist die ‚Pseudo-Orientierung in der Zeit'. Sie lädt den Klienten ein, quasi auf eine innere Zeitreise zu gehen, Ressourcen zu entdecken, zu erinnern oder zu konstruieren.

Die hier beschriebene Methode der *Timeline* bezieht sich direkt auf das Vorgehen Milton Ericksons. In ihr findet das oben beschriebene *Ressource ins ‚Hier und Jetzt' holen* eine erweiterte Anwendung.

Die Arbeit mit der Timeline nutzt vergangene positiv bewertete Erlebnisse zur Bewältigung von Herausforderungen in der näheren Zukunft, z.B. das Halten eines Referats, was für den Schüler angstbesetzt ist. Das Vorgehen richtet sich gezielt auf ein persönliches Ressourcen-Erleben in vergangenen Situationen. Wenn auch diese positiven Erfahrungen zurzeit nicht im bewussten Erleben präsent scheinen, so sind sie doch als neuronales Netzwerk im impliziten Gedächtnis gespeichert. Mittels der Timeline wird dieses Ressource-Erleben unmittelbar in der Gegenwart erfahrbar und in einem weiteren Schritt für zukünftige Ereignisse nutzbar gemacht. Wie für andere Methoden empfiehlt es sich für die Timeline, dieses Vorgehen in Trainingsgruppen zu üben: sowohl in der Rolle des Coachs als auch in der Rolle des Coachees. Seminarteilnehmende, welche diese Methode erfahren konnten, wissen um ihre nachhaltige Wirksamkeit.

Methodische Schritte
1. Schritt: Erläuterung und Vorbereitung
Im Dialog mit dem Coach identifiziert der Schüler eine konkrete Lernsituation, die für ihn eine aktuelle Beschwernis und Herausforderung darstellt. Der Lerncoach erläutert die Timeline-Methode als mögliches Vorgehen.

Der Lerncoach definiert die Zeitlinie im Raum und legt drei Karten im angemessenen Abstand auf den Boden. Die Karten dienen als Positionen für Zukunft, Gegenwart und Vergangenheit.

Der Stuhl, auf dem der Schüler sitzt, wird als Meta-Position bzw. als Sicherheitsstuhl bezeichnet. Auf diesen kann sich der Schüler jederzeit begeben, wenn er aus der Timeline aussteigen möchte.

Timeline

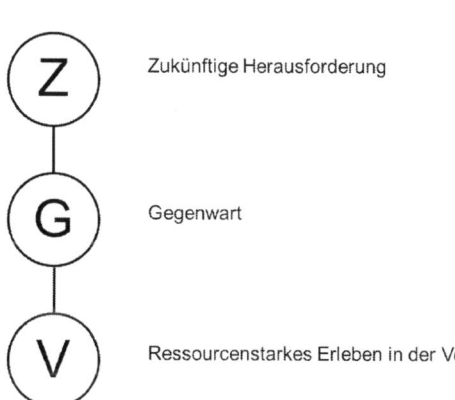

Z — Zukünftige Herausforderung

G — Gegenwart

V — Ressourcenstarkes Erleben in der Vergangenheit

2. Schritt: Identifizieren der Situationen

Der Schüler benennt möglichst konkret die zukünftige Situation, in der eine Ressource benötigt wird. Im Gespräch identifiziert er, welche Ressource ihm helfen würde. Anschließend überlegt er, wann und in welchem vergangenen Erlebnis ihm diese Kraft zur Verfügung stand.

3. Schritt: Einnehmen der Position ‚Gegenwart'

Der Coach lädt den Schüler ein, sich auf die Position ‚Gegenwart' zu stellen. Von hier aus kann er auf die zukünftige Herausforderung blicken: Stimmt der Abstand der Karten? Ist das Ziel konkret und präzise benannt?

Anschließend dreht sich der Lernende auf der Position, um damit auf das Ressourcen-Situation der Vergangenheit zu blicken. Der Coach bittet, dass der Coachee sich Zeit nimmt, um auf das positive Ereignis zu schauen und sich dann im eigenen Tempo auf diese Position zu begeben.

4. Schritt: Einnehmen der Position ‚Vergangenheit'

Ist der Coachee hier angekommen, lädt der Lerncoach zu einem Vergegenwärtigen der Ressource ein. Es geht darum, das damalige positive Ereignis im Hier und Jetzt präsent werden zu lassen (siehe auch Methode Ressource ins ‚Hier und Jetzt' holen). Der Lerncoach gibt Zeit. Dann fragt er nach weiteren guten und unterstützenden Kräften, die mit dem damaligen Erleben einhergehen. Während der Schüler diese nennt, schreibt sie der Begleiter einzeln auf Moderationskarten und legt sie um die Position ‚Vergangenheit' herum auf den Boden.

5. Schritt: Erneutes Einnehmen der Position ‚Gegenwart'

Nun lädt der Coach den Coachee ein, sich in Richtung Zukunft zu bewegen, mit einem Zwischenstopp auf der Position Gegenwart. Hier bleibt der Schüler stehen. Der Coach bittet ihn, aus dieser Position auf die Ressourcen der Vergangenheit zu schauen und sich zu entscheiden, welche davon er mit in die zukünftige und herausfordernde Situation nehmen will. Der Schüler nennt diese, der Coach sammelt die entsprechenden Karten vom Boden und überreicht sie.

6. Schritt: Einnehmen der Position ‚Zukunft'

Nun begibt sich der Coachee mit seinen Ressourcen-Karten in die Zukunft. Der Coach macht darauf aufmerksam, dies in seinem Tempo zu tun. Auf der Position Zukunft angekommen, kann der Coachee präsent werden lassen, wie er sich in dieser herausfordernden Situation mit den eigenen Ressourcen in der Hand erlebt.

7. Schritt: Meta-Position und Überprüfen des Ergebnisses

Nach dem Durchlaufen der Timeline nimmt Coachee wieder auf seinem Sicherheitsstuhl Platz. Auf dieser Meta-Position lädt ihn der Coach zu einer

Reflexion ein: Wie ist es für den Schüler gewesen? Was fehlt? Im Dialog kann gegebenenfalls eine Nachbearbeitung vorgenommen werden. Zum Abschluss bedankt sich der Coach beim Schüler für dessen Einlassen.

5. Ressourcen-Korb

Um ein Ressource-Erleben zu verstärken oder zu verstetigen, lassen sich weitere Ressourcen finden. Auf neurobiologischer Ebene vollzieht sich Erleben in aktivierten Netzwerken. Dies geschieht gemäß der Hebb'schen Regel: Zellen, die gleichzeitig feuern, verbinden sich. Ein Beispiel: Bilder lösen häufig ein bestimmtes Gefühl aus, welches wiederum mit einem spezifischen Körperempfinden verbunden ist. Diese Vernetzungen erfolgen weniger logisch-linear als vielmehr assoziativ. Im Lerncoaching lässt sich dies nutzen. Denn auf diese Weise lässt sich ein neues Erlebenselement oder ein verändertes Verhalten oder eine neue Lernstrategie gewissermaßen multicodieren und durch Ressourcen unterstützen

Es empfiehlt sich, auch Tätigkeiten miteinbeziehen bzw. kleine Gesten in das Ressourcen-Netzwerk zu integrieren. Mit Bezug auf Grawe (2004, 123 ff.) formuliert Poimann: „Das Ansprechen prozessorientierter Ressourcen weist die höchste Effektstärke in Bezug auf [...] Veränderung." (Poimann 2010, 137)

> **Leitfragen für den Ressourcen-Korb:**
> - „Was geht mit dem Erleben der Ressource auf körperlicher Ebene einher: Gibt es eine begleitende Körperempfindung? Gibt es eine Geste, die dazu passt?"
> - „Gibt es eine Tätigkeit, die Du mit Deiner Ressource in Verbindung bringst?"
> - „Gibt es ein passendes Bild oder eine Metapher: es ist wie ...?"
> - „Gibt es eine Begleitmusik oder einen begleitenden Klang?"
> - „Gibt es einen Menschen, der schon immer wusste, dass diese gute Fähigkeit, Kraft, ... in dir steckt? Welche unterstützende Worte hätte er jetzt für Dich?"
> - „Gibt es Menschen in deinem Leben, die dich zu deiner Ressource beglückwünschen? Was sagen sie dir weiterhin?"
> - „Gibt es eine Figur aus einem Film oder einem Spiel, von der du dir Unterstützung wünschen würdest? Was würde sie dir sagen?"

6. Ressourcen-Check

Gelingt es dem Lerncoachee im Dialog mit dem Lerncoach, einen Zugang zu einer inneren Ressource herzustellen, kann es vorkommen, dass ein ambivalentes oder widersprechendes Gefühl auftaucht. Solche Ambivalenzen entstehen aufgrund von emotionalen Verknüpfungen, Glaubenssätzen oder Zugehörigkeitsgefühlen, die dem Einsatz der Ressource widersprechen oder die mit Befürchtungen verbunden sind. Dies ist dem Lerncoaching-Prozess nicht abträglich, im Gegenteil: Es liegt eine wichtige Information darin. Denn mit der Ambivalenz bzw. dem Widerspruch meldet sich ein interner

Anteil, der berücksichtigt sein will und der bei Nichtbeachtung den Prozess unwillkürlich sabotieren könnte. Dieser Anteil kann auf seine Funktion hin befragt werden:

Mögliche Fragen Ressourcen-Check:
- „Welche Auswirkungen hätte ein erfolgreicher Einsatz der Ressource?"
- „Taucht bei der Vorstellung, die gefundene Ressource einzusetzen, ein ungutes oder zweischneidiges Gefühl auf?"
- „Wie lässt sich dieses benennen?"
- „Wofür trägt der Anteil Sorge?"
- „Was will er gewährleisten?"
- „Vielleicht will er etwas schützen?"
- „Wie müsste der Ressourcen-Einsatz vorgenommen werden, damit der Anteil zufriedengestellt würde?"
- „Wie könnte der Anteil gewürdigt werden?"

Kapitel 5
Lösungen

Anlässe zum Einsatz:
- Lösungswege anbahnen.
- Lösungsfokus verstärken.
- Bisherige Ergebnisse in eine Lösungsarbeit einbeziehen.
- Zielbezogene Handlungen vorbereiten.
- Umsetzungen im Alltag planen und reflektieren.
- Lösungslosigkeit aushalten.

Lerncoaching bedeutet Arbeit an Veränderungen für Lernprozesse mit dem Zweck ihrer Optimierung. Manche Lösung ergibt sich bereits durch Ergebnisse, die im Zuge einer Veränderung des inneren Erlebens erzielt worden sind (siehe Kapitel 4.2) oder durch das Entdecken und Aktivieren einer Ressource (Kapitel 4.3). In diesem Kapitel soll genauer betrachtet werden, inwieweit sich Veränderungen kategorisieren lassen, um daraus Konsequenzen für methodische Vorgehen zu ziehen.

Der Wandel kann darin bestehen, dass der Lernende in seiner aktuellen Lernsituation überhaupt Zugang zu Lösungspotentialen erhält. Sollte damit noch keine befriedigende Lösung bereit stehen, lassen sich Veränderungsresultate und Ressourcen in konkrete Lösungen einbauen. Das Potential benötigt eine Anbahnung für ein Umsetzen im Alltag.

Themen und Vorgehen:
1. Lösungen – Lösungen?
2. Nach der Sitzung ist vor der Lösung
3. Umsetzungen im Alltag
4. Lösungen erster und zweiter Ordnung

1. Lösungen – Lösungen?

In vielen Seminaren blicken die Teilnehmenden hoffnungsvoll auf das Thema ‚Lösungen' und erwarten einen Methodenkoffer, mit dem sämtliche Probleme in einem Schnellverfahren aufzulösen wären. Die Erfüllung solcher Erwartungen kommt jedoch einer Illusion gleich. Lerncoaching bietet lediglich eine ergänzende Form zur pädagogischen Arbeit und stellt keineswegs ein Allheilmittel dar.

Lehrende schildern häufig das Selbstverständnis, dem Lernenden passende Lösungen quasi auf dem Silbertablett bringen zu wollen. Dies wird vielerorts im pädagogischen Alltag von Schulen und Ausbildungsbetrieben geschildert und befindet sich als unausgesprochene Annahme in den Köpfen der Lehrenden. Es zeigt sich darin ein pädagogisches Ethos, das zu würdigen ist. Dennoch führt es häufig zu dem Resultat, dass die Lernenden die angebotenen Lösungen nicht annehmen (um es vorsichtig auszudrücken). An solchen Punkten wird ein ‚Mehr-desselben‘, d.h. noch mehr Ratschläge, nicht helfen. Es würde den Schülern nur auf die Nerven gehen und den Lehrenden noch stärker frustrieren. Es mag paradox klingen, doch es kann ein wesentlicher Bestandteil der Lösung eben darin liegen, die bisher erfolglosen Lösungsversuche loszulassen und *etwas anderes* zu probieren. Diesem Zweck kann die Arbeit im Lerncoaching dienen.

Es bleibt die Frage, was überhaupt eine Lösung sei. Elaborierte und wissenschaftlich fundierte Trainingsprogramme, wie z.B. das Zürcher Ressourcen-Modell (Storch/Krause 2007), beschreiben als notwendige Elemente von Veränderung die Klärung von Bedürfnissen und Motiven, das präzise Erarbeiten eines Ziels sowie eine ressourcengestützte Handlungsvorbereitung. Sie gemeinsam ergeben die Veränderung im Verhalten oder im Erleben des Coachees. Der Begriff ‚Lösung‘ taucht darin gar nicht prominent auf.

Leicht provokativ ließe sich formulieren: Es gibt keine Lösungen, es gibt nur Lösungsprozesse. Die Arbeit an einer individuellen Lösung lässt sich als ein Sich-vom-Problemzustand-lösen verstehen. Und solcher Prozess beginnt bereits in der ersten Phase des Coachinggesprächs. Er wird zudem unterstützt durch die unmittelbaren Beziehungserfahrungen, die der Schüler in Bezug auf seine Lernschwierigkeit mit dem Lerncoach macht. In einigen Coachings liegt die sogenannte Lösung sogar darin, dass der Lernende sich mit seiner Lernproblematik akzeptiert fühlt und sein Befinden artikulieren kann, ohne dafür bewertet zu werden.

Bereits in der ersten Phase des Gesprächs, in welcher es um das Erfassen der Lernproblematik bzw. um das Anliegen des Lernenden geht, veräußert der Lernende im unbewussten Modus Hinweise auf Ressourcen und Ausnahmen vom Problemerleben. Dies geschieht zwischen den Zeilen, in einer spontanen befreienden Geste oder in einem Aufatmen. Solche Veräußerungen sollte der Lerncoach abspeichern, um sie später wieder ins Gespräch zu bringen und für Lösungen zu nutzen.

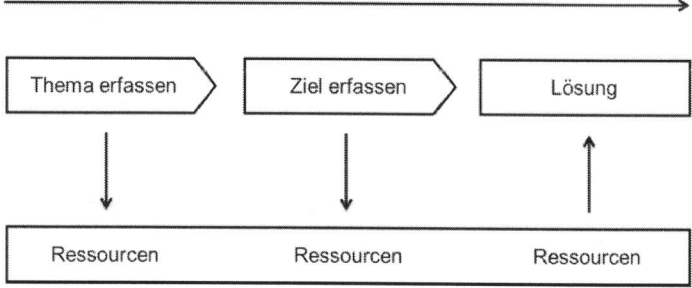

Sollte es nach dem Erfassen des Themas und des Ziels noch an Vorstellungen und Informationen für die Lösung mangeln, kann der Lerncoach den Coachee zu einem gemeinsamen Brainstorming einladen. Er leitet damit die Lösungsphase ein. Im Bewusstsein des Hypothetischen darf er dem Coachee eigene Ideen anbieten, sollte ihn aber nicht damit überschwemmen. Die Ergebnisse werden auf einzelnen Karteikarten festgehalten (bzw. in anderer Form visualisiert) und dienen als Impuls für die weitere Lösungsarbeit. Der Lernende kann diese Karten o.ä. zueinander in Beziehung setzen, sie hierarchisieren und um neue Ideen ergänzen.

So individuell Lösungsprozesse sind, so individuell wird das Auffinden von Ressourcen und das Konstruieren einer Lösung verlaufen. Der Coach wird in keinem Fall alle Faktoren erfassen können, die das augenblickliche Lernen beeinflussen. Er kann dem Lernenden nur ein Spiegel sein und Interventionen anbieten. Dementsprechend findet sich der Lerncoach auch in diesem Punkt wieder in der Rolle des Lernbegleiters. Darin ist er lediglich Ko-Konstrukteur, kein Lösungslieferant (siehe Kapitel 2.1.2 und 2.4.2). Er legt den Fokus auf die individuellen Lernprozesse des Coachees und begleitet ihn in möglichen Veränderungen. Dies bedeutet den Abschied von der Vorstellung, jedem Schüler die Hunderprozent-Lösung auftischen zu wollen, zu müssen bzw. zu können – was allerdings auch ein gutes Stück Erleichterung bringen kann.

2. Nach der Sitzung ist vor der Lösung

Die Lösung findet nicht als Erweckungserlebnis in der Coaching-Sitzung statt. Hier mögen Gefühle artikuliert, wichtige Erkenntnisse erarbeitet, ein Zugang zu den eigenen Gestaltungskräften hergestellt und Lösungen angebahnt werden – all dies hat seine eigene Wertigkeit und Wichtigkeit. Das Entscheidende aber geschieht nach bzw. zwischen den Sitzungen. Denn erst dann zeigen sich die Auswirkungen der Coaching-Arbeit.

In vielen Fällen befördert das Coaching kleine ‚Aha'-Erlebnisse, Perspektivänderungen, Informationen oder Lösungselemente zutage, die zu

Unterschieden im inneren Erleben und damit zur Anbahnung einer Lösung führen. Sie müssen erst im Alltag erprobt werden. Die Ergebnisse dieser Erprobung können dann in einer weiteren Sitzung bzw. in Eigenregie des Schülers für eine Präzisierung einer möglichen Lösung genutzt werden.

Deshalb schmälert es nicht den Wert des Coachings, wenn ein Sitzungsresultat sich nicht sofort erfolgreich umsetzen lässt oder der Schüler eine zunächst unbefriedigende Erfahrung macht. Diese können *Bestandteil* der Lösung sein, denn sie bringen Informationen hervor, die in der bisherigen Zusammenarbeit von Coach und Coachee noch keine Beachtung gefunden hatten. Die Herausforderung für den Lerncoach besteht darin, Momente oder auch Phasen von Lösungslosigkeit auszuhalten und Gelassenheit walten zu lassen. In mancher Situation mag dies dem Coach schwerer fallen als dem Schüler. Es geht daher auch um ein Vertrauen in die selbstorganisatorischen Prozesse des Lernenden und um die Öffnung eines Möglichkeitsraums.

3. Umsetzungen im Alltag

Nun wäre es naiv anzunehmen, dass in jedem Lerncoaching nur ein Gespräch geführt würde und schon wäre der Lerncoachee in der Lage, eine entsprechende Handlung auszuführen oder mit seiner Lernblockade umzugehen. Einige Sitzungen bereiten dem Coachee ein Verstanden-sein oder eine Neubetrachtung seines Lernthemas. Sie können unmittelbar als Initialzündung wirken oder sie entfalten erst auf lange Sicht ihre Wirkung und bringen eine Veränderung voran. In solch einem Fall lassen sie sich kaum steuern und benötigen Entfaltungsraum.

In den meisten Lösungsprozessen sind kleine Schritte vonnöten oder kleine Unterschiede, die in Erlebensmuster eingebaut und allmählich ausgeweitet werden. „Praktisch immer ist es vorzuziehen, sich auf die Entwicklung nächster kleiner Schritte […] zu konzentrieren. Dadurch wird gewährleistet, dass die Beteiligten schneller wieder ein hilfreiches Erleben von Kompetenz entwickeln; denn Kompetenz ist nicht statisch, sondern wird immer dann erlebt, wenn die gestellten Aufgaben mit den gerade subjektiv erlebten Fähigkeiten auch bewältigt werden können." (Schmidt 2007, 113) In anderen Fällen braucht das Lösungshandeln eine Anbahnung bzw. einen kleinen Umsetzungsplan. Dieser stellt dann in den Herausforderungen des Alltags eine Art Geländer, an dem sich der Lernende festhalten und daran entlang bewegen kann.

Lösungsschritte

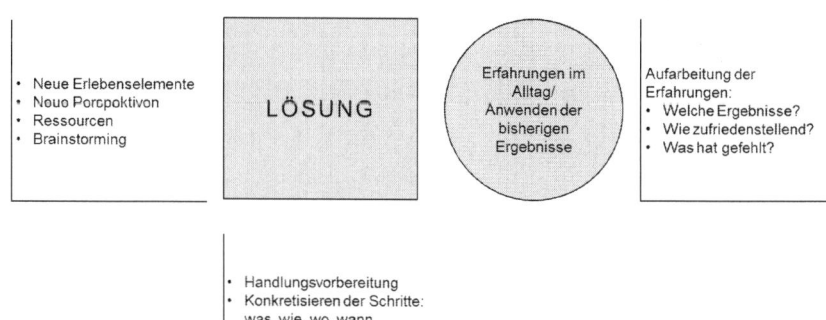

Zur Umsetzung von Lösungselementen im Alltag empfehlen sich drei Schritte:

1. Handlungsvorbereitung
2. Anwenden der Ergebnisse in der Lernsituation, d. h. außerhalb des Coachings
3. Aufarbeiten der Erfahrungen

1. Schritt: Handlungsvorbereitung

Das Vorbereiten der Lösungshandlung bezieht sich auf das Ziel. Alle Lösungselemente sollten also auf ihre Zieldienlichkeit geprüft werden. Des Weiteren integriert die Handlungsvorbereitung die passenden Lösungselemente bzw. die Unterschiede zum Problemerleben, welche im bisherigen Coachingverlauf erarbeitet oder entdeckt worden sind. Zum Beispiel lassen sich entdeckte Ressourcen in ein konkretes Handlungsmuster einbauen. Förderlich ist das Einbeziehen konkreter Tätigkeiten oder das Mitgeben von Verhaltensaufgaben, denn prozessorientierte Ressourcen verfügen über einen hohen Wirkungsgrad.

Die wesentlichen Aspekte der Handlungsvorbereitung liegen

- einerseits im Transferieren der Ressourcen und Lösungselemente in den Alltag bzw. in die Problemsituation,
- andererseits in einer Operationalisierung der Handlung bzw. des Lösungsvorgehens.

Wenn-dann-Situationen. Nachdem der Lerncoach mit dem Schüler konkrete Schritte für dessen Lösungshandeln erarbeitet hat, kann die Handlungsvorbereitung auf eventuelle Anfälligkeiten geprüft werden. Der Coach kündigt dies an und erläutert den Sinn: Es geht darum, dem Schüler noch mehr Sicherheit zu geben und ihn noch besser für die herausfordernde Situation zu wappnen.

Der Coach denkt laut über Wenn-dann-Situationen nach. Er fragt den Schüler nach Auswirkungen in dessen Erleben: „Wenn Du am nächsten Mittwoch zwischen 15.00 Uhr und 15.30 Uhr die Englisch-Vokabeln des aktuellen Kapitels lernen wirst, und es kommen drei SMS von Deiner Freundin – was dann?" Dieses Vorgehen will nicht-planbare Ereignisse berücksichtigen und einen Umgang mit impulsiven Verhaltensweisen herstellen. Der Schüler kann für solche Situationen ‚Stopp-Signale' festlegen, um nicht Ablenkungen oder ähnlichem zu erliegen. Auch in diesem Zusammenhang empfiehlt sich ein zielbezogenes Einbauen bisheriger Ressourcen, als da wären unterstützende Imaginationen oder Elemente der Körperkoordination (Kapitel 4.2), z.B. bestimmte Körperhaltungen, Bewegungen, Gestiken oder Atemmuster.

2. Schritt: Anwenden der Ergebnisse in der Situation

Nach der Handlungsvorbereitung kann der Lerncoachee nun in die Erfahrung gehen. Die Ergebnisse bzw. die Lösungselemente, die im Lerncoaching erarbeitet worden sind, werden außerhalb des Coachings im Alltag erprobt. Dabei kommt es weniger darauf an, dass sie zum großen Erfolg führen, sondern vielmehr, dass sie Unterschiede zum bisherigen Problemerleben herstellen. Auf der Ebene prozesshafter Veränderung gibt es kein Versagen, sondern nur ein Gewinnen von Information. Es ist günstig, wenn der Coach solche Sichtweise dem Coachee mit auf den Weg gegeben hat.

Seine Erfahrungen kann der Coachee in einer nächsten Lerncoaching-Sitzung reflektieren. Sollte im Vorfeld bereits feststehen, dass eine Folgesitzung aus diversen Gründen nicht möglich ist, kann der Coach dem Coachee ein Arbeitsblatt zur Selbstreflexion oder eine ähnliche Möglichkeit zur Nachbereitung an die Hand geben.

3. Schritt: Aufarbeiten der Erfahrungen

Nach der Erfahrung folgt eine Reflexion bzw. eine Bearbeitung. In den meisten Fällen führt die Anwendung der Lösungselemente zu Teillösungen, manchmal auch zu neuen Problemen. Dies bedeutet jedoch nur, dass wichtige Faktoren noch nicht berücksichtigt worden sind. In diesem Licht sollte die neu gewonnene Information betrachtet und in Folge verarbeitet werden. Jedes ‚Scheitern' birgt Hinweise auf ein weiteres Optimieren der Lernprozesse.

Mögliche Fragen:
- „Inwieweit haben die bisherigen Lösungsergebnisse unterstützend gewirkt?"
- „Worin hat sich die letzte Sitzung vielleicht schon bemerkbar gemacht?"
- „Gab es bereits Unterschiede, die bedeutsam waren?"
- „Welche Erfahrungen wurden gesammelt?"
- „Wie zufriedenstellend konnten die Lösungselemente eingesetzt werden?"
- „Was hat geklappt?"
- „Was hat nicht geklappt?"
- „Gab es Stolpersteine?"
- „Woran können diese festgestellt werden?"
- „Was hat noch gefehlt?"
- „Tauchten Motivationslöcher auf?"

4. Lösungen erster und zweiter Ordnung

Jegliche Lösungsarbeit sollte daraufhin betrachtet werden, auf welcher Ebene von Veränderungen sie sich vollzieht bzw. welche Ebene sie anspricht. In einigen Fällen reicht schon ein kleines Mehr-desselben aus, um Lernprozesse zu unterstützen oder auch zu ändern. Es mögen Veränderungen in Tätigkeiten sein, die der Lernende leicht vornehmen kann. Manches Mal fehlt lediglich eine Lernstrategie, die der Schüler bereitwillig aufnimmt und leicht umsetzen kann. All dies sind Lösungen, die sich aus einer Veränderung ergeben, die auf derselben Ebene vorgenommen wird, auf der sich auch das Problem befindet. In anderen Fällen braucht es zur Lösung ein Abrücken von der inhaltlichen Ebene des Problems. Solches Vorgehen findet sich im Initiieren einer Veränderung im inneren Erleben des Coachees, z.B. durch das Erarbeiten eines neuen Musterelements oder einer Ressource.

Es schafft Klarheit im methodischen Vorgehen, wenn der Lerncoach ein Bewusstsein darüber hat, ob eine Veränderung der ersten Ordnung überhaupt möglich ist. Hypothesen darüber, auf welche Ebene möglicher Veränderung er sich im Dialog mit dem Schüler bewegt, verhelfen dem Coach zur Klärung.

Lösungen erster Ordnung. Lösungen erster Ordnung sind die Lösungen, die tagtäglich ihre Anwendung finden. Zum Beispiel: Ein Schüler hat aufgrund von Krankheit Unterrichtsinhalte versäumt. Da in Kürze eine Klausur ansteht, hat er nun das Problem, sich möglichst schnell die verpassten Inhalte anzueignen. Er überlegt sich, einen Mitschüler anzusprechen, der zwar kein naher Freund ist, mit dem er sich aber versteht und der fachlich gut aufgestellt ist. Der Schüler vereinbart ein Treffen an einem günstigen Arbeitsort und richtet sich ein Zeitfenster ein, in dem er das Nachgeholte in Ruhe repetieren kann. Dies ist eine klassische Lösung erster Ordnung. Abstrakt ausgedrückt: Solche Art von Lösungen bewegt sich innerhalb einer Klasse von Elementen. Auf der Verhaltensebene hat der Schüler etwas versäumt und legt nun weiteres Verhalten an den Tag, um das Versäumte nachzuholen.

In einigen Fällen führen die Lösungen erster Ordnung jedoch nicht zum gewünschten Ergebnis. Werden sie dann beibehalten, verstärken sie das Problemerleben. Denn mit jedem gescheiterten Lösungsversuch wächst die Frustration, und es entsteht der Eindruck, das Problem sei nicht zu lösen. Dies führt wiederum zu stärkerer Frustration usw. – was dann in einen Teufelskreis mündet. Es zeigt sich z. B. in dem Ratschlag für einen Schüler, der unter einer Konzentrationsschwierigkeit leidet, sich einfach mehr zu konzentrieren. „Eine der landläufigen Irrtümer über das Wesen des Wandels ist die naive Annahme, dass die Herbeiführung des Gegenteils dessen, was geändert werden muss, die Lösung darstellt." (Watzlawick/Weakland/Fish 2009, 38)

Ähnliches lässt sich von analytischen Vorgehen oder den berühmt-berüchtigten „Warum"-Fragen sagen. Denn Problemelemente wie auch Lösungselemente bilden jeweilig eine Klasse für sich und sind voneinander zu unterscheiden (Watzlawick/Weakland/Fish 2009). Eine genaue Kenntnis des Problems führt daher nicht zwangsläufig zur Lösung. Doch häufig wird die Erklärung für ein Problem mit dessen Lösung verwechselt.

Lösung zweiter Ordnung

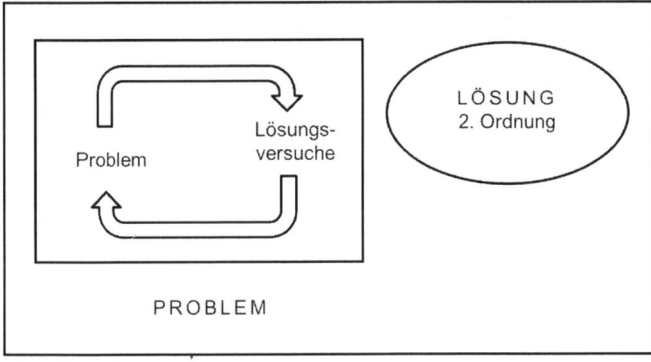

Lösungen zweiter Ordnung. Solange der Lerncoach an den Inhalten des Problemerlebens klebt, tut er es dem Lerncoachee gleich. In solcher Situation bleibt er quasi vom Problem ‚hypnotisiert'. Einen möglichen Ausstieg bietet die Lösung zweiter Ordnung. Sie entsteht „im Heraustreten aus dem Rahmen, sie kann nicht in sich selbst enthalten sein" (Watzlawick/Weakland/Fish 2009, 44). Dies verlagert den Schwerpunkt der Arbeit: Es wird nicht an den Inhalten gearbeitet, sondern an Strukturen und Mustern des Erlebens. Mit Blick auf die beraterische Praxis haben Paul Watzlawick, John H. Weakland und Richard Fish die Lösungen zweiter Ordnung anhand folgender Charakteristika dargestellt:

„1. Lösungen zweiter Ordnung werden auf Lösungen erster Ordnung angewandt, wo diese nicht nur keine Lösung herbeiführen, sondern selbst das zu lösende Problem sind.
2. Während Lösungen erster Ordnung sich meist auf ‚gesunden Menschenverstand' gründen (zum Beispiel auf das ‚mehr desselben'-Rezept), scheinen Lösungen zweiter Ordnung häufig absurd, unerwartet und vernunftswidrig; sie sind ihrem Wesen nach überraschend und paradox.
3. Dass Lösungen zweiter Ordnung sich auf problemerzeugende Pseudolösungen beziehen, bedeutet ferner, dass damit die zu lösenden Probleme jetzt und hier angegangen werden. Was dabei verändert wird, sind die Wirkungen und nicht die vermeintlichen Ursachen der betreffenden Situation; die entscheidende Frage ist daher ‚was?' und nicht ‚warum?'.
4. Lösungen zweiter Ordnung heben die zu lösende Situation aus dem paradoxen, selbstrückbezüglichen Teufelskreis heraus, in den sie die bisherigen Lösungsversuche geführt haben, und stellen sie in einen neuen, weiteren Rahmen." (Watzlawick/Weakland/Fish 2009, 105)

Kapitel 6
Lernstrategien

Anlässe zum Einsatz:
- Mit dem Lernenden eine passende Lernstrategie finden.
- Individuelles Lernen in konkrete Schritte einteilen.
- Dem Lernenden konkrete Lernwege anbieten.
- Bereits vorhandene Strategien im Erfahrungsschatz des Lernenden entdecken.
- Lernstrategien konstruieren.

Im Kontext von Lerncoaching wird davon ausgegangen, dass die Lösung im Lernenden liegt (was in den vorhergehenden Kapiteln immer wieder betont worden ist). Dies prägt die innere Haltung des Coachs gegenüber dem Coachee. Der Dialog zwischen beiden bringt mögliche Lösungswege hervor. Diese Grundsätze finden in der Arbeit mit Lernstrategien eine Ergänzung: Entsprechend der Lernschwierigkeit kann der Lerncoach konkrete Strategien vorschlagen, bisweilen sogar direktiv vorgeben. Voraussetzung ist, dass er sich in der Rolle des ,Realitätenkellners' (Kapitel 1) bewegt und sich seines Vorgehens bewusst ist. Solche Arbeit mit Lernstrategien stellt eine Veränderung erster Ordnung dar (siehe Kapitel 5): Wenn der Schüler tatsächlich ,nur' eine Lernstrategie sucht oder verbessern will, wird ein Finden der Strategie auch die Lösung sein. Voraussetzung ist die kooperative Ebene zwischen Coach und Coachee, sie stellt die Basis für das Gespräch. Der Schüler ist und bleibt Experte für sein eigenes Lernen.

Lernstrategien und subjektiver Bezugsrahmen
Der Arbeit mit Lernstrategien im Lerncoaching sollte ein Erfassen des Themas sowie das präzise Benennen eines Ziels vorausgehen. Mögliche emotionale Ladungen des Lernenden sollten weitestgehend artikuliert sein. Eine Lernstrategie hilft wenig, wenn der Schüler auf Gefühlen, z.B. von Angst oder Enttäuschung, sitzt. Daher empfiehlt sich ein präzises Andocken an den subjektiven Bezugsrahmen, wie es u.a. im Kapitel 4.1 über die *Zugänge zum inneren Erleben* beschrieben worden ist.

Als Lernstrategien gelten „jene Verhaltensweisen und Gedanken, die Lernende aktivieren, um ihre Motivation und den Prozess des Wissenserwerbs zu beeinflussen und zu steuern." (Friedrich/Mandl 2006, 1) Daher sollten Lernstrategien immer im Zusammenhang mit Prozessen des selbstgesteuerten Lernens gesehen werden. Wenn der Schüler in die Konsumenten-Haltung geht und vom Coach eine für ihn hundertprozentig passende Lernstrategie auf dem Silbertablett serviert bekommen möchte (und der Lerncoach versucht, diesem Wunsch nachzukommen), wird diese Strategie mit äußerster Wahrscheinlichkeit nicht nachhaltig sein oder sogar in eine Sackgasse führen. Wenn andererseits der Coach dem Lernenden eine Lernstrategie als Ratschlag vorgibt, ist es ebenso wahrscheinlich, dass sie erfolglos bleibt.

Rahmen für den Einsatz von Lernstrategien

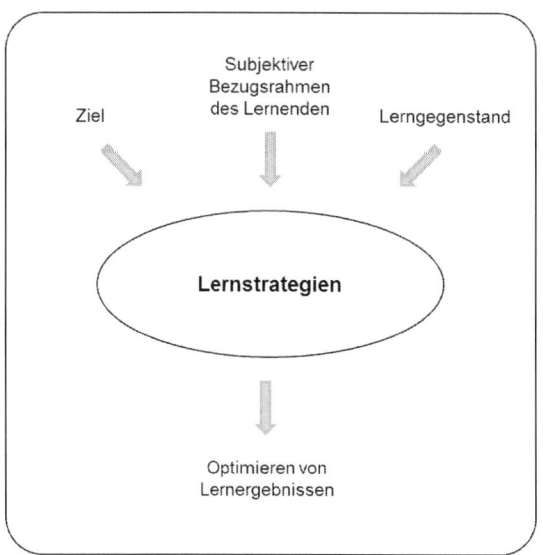

Das ‚Lernen lernen' wird in diversen Schulformen bereits als Teil des Unterrichts eingesetzt, allerdings nicht immer zur Freude der Schüler. Denn als reiner Methodenkoffer kann dies an dem Lernenden und seinen individuellen Lernprozessen vorbei gehen: „Möglicherweise setzen viele Lerner bestimmte Lernstrategien qualitativ schlecht ein und erzielen deshalb nicht die gewünschten Lernergebnisse." (Leutner/Leopold 2006, 165)

Lerncoaching richtet den Blick auf einen passgenauen Einsatz von Lernstrategien. Hier kann der subjektive Bezugsrahmen des Individuums, mithin seiner individuellen Anliegen und Ziele, berücksichtigt werden. Auf solcher Art wird die Wahrscheinlichkeit eines erfolgreichen Einsatzes von Lernstrategien erhöht. Denn es ist förderlich „wenn man Lernenden nicht nur einzelne Lernstrategien […] vermittelt, sondern sie gleichzeitig dazu befähigt, diese Strategien auch qualitativ gut und richtig, d.h. zielführend einzusetzen." (Leutner/Leopold 2006, 165)

Leitfragen zum Erarbeiten von Lernstrategien
- Wie gehst Du in Deinem Lernen vor?
- Wie planst Du Dein Lernen?
- Welche Ziele legst Du für Dein Lernen fest?
- Wie prüfst Du, ob und inwieweit Dir Dein Vorgehen nützt?
- Wendest Du bereits Strategien oder Lerntechniken an?

Kategorien Lernstrategien

Die nachfolgend genannten Kategorien nebst Unterpunkte sind als Check-Listen zu verstehen, mit denen der Lerncoach arbeiten kann. Er kann sie als diagnostisches Mittel nehmen oder sie dem Lernenden vorlegen, um mit ihm darüber in den Dialog zu gehen. Die Kategorien beziehen sich auf drei Quellen: erstens das Handbuch Lernstrategien von Mandl und Friedrich (2006), zweitens den Fragebogen von Wild und Schiefele (1994) und drittens die von Pierre-Yves Martin (2012) überarbeitete Fassung des Fragebogens von Wild und Schiefele. In diesen Quellen werden genannt:
- Kognitive Lernstrategien: Elaborationsstrategien, Organisationsstrategien/Strukturierung, Wissensnutzungsstrategien;
- Metakognitive Lernstrategien: Selbstkontroll- und Selbstregulationsstrategien;
- Motivations- und Emotionsstrategien;
- Strategien für kooperatives Lernen;
- Nutzung von Ressourcen.

Die einzelnen Kategorien sind nicht scharf voneinander zu trennen. Sie dienen der groben Orientierung. Wenn sich im Gespräch zwischen Coach und Coachee bereits eine Kategorie als wichtig bzw. förderlich erweist, ist es sinnvoll, diesen Strang zu verfolgen. Dadurch werden andere Aspekte zwangsläufig ausgeblendet. Solches Ausblenden soll durch die Überschneidungen in den Beispielen gemildert werden.

6.1 Übersicht Lernstrategien

Wenn sich im Lerncoaching-Gespräch abzeichnet, dass das Finden einer Lernstrategie das zentrale Thema für den Schüler ist, richtet der Coach das weitere Vorgehen danach aus. Zwecks einer ersten Orientierung legt der Lerncoach dem Schüler zunächst eine beispielhafte Übersicht an Anlässen für Lernstrategien vor und achtet auf dessen nonverbale Veräußerungen.

Beispiel	Unterstützende Kategorie
„Ich habe das Gefühl, dass ich nur Einzel-heiten lerne, die ich nicht verbinden kann."	Elaborationsstrategien
„Ich weiß nicht, wie ich mich organisieren soll."	Organisationsstrategien, Strukturierung
„Ich weiß nicht, was mir beim Lernen hilft."	Lernwissen aufbauen und erweitern
„Ich weiß nicht, wie ich am besten lerne."	Wissen über das eigene Lernen erlangen
„Ich habe so wenig Lust zu lernen."	Volitionsstrategien
„Ich finde es blöd zu lernen."	(Selbst-)Belohnungsstrategien
„Ich schaffe das nicht."	Positive Selbstzuschreibungen und leistungswirksame Attribution
„Ich mag es nicht, allein zu lernen."	Strategien für kooperatives Lernen
„Ich lerne so drauf los und kann irgendwann nicht mehr."	Nutzung von internalen Ressourcen
„Ich kann an meinem Tisch nicht gut lernen."	Nutzung von raum- und zeitbezogenen Ressourcen

In dieser Übersicht schaut der Schüler nach einem Beispiel, das ihn am stärksten anspricht. Dies nimmt der Lerncoach als Hinweis, dem Coachee eine entsprechende Kategorie von Lernstrategien vorzulegen, wie sie in den nachfolgenden Tabellen dargestellt sind. Im weiteren Dialog kann eine passende Strategie konkreter gefasst werden.

6.1.1 Kognitive Lernstrategien

a) Elaborationsstrategien

Nr.	Beispiele
1	Sehe ich Bezugspunkte zu anderen Fächern/Themen?
2	Der Lerninhalt erinnert mich an … Ich kann ihn auf meine eigene Erfahrungen beziehen.
3	Ich kann folgendes Vorwissen aktivieren …
4	Ich denke mir konkrete Beispiele zu dem Inhalt aus.
5	Ich stelle mir den Lerninhalt bildhaft vor.
6	Ich mache mir Notizen.
7	Ich stelle mir selbst Fragen zu den Lerninhalten.
8	Ich hinterfrage die Inhalte und überlege mir andere Sichtweisen.

b) Organisationsstrategien/Strukturierung

Nr.	Beispiele
1	Ich lege mir grafische Übersichten an, z. B. Mind Maps.
2	Ich fasse Texte zusammen.
3	Ich nehme Wiederholungen vor, indem ich ...
4	... meine Übersichten immer wieder betrachte.
5	... meine Zusammenfassungen immer wieder durchlese.
6	... Schlüsselbegriffe auswendig lerne.
7	... einen Textabschnitt durchlese und danach laut ausspreche, was ich eben gelesen habe.
8	Ich lege mir Schemata an und ordne ihnen das eben Gelernte zu.
9	Ich erinnere mich mittels Schemata, grafische Übersichten oder Textzusammenfassungen an Lerninhalte.
10	Ich ordne meine Lernmaterialien und halte sie zusammen.
11	Ich bereite mein Lernen vor, indem ich alle notwendigen Materialien zur Hand habe.

6.1.2 Metakognitive Lernstrategien: Selbstkontroll- und Selbstregulationsstrategien

a) Lernwissen aufbauen und erweitern

Nr.	Beispiele
1	Ich hole mir Informationen darüber, wie das Gedächtnis funktioniert.
2	Ich frage gute Lerner, wie sie lernen und übernehme einiges davon.
3	Ich informiere mich über Lerntechniken und -strategien.
4	Ich experimentiere mit verschiedenen Lerntechniken und entscheide mich für die, die gut für mich sind.
5	Ich befrage andere Menschen, was ihnen beim Lernen hilft.
6	Wenn ich etwas über erfolgreiches Lernen erfahre, notiere ich es mir und probiere es aus.

b) Wissen über das eigene Lernen erlangen

Nr.	Beispiele
1	Ich beobachte mich beim Lernen immer wieder selbst.
2	Ich halte eine Situation, in der ich gut gelernt habe, in einem Lerntagebuch oder Lernheft fest. Ich schreibe Details dazu auf.
3	Ich frage mich, wie ich bei einer gewissen Aufgabe vorgehe, und erstelle einen Plan.
4	Ich achte darauf, wie es gelingt, meinem Plan zu folgen.
5	Ich beobachte mein inneres Erleben beim Lernen und merke mir, wann angenehme Gefühle, Bilder oder ähnliches auftauchen.
6	Ich achte auf mögliche Körperempfindungen beim Lernen.

6.1.3 Motivations- und Emotionsstrategien

a) Volitionsstrategien

Nr.	Beispiele
1	Ich achte darauf, wann ich lustlos bin. Ich überwinde mich und lerne dann noch ein Stück mehr.
2	Ich überlege mir ein alternatives Vorgehen, wenn es nicht gut vorangeht.
3	Ich spreche mit Freunden oder Verwandten ab, dass sie mich unterstützen, wenn ich schlecht vorankomme oder in einem Tief hänge.
4	Ich achte darauf, gemäß meinem eigenen Kräftehaushalt zu lernen.
5	Wenn ich ein Motivationstief habe, erinnere ich mich an meine langfristigen Ziele oder an grundlegende Werte, die mich motivieren.
6	Es fühlt sich gut an, mich selbst überwunden zu haben.

b) (Selbst-)Belohnungsstrategien

Nr.	Beispiele
1	Wenn ich mein Lern- oder Tagesziel erreicht habe, belohne ich mich selbst mit etwas Kleinem.
2	Wenn ich eine größere Arbeit erfolgreich bewältigt habe, lasse ich mir etwas schenken.
3	Ich finde eine Lerntätigkeit oder einen Lerninhalt, die bzw. der mir Freude bereitet.
4	Ich lobe mich selbst, wenn ich etwas gut und gründlich gelernt habe.
5	Ich belohne mich mit kleinen Pausen.
6	Ich suche mir jemanden, der mich für mein Lernen lobt.

c) Positive Selbstzuschreibungen und leistungswirksame Attribution

Nr.	Beispiele
1	Wenn ich mich gut fühle, beginne ich mit den Lerninhalten, auf die ich weniger Lust habe und widme mich danach den Inhalten, die mir leichter fallen.
2	Ich mache mir klar, was ich erreicht und was ich bewältigt habe.
3	Wenn ich die Wahl habe, nehme ich mir Aufgaben vor, von denen ich meine, sie gut bewältigen zu können.
4	Ich betrachte das Erreichte und sage mir: „Gut, das habe ich geschafft!"
5	Bei Misserfolgen sage ich mir, dass ich beim nächsten Mal etwas besser machen kann und lege dies genau fest.
6	Ich halte mir vor Augen, dass Fehler zum Lernen dazu gehören und dass ich aus ihnen lernen kann.
7	Es ist ein gutes Gefühl, etwas erreicht zu haben.

6.1.4 Strategien für kooperatives Lernen

Nr.	Beispiele
1	Ich löse Aufgaben und lerne gemeinsam mit anderen Lernenden.
2	Diese Mitlerner müssen keine besten Freunde von mir sein, sondern die Arbeit mit ihnen sollte meinem Lernen förderlich sein.
3	Ich nehme mir Zeit, um mit den Anderen über meine Lernergebnisse zu sprechen.
4	Bei Lerninhalten, die ich noch nicht verstanden habe, frage ich nach.
5	Ich vergleiche meine grafischen Übersichten oder Textzusammenfassungen mit denen meiner Mitlerner.
6	Ich lasse mich von meinen Mitlernern abfragen.
7	Wir schauen auf unsere Art des gemeinsamen Lernens und achten darauf, dass es uns dienlich ist.

6.1.5 Nutzung von Ressourcen

a) Nutzung von internalen Ressourcen

Nr.	Beispiele
1	Wenn sich meine Konzentration verringert, mache ich eine kurze Pause von fünf Minuten.
2	Ich bewege mich beim Lernen, z. B. kurzes Aufstehen, Sich-recken etc.
3	Ich trinke beim Lernen regelmäßig Wasser oder Saft.
4	Ich sorge für frische Luft.
5	Nach dem Lernen gehe ich Sport treiben.
6	Ich achte auf mein inneres Erleben beim Lernen.
7	Ich erinnere mich an positive Lernerfahrungen.
8	Ich achte auf meine Körperhaltung beim Lernen.
9	Wenn ich innere Zweifel oder ähnliches verspüre, benenne ich sie und stelle mir dann etwas Positives vor.

b) Nutzung von raum- und zeitbezogenen Ressourcen

Nr.	Beispiele
1	Ich lerne an einem Ort, wo ich mich gut konzentrieren kann.
2	Ich gestalte meine Lernumgebung so, dass es meinem Lernen förderlich ist.
3	Mein Arbeitsplatz ist so gestaltet, das ich alles Notwendige schnell finden kann.
4	Ich teile mir meine Zeit ein, indem ich festlege, was ich in welchem Zeitfenster lernen oder vorbereiten will.
5	Ich lege fest, wieweit ich mit meinem Lernen kommen möchte.
6	Ich achte darauf, dass ich meinen Zeitplan realistisch gestalte und Pausen einkalkuliere.
7	Wenn ich mit meinem Lernen aufhöre, notiere ich mir kurz, was ich am nächsten Tag vornehmen werde.

6.2 Zur Konstruktion von Lernstrategien

Individualisiertes Lernen geht davon aus, dass jedes menschliche Individuum auf einzigartiger Art und Weise lernt. Konkret wird dies beim Konstruieren von Lernstrategien. Lernen vollzieht sich in Prozessen von Selbstorganisation. Darin spielen persönliche Lernintelligenzen und Präferenzen, sowie Repräsentationstypen und Elemente internalen Erlebens eine erhebliche Rolle.

Das Konstruieren von Lernstrategien knüpft an Methoden an, wie sie in den Kapiteln *Zugänge zum inneren Erleben* (Kapitel 4.1) und *Veränderung des inneren Erlebens* (Kapitel 4.2) dargestellt worden sind. Und es lassen sich Versatzstücke aus sämtlichen in Kapitel 6.1 genannten Kategorien integrieren. Bisweilen eignen sie sich auch als Startpunkt, von dem aus dann eine individuelle Strategie gebaut werden kann.

Dieses Vorgehen schlägt drei Schritte vor:
1. Bestandsaufnahme,
2. Konstruktion bzw. Neukonstruktion auf der Basis des inneren Erlebens,
3. Probehandeln und gegebenenfalls erneutes Konstruieren.

Methodisches Vorgehen
1. Schritt: Bestandsaufnahme
Durch Verfahren wie *Lernerlebnis konkret beschreiben* (Kapitel 4.1) lassen sich die internalen Elemente des Erlebens erfassen. Repräsentationen (VAKOG, siehe Kapitel 4.3: *Ressource ins 'Hier und Jetzt' holen*) können erfragt werden. Ein Beachten der idiolektischen Äußerungen (z.B. Gesten, Metaphern, siehe Kapitel 2.4.3) des Lerncoachees bringt weitere Informationen über dessen intrapsychische Vorgänge beim Lernen.

Je präziser der Lerncoach auf das innere Erleben beim Lerncoachee eingeht, desto klarer lassen sich dessen Lernvorgänge bzw. Lernstörungen herausarbeiten. Der Lernmodus wird im Detail rekonstruiert. Dies sollte immer im Dialog mit dem Lerncoachee und seinen nonverbalen Äußerungen geschehen.

1.1 Wozu soll die Lernstrategie dienen?
Das Konstruieren von Lernstrategien lässt sich einsetzen:

- Zum Optimieren des Lernens – wann, wo und in welchem Zusammenhang erlebt der Lerncoachee sein Lernen als leicht und effektiv?
- Zur Bearbeitung von Lernstörungen oder Lernblockaden – wann, wo und in welchem Zusammenhang erlebt der Lerncoachee sein Lernen als schwer oder sogar als nicht möglich?

1.2 Fragen zum präzisen Erfassen:

- Geht es um eine problematische Lernsituation oder eher um einen problematischen Lernstoff?
- Wann und wo taucht dies auf?
- Ist eine Lernstrategie (in Teilen) bereits vorhanden?
- Was sind die konkreten Erlebenselemente?
- Wie lassen sie sich benennen?
- In welcher zeitlichen Abfolge stehen sie zueinander?
- Geht mit ihnen ein räumliches Erleben einher?
- Lassen sich Kriterien des inneren Erlebens feststellen: strukturiert oder bildhaft-fließend, willkürlich oder unwillkürlich?

1.3 Visualisierung:
Als letzter Schritt in der Bestandsaufnahme bzw. im weiteren Verlauf werden die Elemente und ihre Relation zueinander visualisiert, z.B. anhand einzelner Karteikarten oder auf einem Papier in großzügigem Format (damit später Änderungen ebenfalls visualisiert werden können).

2. Schritt: Konstruktion bzw. Neukonstruktion
auf der Basis des inneren Erlebens
2.1 Neuzusammensetzung:
Einzelne Elemente, die der Lerncoachee als angenehm oder dem Lernen förderlich empfindet oder die ihm bereits Erfolge beschert haben, werden gesammelt. Dann werden sie in eine Abfolge gebracht. So können z.B. die visualisierten Elemente immer wieder neu gruppiert werden – solange, bis der Schüler eine spontane, deutlich positive nonverbale oder verbale Äußerung zeigt.

2.2 Unterschiedsbildung:
Mit dem Bilden von Unterschieden kann dem Lernenden erfahrbar gemacht werden, dass auch kleinste Veränderungen eine Auswirkung haben. Erneut geht es darum, dass der Lerncoachee aus seinem unmittelbaren Empfinden heraus feststellen kann, was seinem Lernen förderlich ist.

An die Bestandsaufnahme anknüpfend werden einzelne Erlebenselemente in ihren Submodalitäten verändert (Größe, Farbe, Klang, Bewegung etc.). Dies wird auf imaginativer Ebene vorgenommen. Beispiel: Der Schüler nannte während der Bestandsaufnahme die zornige und laute Stimme seines Vaters, die ihm beim Lernen immer wieder in den Sinn kommt und ihn Druck empfinden lässt. Ein Angebot zur Unterschiedsbildung könnte lauten: „Während Du in Deinem inneren Erleben die Stimme Deines Vaters hörst, könnte es Dir vielleicht möglich sein, die Lautstärke zu verändern … oder den Klang der Stimme … Würde dies einen Unterschied machen?"

Eine weitere Möglichkeit, auf Unterschiede hinzuarbeiten, besteht darin, in der zeitlichen Abfolge oder räumlichen Bezogenheit Elemente hinzuzufügen oder zu entfernen. Weiterhin kann es Sinn machen, sie neu anzuordnen, zu komponieren, zu choreographieren etc.

Die Stimmigkeit der Neuzusammensetzung einzelner Erlebenselemente lässt sich mit Skalierungsfragen oder auch mit einer Unterschiedsbildung erfassen und für den Lerncoachee erlebbar machen:

„Wenn Du vor Deiner neuen Lernstrategie bei einer 2 gelegen hast, wo befindest Du Dich auf der Skalierung jetzt?"

Oder allgemeiner:

„Ist es jetzt, nachdem Du Deine Lernstrategie gebaut hast, eher besser/schlechter/gleich/anders?"

3. Schritt: Probehandeln und gegebenenfalls erneutes Konstruieren
Nun gilt es, die Lernstrategie im Alltag oder – wenn Zeit zur Verfügung steht – in der Lerncoaching-Sitzung zu erproben. Wenn beim Lerncoachee Unzufriedenheit, eine punktuelle Unwohligkeit oder ein Ambivalenzerleben auftaucht, sollte die Lernstrategie erneut geprüft und entsprechend verändert werden. Eventuell können die Unstimmigkeiten auch durch die Kontexte entstehen, in denen die Lernstrategie eingesetzt werden soll. Dann gilt es, diese zu betrachten.

Solche Nachbearbeitung kann unter Zuhilfenahme der in Kapitel 5 geschilderten Schritte einer Lösungshandlung vorgenommen werden.

Kapitel 7
Motive und Motivation

Die Arbeit mit der Perspektive auf Motive und Motivationen bedeutet ein Eingehen auf die Vielschichtigkeit des Lernenden sowie auf die Kräfte, die in ihm wirken. Motivation entsteht weniger durch Vorgaben und keinesfalls durch Ratschläge. Erst wenn der Lerncoach die internalen Beweggründe seines Kunden beachtet und spiegelnd in die Lernprozessbegleitung einbringt, mag der Lernende einen bewussten Zugang zu seinen inneren Beweggründen erhalten, Suchprozesse starten, sich selbst klären und sich damit letztendlich selbst zu einer Handlung motivieren.

In vielen Lernproblematiken spielt die Motivation eine Rolle, wenn auch in einigen Fällen nur als Nuance oder im Nebenstrang. Daher ist sie auch im Lerncoaching gewissermaßen ein Dauerthema. Rückt sie in den Mittelpunkt der Arbeit, ist es dienlich, wenn der Coach auf die Bedeutungen eingeht, die der Lernende der jeweilig problematischen Lernsituation gibt. Denn Motivation ist ohne dem Kontext der subjektiven Bedeutungsgebung nicht zu verstehen. Es braucht eines genauen Blicks auf die situativen Zusammenhänge, in denen sich die Lernschwierigkeit für den Schüler ergibt: „Motivation ist nicht nur persönlich, sondern in hohem Maße kontextuell bestimmt." (Liechti 2010, 50)

Die Differenzierung von prägenden persönlichen Motiven und situativer Motivation geht auf das klassische Modell der Motivationspsychologie zurück (Teil 1, Kapitel 6) und dient als diagnostisches Mittel. Sie fragt nach den zeitlich überdauernden Motiven (d.h. den individuellen Werten und Haltungen) und nach den auf eine konkrete Lernsituation bezogenen Befindlichkeiten (d.h. dem momentanen Erleben). Eine situative Demotiviertheit lässt sich durch ein Einbeziehen der persönlichkeitsprägenden Motive relativieren und sogar überwinden. Einige der nachfolgenden Methoden arbeiten mit dieser Differenzierung.

Übersicht Methoden
1. Was sind meine Beweggründe?
2. Motivations-Check
3. Lernfieberkurve
4. Arbeit mit dem motivationalen Selbstbild
5. Arbeit mit Ambivalenzen

1. Was sind meine Beweggründe?

In der Lerncoaching-Arbeit kann allein der gemeinsame Blick auf das, was den Schüler motiviert, eine Erkenntnis bringen und bisweilen sogar eine Handlung in Gang setzen. Eine schlichte Intervention ist die Unterscheidung von Motiven und Motivationen. Beides ist eng miteinander verknüpft und kaum voneinander zu trennen. In den persönlich verankerten Motiven liegt das Potential für Handlungsbereitschaft. Begreift der Schüler den Unterschied zwischen Motiven und Motivationen anhand konkreter persönlicher Lernerfahrungen, vermag er situative Unlust zu überwinden. Zu diesem Zweck empfiehlt sich diese Folie:

Motive = BewegGRÜNDE/Motivation = BEWEGgründe

Motive als BewegGRÜNDE können über augenblickliche Motivation als BEWEGgründe hinweghelfen. Diese Folie lässt sich wie im folgend kurz skizzierten Vorgehen einsetzen.

1. Mini-Input des Lerncoachs:
„Jeder Mensch hat für sein Tun Gründe, die ihn bewegen ..."
(Der Lerncoach schreibt das Wort ‚Beweggründe' auf Papier bzw. Flip-Chart und lädt den Schüler zu einem kurzen Gespräch darüber ein.)

2. Mini-Input des Lerncoachs:
„Nun gibt es manchmal Situationen, in denen Du zu etwas Lust hast und in anderen hast Du sie nicht. Das nenne ich jetzt *BEWEGgründe* ... (Der Lerncoach schreibt das Wort.) ... Daneben gibt es etwas, das für Dich immer wichtig ist – egal, wo Du bist. Das sind Deine persönlichen Werte. Sie sind sozusagen der Grund, auf dem Du Dich bewegst. Das bezeichne ich als *BewegGRUND* ... (Der Lerncoach schreibt das Wort.) ... Fällt Dir etwas ein, das für Dich ein solcher BewegGRUND ist?" (Dialog mit dem Schüler.)

3. Öffnende Frage des Lerncoachs:
„Wo in Deiner jetzigen Lernsituation siehst du eher einen BewegGRUND und wo eher einen BEWEGgrund?"

Mittels des dargestellten Vorgehens kann der Lerncoach erfahren, an welchem motivationalen Punkt sich der Lernende zurzeit befindet. Weiterhin kann eruiert werden, inwieweit Aspekte der Grundbedürfnisse (siehe Teil 1, Kapitel 7) beim Lernenden nicht erfüllt sind sowie welche Annäherungs- und Vermeidungsschemata vorliegen.

Anhand der oben genannten Folie ist diagnostizierbar, ob ein internaler Konflikt zwischen einer aktuellen Motivation (BEWEGgrund) und einem persönlichen Motiv (BewegGRUND) den Schüler beschäftigt oder ihn sogar in seinem Lernen blockiert. Diese Wechselwirkung lässt sich im Gespräch erarbeiten und kann Klärung für das Lernverhalten bringen. Die situative Unlust für den Schulabschluss zu lernen, lässt sich leichter überwinden, wenn sich der Lernende bewusst wird, dass z.B. unabhängiges Arbeiten grundsätzlich ein starkes Motiv für ihn darstellt. Mit dem Schulabschluss (als vorläufigem Übel) hat er späterhin mehr Möglichkeiten in der Berufswahl. „Wenn ein Verhalten in Konflikt mit einem essenziellen Wert tritt, ist es gewöhnlich das Verhalten, das sich ändert." (Miller/Rollnick 2009, 44)

In diesem Zuge kann auch ein ambivalentes Erleben auftauchen. Dieses kann sehr fruchtbar für das Lerncoaching sein. Entsprechende Möglichkeiten der Bearbeitung und des Umgangs mit Ambivalenzen bieten weitere Methoden dieses Kapitels.

2. Motivations-Check

Der Motivations-Check untersucht die gegenwärtige Motivationslage des Schülers. Er setzt ein kooperatives Gespräch auf Augenhöhe zwischen Lerncoachee und Lerncoach voraus. Der Lerncoach weiß um einige Faktoren der Motivation und wie diese zustande kommt – er weiß jedoch nicht, welche Faktoren beim Coachee die maßgebliche Rolle spielen. Die nachfolgende Grafik dient als Grundlage für ein gemeinsames Betrachten von Motivationsfaktoren. Der Coach kann einige Faktoren erläutern. Weitaus wichtiger ist jedoch seine wahrnehmende Haltung gegenüber den verbalen und nonverbalen Äußerungen des Lerncoachees beim Anschauen der Grafik. Auch in diesem Gespräch fungiert der Lerncoach als ‚Realitätenkellner‘ und bedient sich der Leitfrage „Ist es eher dieser oder eher jener Punkt aus der Graphik?" Er begleitet den Schüler bei dessen Selbsterkundung.

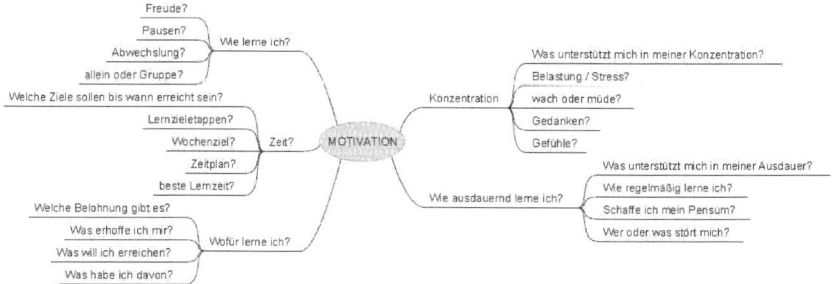

3. Lernfieberkurve

Die Lernfieberkurve setzt an der individuellen Lernbiografie an. Dieses Vorgehen lehnt sich an eine Methode des Kieler Supervisionsmodells (Pallasch et al. 2001) an. Es dient dem Blick auf Zusammenhänge einzelner Lernereignisse, mit dem der Lernende seine situative Motivation besser verstehen kann. Weiterhin verfolgt die Lernfieberkurve ein Auffinden von Ressourcen. In dieser Arbeit mit biografischen Kontexten geht es um das Rekonstruieren von „gelebten Problemlöse- und Erfolgsmustern" sowie um ein Entdecken der eigenen „Fähigkeit zur Resilienz, Lernbereitschaft und Kampfgeist" (Kindl-Beilfuß 2011, 39). Denn die Erfahrung, schwierige Lebens- oder Lernsituationen überwunden zu haben, ist in den meisten Fällen mit einem Zugang zu den eigenen Ressourcen verknüpft.

Mit der Lernfieberkurve werden singuläre Lernereignisse ausfindig gemacht und in einen größeren Zusammenhang gestellt. Mittels dieses Verfahrens können Wechselwirkungen von überdauernden Motiven und augenblicklichen Zuständen von Motiviertheit im Dialog mit dem Lernenden geklärt werden. In diesem Zuge lässt sich der Fokus auch auf ressourcenstarke Momente richten.

Methodisches Vorgehen

Der Lerncoach erläutert dem Coachee die Methode. Gemeinsam legen sie das Thema und den relevanten Zeitrahmen fest.

Er leitet den Schüler an, einzelne Lernereignisse zu identifizieren (z.B. aus seiner gesamten Lernbiografie oder aus einem bestimmten Unterrichtsfach oder aus dem laufenden Schuljahr). Der Coachee wird gebeten, diese Ereignisse in dem Koordinatensystem gemäß Zeitlinie (y-Linie) und Grad seines subjektiven positiven bzw. negativen Erlebens (x-Linie) zu markieren. Anschließend möge der Coachee diese Markierungen durch eine Kurve verbinden und sein Erleben detailliert darlegen. Je nach der Verfasstheit des Schülers und seines Reflexionsvermögens begleitet ihn der Lerncoach beim Anfertigen der Lernfieberkurve oder gibt ihm Zeit und Raum, um sie in Stillarbeit anzufertigen.

Schritte:
1. Thema (z. B. mein Lerneinsatz) oder Fach (z. B. Englisch) benennen
2. Eingrenzen des Zeitrahmens (z. B. die letzten zwei Wochen)
3. Anfertigen der Lernfieberkurve
4. Dialog
5. Ressourcenorientierte Fragen zu einzelnen Punkten

Beispiel:
Mein Lernen im letzten Schuljahr.

Lernfieberkurve

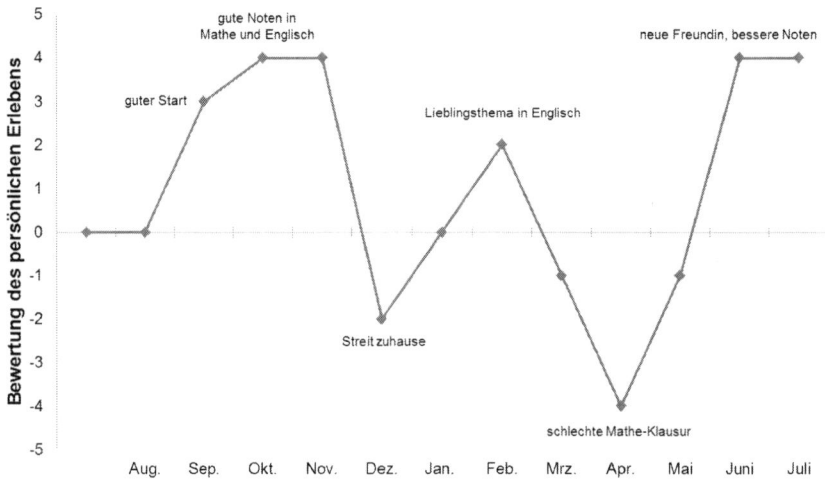

Mittels der Visualisierung kann der Lernende Einflüsse in seiner Lernbiografie erkennen. Zusammenhänge zwischen zeitlich voneinander entfernt liegenden Ereignissen werden klarer.

Nach dem Anfertigen der Kurve erläutert Coachee im anschließenden Dialog mit dem Coach die einzelnen Punkte sowie den Kurvenverlauf. Der Lerncoach achtet auf die nonverbalen Signale, fragt sensibel nach und spiegelt wider (Kapitel 2.4.1). Besonders gilt dies für die Betrachtung von schmerzhaften und problematischen Erlebnissen. Das weitere Gespräch dient dem Schüler als Anregung zum Erkennen von Zusammenhängen, die einen Einfluss auf sein Lernen bzw. auf einzelne Lernereignisse haben. Erkennt der Schüler, dass seine mindere Leistung in einem bestimmten Fach sich über einen längeren Zeitraum aufgebaut hat und mit einem privaten Ereignis verbunden ist, kann dies eine kleine Erkenntnis auslösen. Ein bisher diffuses Problemerleben klärt sich und gewinnt Kontur.

In dem positiv bewerteten Bereich der Lernfieberkurve liegen direkte oder indirekte Hinweise auf individuelle Ressourcen. Exemplarische Frage- und Sprachmuster, wie sie bereits eingehend in vorhergehenden Kapiteln dargestellt worden sind, lassen sich in das Gespräch über die Lernfieberkurve integrieren.

Ressourcenaktivierende Fragen zur Lernfieberkurve:
- „Ich frage mich, wie hast Du es geschafft, diese schwere Zeit zu überstehen?"
- „Wer oder was hat Dich unterstützt?"
- „Wie hast Du Dich unterstützt? Wie würdest Du Deine Fähigkeiten oder Deine Stärken beschreiben? ... Und wie geht es Dir im Hier und Jetzt, wenn Du solcherart Deine Fähigkeiten und Stärken beschreibst? ... Vielleicht geht damit ein bestimmtes Körperempfinden einher? Vielleicht fällt Dir jemand ein, der jetzt stolz auf Dich wäre?"

4. Arbeit mit dem motivationalen Selbstbild

Eine Arbeit mit dem motivationalen Selbstbild will den Einfluss von Selbstzuschreibungen des Schülers auf dessen Lernen eruieren. Ein Ziel dieses Vorgehens liegt darin, „Gefühle von Unzulänglichkeit und Inkompetenz durch angemessene Ursachenzuschreibungen zu verändern" (Langens/Schmalt/Sokolowski 2005, 87). In diesem Sinne werden Misserfolge und Niederlagen im Lernen nicht mit persönlichen Unfähigkeiten, sondern mit unzureichendem Anstrengungsverhalten erklärt. Für den Lernbegleiter ist diese Perspektive wichtig, sie kann von ihm zügig eingenommen werden. Schwerer ist es, diese Sichtweise dem Schüler nahezubringen und vor allem erlebbar und nachvollziehbar zu machen. Solches Vorgehen wird bereits in Motivationstrainings für Schüler eingesetzt (Schobler/Ziegler 2001) sowie in Trainingsprogrammen, in deren Mittelpunkt die Entwicklung förderlicher Attribuierungsmuster steht (DeCharms 1973).

Attributionen, d.h. Zuschreibungen, geben dem Individuum aus seiner subjektiven Sicht scheinbare Erklärungen für Erfolge und Misserfolge. Sogenannte ‚Sich-selbst-erfüllende-Prophezeihungen' zeigen, inwieweit die Annahmen über die eigene Person und über die eigenen Fähigkeiten mögliche Handlungsresultate beeinflussen. Eine Selbstannahme wie „Das schaffe ich sowieso nicht – egal, wie viel ich lerne." oder „Ich bin zu blöd!" schwächen das Gefühl der Selbstkontrolle (Schnotz 2009, 104 ff.) und führen zu entsprechenden Ergebnissen.

Wenn der Coachee schildert, dass ihm negative Selbstzuschreibungen während des Lernens oder während der Prüfung immer wieder im Weg stehen oder seine Konzentration stören, bietet es sich an, mit dem motivationalen Selbstbild zu arbeiten. Der Lerncoach unternimmt dies im Gespräch mit dem Schüler. Hilfsmittel findet er in Satzergänzungsübungen sowie Visualisierungen, wie sie in der folgenden Textpassage skizziert sind.

1. Mögliche Einstiegsfragen des Lerncoachs:
- „Wie siehst Du Dich in Deinem Lernen?"
- „Du schilderst Deine Lernschwierigkeit – gibt es bestimmte Sätze, die Dir beim Lernen im Weg stehen?"
- „Melden sich in Dir bestimmte Gedanken, die Dich runtermachen?"

2. Präzises Herausarbeiten von negativen Selbstzuschreibungen durch Satzergänzungsübungen für den Schüler.
Der Coach bittet den Schüler, folgende Sätze zu vervollständigen:
- „Ich glaube, mit meinem Lernen bin ich nicht erfolgreich, weil ..."
- „Wenn ich mein Lernen betrachte: Ich bin ..."

3. Der Coach bietet dem Schüler an, die Ursache für das Lernergebnis einem seiner konkreten Verhalten zuzuschreiben, z. B. einer zu geringen Anstrengung:
- „Ich möchte Dir folgende Formulierung anbieten: ‚Das Klausurergebnis ist nicht so, wie ich gewünscht hätte, weil ich mich mehr hätte lernen können.' Würde solch eine Formulierung in Deinem Erleben einen Unterschied machen?"

4. Optional: Mittels der Entscheidungswaage visualisiert der Coach die herausgearbeiteten Sätze und setzt sie in Beziehung. Er gibt der Waage eine Überschrift (z. B. „Durch die Klausur durchgefallen"). Dann schreibt er in die eine Waagschale die negative Selbstzuschreibung (z. B. „Ich bin zu blöd!") und in die andere den neuen Satz, der das Lernergebnis auf ein konkretes Verhalten zurückführt (z. B. „Ich hätte drei Tage vor der Klausur mehr lernen können"). Im weiteren Gespräch werden beide Seiten inklusive ihrer Auswirkungen auf das Lernbefinden betrachtet. Der Schüler kann sich entscheiden, welcher Waagschale er mehr Gewicht geben will.

5. Weitere Unterstützung kann der Coach durch das Finden von positiven, für den Schüler passenden Autosuggestionen (z. B. „Ich schaffe es!") bieten.

Selbstzuschreibungen als Ausdruck von Loyalitäten. Benennt der Lernende eine persönliche Unfähigkeit als Ursache für eine mindere Lernleistung, kann sich darin ein Loyalitätssystem verbergen. Loyalität meint in diesem Zusammenhang Verbundenheitsgefühle gegenüber nahen Familienmitgliedern oder anderen wichtigen Bezugspersonen. Diese drücken sich in einigen Fällen direkt (z. B. „Meine Eltern sind enttäuscht, wenn ich das Schuljahr nicht schaffe", „Ich bin zu blöd! Das hat mir mein Bruder schon immer gesagt") oder indirekt aus („Ich habe es nicht besser verdient"). Der Schüler fühlt sich seiner Familie gegenüber verbunden, auch wenn er dies niemals direkt formulieren würde. Die Loyalität drückt sich darin aus, dass er entweder die aus seinem Umfeld aufgenommenen Aussagen durch sein Verhalten bestätigt oder befürchtet, diesen nicht gerecht werden zu können (siehe auch Kapitel 9). Damit geht in der Regel ein konfliktuelles Erleben einher. Wenn der Coachee ähnliche Aussagen wie die oben als Beispiel genannten von sich gibt, sollte der Lerncoach mit der Arbeit am motivationalen Selbstbild sensibel vorgehen.

Mögliche Loyalitätsgefühle des Schülers lassen sich erfragen:

„Hast Du den Satz ... schon einmal gesagt bekommen?"
„Erinnert Dich der Satz ... an ein bestimmte Person?"
„Wer sagt denn, dass Du es nicht besser verdient hättest?"

Loyalitätsgefühle sind vom Coach zu respektieren. Sie sind nicht Kernthema im Lerncoaching und so geht es nicht darum, sie zu bearbeiten. Allerdings mögen sie in Bezug auf das Lernen durch hypothetische Fragen ergänzt werden, z.B.:

„Könnte es sein, dass Du Dich nur zuwenig angestrengt hast?"

Bekommt ein Schüler im Elternhaus jeden Tag den Satz zu hören „Alle in der Familie haben die Schule mit der Note 1 abgeschlossen, also muss Du es auch schaffen" erhöht dies den Leistungsdruck bzw. die Versagensangst. Infolgedessen können Selbstannahmen wie z.B. „Ich schaffe es nicht!" entstehen. Wenn solche Verkettung einzelner Kommunikationen oft wiederholt wird, führt es mitunter zu einer negativen Autosuggestion. In diesem Fall kann eine Arbeit an den Attribuierungen bzw. Selbstzuschreibungen sinnvoll sein. Sie sollte aber durch ein Artikulieren und Lösen der Gefühle von Leistungsdruck bzw. Versagensangst ergänzt werden.

5. Arbeit mit Ambivalenzen

Die Motivlage eines Lernenden ist in nur wenigen Situationen ein klarer und eindeutiger Zustand. Vielmehr lässt sie sich als ein Miteinander und Gegeneinander von verschiedenen Kräften verstehen, die sich von einem Moment zum nächsten Moment verändern mögen. Solches Gemengelage ist nur zu einem Teil bewusst. Ambivalenzen sind darin ein ‚natürlicher' Bestandteil.

In der *Motivierenden Gesprächsführung* nach Miller und Rollnick, deren Grundbausteine bereits in Kapitel 2.4.4 vorgestellt worden sind, liegt ein Schwerpunkt auf der Arbeit mit ambivalent erlebten Zuständen. Schlussendlich zielt sie auf eine Veränderung im Verhalten, doch sie benötigt wichtige Vorarbeit. Als notwendiger Schritt wird das Bewusstmachen von Ambivalenz genannt. „Die typische innere Wahrnehmung von Ambivalenz ist ein Hin-und-her-Schwingen zwischen Gründen für eine Veränderung und Gründen für den Status Quo." (Miller/Rollnick 2009, 112) Tritt solche Dynamik im Lerncoaching zutage, muss sie zunächst deutlich herausgearbeitet werden. Erst in weiteren Schritten ist es möglich, sie zu erkunden und schließlich aufzulösen. Dieses Vorgehen führt dazu, dass intrinsische Motivation verstärkt wird (Miller/Rollnick 2009, 47) und dass sich Grundbedürfnisse zeigen, die sich bisher in der ‚Ambivalenz des Hin-und-her-Schwingens' verborgen haben.

Die in den Kapiteln 2.4.1 und 2.4.4 skizzierten Bausteine zur Gesprächsführung, z. B. *Offene Fragen stellen, Aktives Zuhören, Widerspiegeln, Konkretion, Extreme erwägen,* stellen die Basis für die Arbeit mit Ambivalenzen dar. (Diese lassen sich gegebenenfalls mit Elementen der Idiolektischen Gesprächsführung kombinieren.)

In den folgenden Passagen werden weitere Grundprinzipien und Vorgehen dargestellt.

Ambivalenz. Das Auftauchen von Ambivalenz kann im Lerncoaching als fruchtbares Moment betrachtet werden, gleichwohl dies selten in aller Deutlichkeit geschieht. „Ambivalenz ist eine allgemeine menschliche Erfahrung und ein Stadium im normalen Prozess von Veränderung." (Miller/Rollnick 2009, 39) Dieses Erleben gilt es klar herauszuarbeiten – und nicht zu ignorieren oder schön zu reden.

Eine Leitfrage für den Lerncoach könnte lauten:

„Wozu ist die Person motiviert?" anstelle von „Warum ist sie nicht motiviert?"

Herausarbeiten von Ambivalenz. Ambivalenzen werden nur in wenigen Fällen vom Lernenden klar benannt. Vage Andeutungen sind eher die Regel. Häufig deuten sie sich durch ein diskrepantes Erleben an. „Ich bin genervt!" beinhaltet eine zwar unausgedrückte, aber doch vorhandene Ist-Soll-Diskrepanz, d. h. eine vage Vorstellung davon, wie aktuelles Befinden ist, und dass es sich von einem erwünschtem Zustand unterscheidet. Geht der Coach auf das diskrepante Erleben ein, kristallisiert sich die Ambivalenz heraus. „Folglich besteht die Herausforderung erst einmal darin, die Ambivalenz zu intensivieren und sie dann, mittels der Entwicklung von Diskrepanzen zwischen der tatsächlichen Gegenwart und der erwünschten Zukunft, aufzulösen." (Miller/Rollnick 2009, 44) Das hier angedeutete Vorgehen, Gegenwart und Zukunft einander gegenüberzustellen, ist ein Weg für den Lerncoach, diskrepantes Erleben zu fördern. Eine andere Möglichkeit, gerade wenn es um konkretes Lernverhalten geht, bietet das Bild von einer Entscheidungswaage.

Methode: Entscheidungswaage. Diese Methode bedient sich eines ‚Waage'-Bildes und benennt die Vor- und Nachteile eines konkreten Verhaltens, das zu Lernschwierigkeiten führt. Es bietet sich an, dass der Lerncoach die Waage mit einer kleinen Zeichnung visualisiert. In der einen Waagschale liegt der Nutzen des Verhaltens, in der anderen die Nachteile bzw. der Preis für das Verhalten. In diesem Bild sind sie klar voneinander getrennt und können einzeln wertfrei betrachtet werden. Da das schwierige Verhalten des Schülers mit hoher Wahrscheinlichkeit bisher nicht gutgeheißen wurde (von Lehrern, Eltern und eventuell auch von ihm selbst) ist besonders der Blick auf die Vorteile des schwierigen Verhaltens ein wichtiges inhaltliches Element im Gespräch. Vonseiten des Coachs ist eine Klarstellung notwendig, dass dieses Vorgehen frei von Ironie ist. Im Dialog mit dem Lerncoachee werden die Vor- und Nachteile im wahrsten Sinne abgewogen, ebenso die Frage, in welcher der beiden Waagschalen mehr Gewicht liegt. Im Gedankenexperiment lässt sich mit der Verteilung der Gewichte spielen. Auf dieser Art können widerstreitende Motivationen verdeutlicht werden.

Mögliche Fragen zur Entscheidungswaage:
- „Was magst Du an Deinem Lernverhalten?"
- „Welche Vorteile bringt es Dir?"
- „Welche Nachteile bringt es Dir?"
- „Wie meinst Du, könntest Du die Gewichte in der Waage verändern?"
- „Angesichts Deiner Entscheidungswaage – was bist Du bereit zu tun?"
- „Welchen Preis bist Du bereit zu zahlen?"

Auflösen von Ambivalenz. Ein Auflösen oder zumindest ein Relativieren der Ambivalenz ergibt sich, sobald der Lernende einer der beiden Schalen in der Entscheidungswaage deutlich mehr Gewicht gibt. Sollte er sich für das Nicht-Lernen entscheiden, kann ihn der Coach mit der Frage nach den Auswirkungen konfrontieren: Womit hätte der Schüler zu rechnen? Was würde der Lehrer dazu sagen? Was würden die Eltern dazu sagen? Was würden die besten Freunde dazu sagen? Dies sollte frei von Vorwurf und ohne moralischen Zeigefinger unternommen werden. Wird sich der Schüler im Dialog der Auswirkungen und seiner Verantwortung bewusst, führt dies häufig zu einem erneuten Abwägen.

Die Herausforderung für den Lerncoach besteht darin, den Lernenden in seiner Entscheidung ernst zu nehmen und nicht zu beeinflussen. Würde der Coach dies wollen, hätte dies mit großer Wahrscheinlichkeit hinderliche Auswirkungen auf der Beziehungsebene sowie für den weiteren Verlauf des Lerncoachings:

> „Die Auflösung von Ambivalenz kann der Schlüssel zur Veränderung sein [...]. Jedoch können Versuche, diese Auflösung in eine bestimmte Richtung zu zwingen, zum Beispiel durch direkte Überredung oder Erhöhung von Strafen für ein Verhalten, zu einer paradoxen Reaktion führen, die das Verhalten verstärken, anstatt es zu vermindern." (Miller/ Rollnick 2009, 39)

„Ja, aber ..."-Methode. Dieses Vorgehen beschreibt, wie der Coach mit einer „Ja, aber ..."-Äußerung des Schülers umgehen kann. Lehrpersonen erleben solche Mitteilungen häufig als Ärgernis und fühlen sich ihnen gegenüber hilflos. Tatsächlich aber drückt sich in vielen Fällen mit dem „Ja, aber ..." nicht eine Gehässigkeit des Schülers, sondern seine Ambivalenz aus: Es gibt einen Teil, der Bereitschaft zeigt („Ja") und einen Teil, der diese Bereitschaft konterkariert („aber"). Das „Aber" steht stellvertretend für eine bestimmte Information, die noch nicht berücksichtigt worden ist. Um diese mit in die Coaching-Arbeit zu holen, ist es wichtig, den Umfang der Bedeutung des Wortes „Aber" zu verstehen.

In solchem Zusammenhang kann der Coach das *Meta-Modell der Sprache* (Kapitel 4.1) und die oben dargestellte *Entscheidungswaage* einsetzen.

Methodisches Vorgehen:
Der Schüler äußert während der Arbeit an Lösungswegen ein „Ja, aber …"

1. Schritt:
Der Coach teilt dem Coachee mit: „Ich möchte Dich sehr ernst nehmen und nehme Dich daher beim Wort. Ich höre von Dir ‚Ja' … (schreibt das Wort auf ein Blatt Papier) … und das Wort ‚aber' … (schreibt das Wort daneben auf das Blatt Papier). Und ich frage mich, was steckt jeweilig dahinter?"

Nachdem der Coachee die beiden Worte erläutert hat, schreibt der Coach einige der vom Coachee genannten Erläuterungen in Begriffen bzw. Stichworten unter das jeweilige Wort. Er arbeitet mit dem Coachee die jeweilige Position, für die das Wort steht, klar heraus.

2. Schritt:
Nun geht es darum, die beiden Positionen zueinander in Bezug zu setzen. Dies ist mit der *Entscheidungswaage* möglich. Mit ihr können beide Positionen auf ihre Vor- und Nachteile befragt werden.

Eine andere Möglichkeit besteht darin, die beiden Positionen in ein fiktives Gespräch zu bringen. In solchem Vorgehen kann der Coach folgende Formulierungen einsetzen:
- „Was würde die ‚Ja'-Stimme dem ‚Aber' sagen wollen?"
- „Was bräuchte das ‚Aber' um sich stärker auf das ‚Ja' einzulassen?"

Auf diese Weise können die beiden Anteile, die sich vordem als widerstreitende Kräfte ausgehebelt haben, miteinander in den Dialog treten. Dieser kann im weiteren Verlauf zu einem Aushandeln werden – womit sich die Ambivalenz auflösen lässt.

Auch in diesem Vorgehen zeigt sich, dass es keinesfalls darum geht, eine Seite der Ambivalenz auszulöschen. Dies ist schlichtweg nicht möglich. Je stärker die Botschaft des „Abers" gehört, verstanden und berücksichtigt wird, desto weniger muss sie um Gehör kämpfen, desto weniger wird gegen das „Ja" ankämpfen. Dadurch wird die Handlung, die zuvor noch sabotiert worden ist, wahrscheinlicher.

Kapitel 8
Umgang mit Unfreiwilligkeit und Reaktanz

Anlässe zum Einsatz:
- Grundsätzliche Bereitschaft klären.
- Reaktantes Verhalten in die Arbeit einbeziehen.
- Eine kooperative Ebene herstellen.
- Umgang mit Lustlosigkeit und Unfreiwilligkeit.
- Arbeit mit Ambivalenzen.

In Zusammenhängen von Schule und unternehmensinternen Ausbildungen, die Lernberatung oder Lerncoaching als festes Format vorsehen, kann das Phänomen Unfreiwilligkeit auftauchen. Ein Beispiel: Wenn das Wiederholen eines Schuljahres nicht mehr vorgesehen ist und der Lernende entsprechend individuell unterstützt werden soll, kann eine gut gemeinte Lernbegleitung in einigen Fällen zur Zwangsverpflichtung werden.

Lerncoaching bietet Möglichkeiten, konstruktiv mit Erscheinungen von Unfreiwilligkeit und Reaktanz (sogenannter Widerstand) umzugehen. Ein entsprechendes Vorgehen basiert darauf, „… mit den unfreiwilligen Gesprächspartnern eine Kooperationsbeziehung aufzubauen. Der Schlüssel liegt darin, Unfreiwilligkeit (Kooperationsverweigerung) als ein Lösungsverhalten anzusehen." (Schlippe/Schweitzer 2010, 25) Es bedarf einiger Übung, um sich diese Perspektive anzueignen.

Die genannte Sichtweise lädt ein, das Verhalten des Gegenübers in einem anderen Licht zu sehen: Wenn das reaktante Verhalten des Schülers von ihm selbst auch nur annähernd als Teil einer Lösung oder als angemessen empfunden wird, wäre es für ihn unsinnig, dieses aufzugeben. Jedes Argumentieren und Überzeugen-wollen des Lernbegleiters muss also scheitern. Dies ist der Grund, weshalb die allbekannten Ratschläge so wenig fruchten (abgesehen davon, dass sie in vielen Fällen das Bedürfnis nach Autonomie verletzen). Die Hauptaufgabe des Coachs besteht darin, eine Kooperationsbeziehung aufzubauen. Und dies unternimmt er u.a., indem er zunächst die Sichtweise und die Bedeutungsgebungen des Lernenden anerkennt und sich auf den Weg macht, diese zu verstehen.

„Reaktanz ist ein Sammelbegriff für alle Verhaltensweisen, mit denen sich ein Individuum bei unerwarteter Frustration gegen Einschränkungen

reaktantes Verhalten ist Verteidigung gegen eine reale oder scheinbare Bedrohung

zur Wehr setzt." (Flammer 1990, 127) Das bedeutet, dass reaktante Verhaltensweisen als Verteidigung gegen eine reale und ebenso gegen eine scheinbare Bedrohung verstanden werden können. Es hängt davon ab, in welche Richtung der Lernende die Situation interpretiert und was er als Bedrohung empfindet. Also ist es für den Lerncoach wichtig, die subjektiven Bedeutungsgebungen des Schülers zu eruieren. Mit ihnen wird das reaktant motivierte Verhalten verstehbar.

Auf dem Verstehen des Schülerverhaltens gründet dann das Herstellen von Kooperation mit dem Lernenden. Für die weiteren methodischen Vorgehen, wie sie in den folgenden Textpassagen beschrieben sind, gilt ähnliches. Durchgehend spielt die Arbeit mit Ambivalenzen, die im vorigen Kapitel eingehend dargestellt ist, eine Rolle. Die entsprechenden Methoden lassen sich mit denen dieses Kapitels kombinieren.

Reaktanz dient der Befriedigung von Grundbedürfnissen

Reaktanz als kontextuelle Kompetenz

Reaktanz ist keine angeborene Eigenschaft. Der Begriff ‚Reaktanz' beschreibt in jedem Fall ein kontextbezogenes Verhalten. Niemand geht durch die Gegend und ist die pure Inkarnation von Reaktanz (auch wenn dies das Bild ist, das sich manche Lehrer von einzelnen Schülern machen). Reaktantes Verhalten tritt nahezu immer zur Befriedigung von Grundbedürfnissen auf. Es dient dem Erhalt oder der Steigerung des Selbstwertgefühls sowie dem Erleben von Sicherheit und eigener Autonomie.

Situationen, die vom Schüler als bedrohlich, d.h. als tendenzielle Nichtbefriedigung oder sogar Verletzung seiner Grundbedürfnisse (z.B. nach Autonomie) gedeutet werden, führen zu einem Sich-verweigern. In jedem Fall geht es mit einem starken emotionalen Erleben einher. Die empfundene Bedrohung kann ein Verhalten auslösen, an dem archaische Verhaltensmuster (Aggression, Totstell- und Flucht-Reflex) Anteil haben.

Im allgemeinen Sprachgebrauch wird reaktantes Verhalten als ‚Widerstand' bezeichnet (zum Gebrauch des Begriffes siehe Liechti 2010, 55). Im Lerncoaching-Kontext wird dieser Begriff vermieden, denn er stammt aus einer psychoanalytischen Tradition, die sich nur schwerlich mit Lerncoaching in Zusammenhang bringen lässt. In der Arbeit, die dem Optimieren von Lernprozessen dient, ist es förderlich, das sogenannte Phänomen ‚Widerstand' als Ausdruck von Schutz zu betrachten. Zeigt ein Schüler ein reaktantes Verhalten, so tut er dies, weil er einer Person nicht vertraut, weil ein Kontakt für ihn nicht stimmt oder weil er sich bedroht bzw. abgewertet fühlt.

Grundsätzlich stellt sich die umfassende Frage, was genau von wem in welcher Situation als Widerstand benannt wird. Denn ‚Widerstand' ist zunächst keine Realität, sondern nur ein Wort, hinter welchem sich allerdings Welten verbergen können. Darin wirken subjektive Empfindungen und Bedeutungsgebungen sowie interpersonale Dynamiken komplex ineinander. Daher ist es sinnvoll, im Umgang mit dem sogenannten Widerstand Präzisierungen vorzunehmen. Als diagnostisches Verfahren können folgende Fragen unterstützen:

- Wie lässt sich das Verhalten des Schülers genau beschreiben?
- In welchem Kontext steht dieses Verhalten?
- Was löst das Verhalten und die Art der Beschreibung im Lerncoach aus? Welche Erinnerungen und inneren Bilder tauchen in ihm auf?
- In welcher Situation wird das als Widerstand bezeichnete Verhalten beobachtet? Welche Personen beschreiben das Verhalten als Widerstand?
- Welche Grundbedürfnisse könnten durch das reaktante Verhalten geschützt bzw. befriedigt werden?

Übersicht Methoden
1. Herstellen von Kooperation
2. Auftragsklärende Fragen zum Herstellen von Kooperation
3. Einbeziehen des reaktanten Verhaltens
4. Benennen eigener Sackgassen und Ambivalenzen in der Rolle als Lerncoach
5. Provokative Methodik
6. Ausnahmen suchen und provokatives Fragen

1. Herstellen von Kooperation

Ein Herstellen von Kooperation lässt sich nicht ‚tricksig' oder manipulierend bewerkstelligen. Es kann lediglich als Einladung oder als Angebot ausgesprochen werden – mit dem offenen Ausgang, wie der Coachee darauf reagieren wird. Hat der Coachee den Eindruck, dass ihm eine Entscheidung zugestanden wird, erhöht dies mit einer gewissen Wahrscheinlichkeit seine Bereitschaft, sich einzulassen. Denn „Menschen kooperieren umso eher, wenn sie Wahlmöglichkeiten haben." (Liechti 2010, 66)

Vor dem Hintergrund der obigen Ausführungen kann der Lerncoach das Verhalten des Coachees verstehend nachvollziehen. Dieses Nachvollziehen bringt er ins Gespräch. Bietet der Lerncoach an, das ‚Problemverhalten' als Lösungsverhalten zu sehen, führt dies häufig dazu, dass die Bereitschaft des Coachee, sich auf das weitere Gespräch einzulassen, wächst. Dies geschieht allerdings nicht als plötzlicher Quantensprung, sondern als langsame Veränderung. Jürg Liechti beschreibt, dass der Berater im Dialog „meist über Stadien der Ambivalenz Kooperation entwickeln kann" (Liechti 2010, 73). Der Schüler wird sich auch weiterhin vorsichtig und skeptisch verhalten, nur dass der Grad an Skepsis sich allmählich verringert.

Wird das ‚Problemverhalten' als Lösungsverhalten anerkannt, muss der Schüler sein Verhalten nicht mehr verteidigen und sich gegen den Coach zur Wehr setzen. Eine kooperative Arbeit kann entstehen.

Beispiel Gesprächssequenz:

Lerncoach: „Schön, dass Du da bist."

Schüler: schweigt

Lerncoach: „Was führt Dich her?"

Schüler: „Nichts."

Lerncoach: „Nichts?"

Schüler: „Nö."

Lerncoach: „Mmh ..."

Schüler: schweigt

Lerncoach: „Das bedeutet, Du sitzt hier nicht freiwillig ...?"

Schüler: schweigt und verzieht den Mund

Lerncoach: „Sehe ich das richtig: Du weißt gar nicht, was unser Treffen soll."

Schüler: (nach längerer Pause) „Allerdings!"

Lerncoach: „Mmh ... (Pause) ... Du sitzt hier, weil Dich jemand geschickt hat?"

Schüler: „... verdonnert ..."

Lerncoach: „... oh: verdonnert ... (Pause) ... vom Lehrer?"

Schüler: „Kann man wohl so sagen."

Lerncoach: „Mmh."

Schüler: schweigt

Lerncoach: „Das heisst, Du sitzt hier, Du weißt nicht wofür und bist auch noch verdonnert ..."

Schüler: grinst

Lerncoach: „Na dann ... (Pause) ..."

Schüler: schaut den Coach an

Lerncoach: „... dann ist es ja genau richtig, dass Du nichts erzählen willst."

Schüler (etwas verdutzt): „Häh?"

Lerncoach: „Na ja, Du hast ja nichts zu erzählen ... Du sitzt nur hier, weil der Lehrer Dich verdonnert hat."

Schüler: „Ja, genau."

Lerncoach: „Dann ist Dein Verhalten hier genau richtig."

Schüler: schaut den Coach skeptisch an

Lerncoach: „Mmh ..."

Schüler: schaut weiterhin den Coach an

Lerncoach: „Tja, dann würde ich gerne verstehen, welches Problem Dein Lehrer mit Dir hat ..."

Schüler: „Mein Lehrer? ... Wieso?"

Lerncoach: „Naja, er hat Dich ja hergeschickt ..."

Schüler: schweigt, schaut den Coach interessiert an

Lerncoach: „.... also muss da ja anscheinend irgendetwas sein ... ich bräuchte Deine Hilfe, um das zu verstehen."

Schüler (überrascht): „Meine Hilfe?"

Lerncoach: „Ja. Wärest Du bereit mir zu helfen, das zu verstehen?"

Schüler (lacht auf): „Ich soll Ihnen helfen?"

Lerncoach: „Du sollst gar nichts. Ich frage Dich, ob Du bereit wärest ..."

Schüler: „Mein Lehrer ist einfach blöd!"

Lerncoach: „Das reicht mir nicht zum Verstehen. Wärest Du bereit, mir zu helfen?"

Schüler: „Naja ... wieso nicht."

Lerncoach: „Das ist gut. ... ok?"

Schüler: „Ja, ok." ...

Es empfiehlt sich dem Coach, langsam vorzugehen. Der Beziehungsaufbau ist das entscheidende Element und braucht Zeit. Zudem werden in solch einem Gespräch auf einer subtilen Ebene Grundbedürfnis nach Autonomie und Selbstwerterhöhung angesprochen. Somit ist es vorteilhaft, wenn der Coachee die Angebote des Lerncoachs verdauen kann und wenn er Möglichkeit hat, sich intern zu befragen, ob der Coach es auch wirklich ernst meint. Ein frühzeitiges Drängen des Lernbegleiters in Richtung einer Verhaltensänderung oder sonstiger Problemlösung bewirkt in dieser Phase einen Bruch in der Kommunikation.

Erst wenn der Coach durch sein Gesprächsverhalten und seine Angebote eine kooperative Ebene hergestellt hat, können in einer späteren Phase auch Lernproblematiken angesprochen werden. Läuft das Lerncoaching über mehrere Sitzungen und gelingt es dem Coach, die kooperative Ebene zu verstetigen, kann er auch direktive Elemente einfließen lassen, die zu Beginn des Coachings den Kontakt verunmöglicht hätten. Eine Kombination aus respektvollem Umgang mit den Autonomiebedürfnissen des Lernenden und konkreten Anweisungen beschreiben Meichenbaum und Turk (1994).

2. Auftragsklärende Fragen zum Herstellen von Kooperation

Schüler, die gegen ihren Willen zum Lerncoaching geschickt werden, reagieren höchst angemessen und kompetent, wenn sie sich dem Coach verweigern. Dies mag sarkastisch klingen, ist auf der Ebene von Grundbedürfnissen des Lernenden jedoch eine Realität. Denn das angeordnete Lerncoaching erscheint dem Schüler wie eine Bestrafung, der er sich unterwerfen soll. Sein Selbstwertgefühl wird damit verletzt. Allein das Erscheinen beim Lerncoach kann vor diesem Hintergrund als Tribunalsituation empfunden werden – auch wenn sie alles andere als das ist. Eine gemeinsame Arbeit ist erst dann möglich, wenn der Coach sich dieser Situation bewusst ist und eine Ebene von Kooperation herstellt. Ein Vorgehen, welches diesem Zweck dient, ist eine sauber vorgenommene Auftragsklärung. Mit Blick auf Kooperation schlagen Schlippe und Schweitzer folgende Fragen vor:

„Wessen Idee ist es, dass Sie hierher kommen?"
„Was veranlasst ihn/sie anzunehmen, dass Sie hierher kommen sollten?"
„Was möchte er oder sie, was hier geschehen soll? Wie erklärt er das Problem?"
„Ist das etwas, was auch sie wollen? Sind sie damit einverstanden?"
[…]
„Welche Konsequenzen entstehen, wenn Sie nicht zu den Sitzungen kommen? Was sind Sie bereit zu tun, um die Konsequenzen zu vermeiden? Wie kann ich dazu beitragen, dass Sie mich schnellstmöglich wieder loswerden?"
(Schlippe/Schweitzer 2010, 26)

3. Einbeziehen des reaktanten Verhalten

Ist ein Schüler unfreiwillig von einem Lehrer zum Lerncoaching geschickt worden, sieht der Schüler den Besuch beim Coach als Herabwürdigung, wenn nicht sogar als Strafe. Ein freiwilliges Mitmachen käme unter solchen Vorzeichen eher einem Himmelfahrtskommando gleich. Der Schüler wird sich verweigern, um sich zu vor einem weiteren Angriff auf sein Selbstgefühl zu schützen. Vor diesem Hintergrund lässt sich sein Verhalten als höchst kompetent betrachten. Also ist es wichtig, die Funktion des Verhaltens zu benennen, anzuerkennen und wertzuschätzen. Und mehr noch: Der Schüler kann eingeladen werden, seine misstrauische Haltung dem Coach gegenüber beizubehalten. Denn sie stellt für den Coachee ein wichtiges Element in einem möglichen Kontakt dar.

4. Benennen eigener Sackgassen und Ambivalenzen in der Rolle als Lerncoach

Diese Methode mag irritieren: Wie soll es dem Schüler helfen, wenn der Coach mitteilt, dass er sich in einer Sackgasse befindet oder in sich eine Ambivalenz wahrnimmt? Auf jeden Fall ist es eine authentische Mitteilung. Der Coach entlastet sich und stellt die Situation dar, wie er sie sieht. Als methodisches Vorgehen will es eine neue Information in das Gespräch bringen: Auch der Coach kommt an Punkte, an denen er nicht weiter weiß und auf die Selbstkompetenz des Schülers angewiesen ist. Allein diese Mitteilung mag bereits die Problemtrance des Schülers irritieren, sein Interesse wecken und ihn in seiner Selbstverantwortung ansprechen. An solchen Punkten kann der Coach den Coachee auf folgender Weise einladen:

> „Aus meiner Sicht kommen wir nicht weiter – wie siehst Du das? ...
> Was würdest Du mir raten, wenn Du mein Berater wärest?"

Kooperationsverweigerung als Zwickmühle. In ähnlicher Weise können Kooperationsverweigerungen des Coachees in den Arbeitsprozess integriert werden. Der Coach thematisiert seine persönliche Ambivalenz, um auf diesem Wege den Schüler zu einer Kooperation einzuladen. Dies ist möglich anhand von Formulierungen wie:

> „An dieser Stelle bin ich in einer Zwickmühle: Einerseits möchte ich respektieren, dass Du von mir in Ruhe gelassen werden willst, auf der anderen Seite möchte ich Dir gerne Unterstützung geben."

Äußerungen des Schülers wie „Das macht hier eh keinen Sinn. Ich kann sowieso nicht lernen!" kann der Lerncoach wie folgt aufnehmen:

> „Ich glaube Dir, dass Du glaubst, dieses Coaching hätte keinen Sinn, da Du sowieso noch nie gelernt hättest. Nun haben diverse Wissenschaften jedoch anscheinend festgestellt, dass unser menschliches Gehirn alle Erfahrungen abspeichert, d.h. also auch wie wir gelernt haben z.B. unsere Beine zum Gehen zu benutzen. ... (kurze Pause ... Beachten der nonverbalen Signale des Schülers) ... Oder wie Du gelernt hast, den Computer zum Spielen zu benutzen. ... (kurze Pause ... Beachten der nonverbalen Signale des Schülers). Und deshalb bin ich in meiner Zwickmühle: Denn einerseits glaube ich Dir und andererseits glaube ich auch an die Möglichkeiten des menschlichen Gehirns ... (kurze Pause ... wenn der Schüler sich nicht äußert:) ... Was würdest Du mir raten?"

5. Provokative Methodik

Doch was kann der Lerncoach unternehmen, wenn all die genannten Vorgehensweisen anscheinend vom Schüler abprallen? An solchem Punkt vermag eine provokative Methodik Impulse zu setzen. Sie eröffnet Perspektiven und Handlungsspielräume im Umgang mit reaktantem Verhalten. Gleichwohl passt sie nicht zu jedem Kommunikationsstil. Auf einer oberflächlichen Ebene mag sie drastisch erscheinen, doch sie spricht den Schüler in seinem Autonomiestreben an. Damit enthält sie im Kern eine äußerst respektvolle und wertschätzende Haltung gegenüber dem Lernenden und seinen Potentialen von Selbstgestaltung.

In der konkreten Kommunikation schließt sich das provokative Vorgehen an Aspekte der motivierenden Gesprächsführung an, die bereits in Kapitel 2.4.2 vorgestellt worden sind. Die Anleitung zur provokativen Methodik, wie sie hier beschrieben ist, folgt im Wesentlichen dem Vorgehen von F. Wartenweiler (2003).

Provokatives Vorgehen als schmaler Grat. Provokation kann ein fruchtbares Element innerhalb einer professionellen Gesprächsführung sein, wenn sie als Methode verstanden und eingesetzt wird. Sie bedarf aufseiten der beratenden Person zweierlei: einerseits eines theoretischen Grundverständnisses und andererseits einer Haltung, die sich durch Souveränität und Empathie auszeichnet. Ungeduld, Wut oder Enttäuschung als handlungsleitende Motivation führen dazu, dass die Provokation verletzend und somit kontraproduktiv wirken kann. Solches kann z.B. passieren, wenn sich der Coach seiner eigenen Verzweiflung nicht bewusst ist oder wenn er sich von der eigenen Aggression gegenüber dem Schüler leiten lässt. Gerade in der Arbeit mit herausfordernden Kindern und Jugendlichen kann dies passieren, was weniger verwerflich und eher menschlich ist. Allerdings kommt dies keiner gezielt eingesetzten Methode gleich, sondern einem Ausagieren eigener Gefühlsladungen. Also ist der Lerncoach bzw. Berater herausgefordert, seine Motive und seine Haltung gegenüber dem Coachee zu prüfen, bevor er sich einer provokativen Methodik bedient. Dies ist möglich anhand von klärenden Fragen zur Selbstbeziehung.

Ein provokantes Vorgehen eignet sich in einigen Fällen im Umgang mit sogenannter ‚Reaktanz'. Aus der Perspektive der Provokanten Methodik wird das reaktante Verhalten zu einem anerkennenswerten Träger von Information, die bisher noch keine Beachtung gefunden hat. Diese Information kann gewürdigt und es kann ihr im Lerncoaching ein Platz gegeben werden. Denn in der Reaktanz zeigen sich Bedürfnisse und Kompetenzen, positive Absichten und sekundäre Gewinne des Kunden. Ein wesentlicher Effekt der Provokativen Methodik liegt in einem Willkommen-heißen des sogenannten reaktanten Verhaltens.

Methodische Schritte
0. Klären der eigenen Motivlage
Die provokative Methodik braucht eine emotionale Souveränität des Lerncoachs. Sollte er sich von seinem Kunden provoziert fühlen, ist dies eine denkbar ungünstige Ausgangslage zum Einsatz der Methode. Sie gerät dann schnell zu einem Gegenangriff oder – zugespitzt formuliert – zu einem Akt der Rache. Eine selbstklärende Frage an die eigene Person könnte sein: Bin ich in meinem Empfinden und Handeln dem Coachee gegenüber frei und empathisch?

(Weitere Fragen zur Selbstklärung finden sich im Kapitel 2.1.1 zum Thema Selbstbeziehung.)

1. Schritt: Rapport

Hat der Coach einen guten Kontakt zur eigenen Person und seinem emotionalen Befinden, kann er sich dem Gegenüber zuwenden. Auf non- und paraverbaler Ebene synchronisiert er sich mit dem nonverbalen Modus des Coachees, z.B. in der Körperhaltung oder dem Atemmuster (siehe auch Kapitel 2.4). Der Rapport als ‚guter Kontakt' zum Gesprächspartner ist unabdingbare Voraussetzung für den methodischen Einsatz einer Provokation.

Rapport beinhaltet ein Respektieren des Weltbilds des Kommunikationspartners. „Er setzt voraus, dass es eine positive Absicht gibt, und er ist ein wirkungsvoller Weg, sich auf Übereinstimmung oder ein gemeinsames Ziel zuzubewegen. Um erfolgreich zu pacen [...], müssen Sie gegenüber der anderen Person aufmerksam und in Ihrem eigenen Verhalten flexibel genug sein, um auf das zu reagieren, was sie sehen und hören." (O'Connor/ Seymour 2005, 53)

2. Schritt: Aktivdiagnose

In diesem zweiten Schritt stellt der Berater bzw. der Lerncoach den Kontakt zur affektiven Ebene des Coachees her. Er konzentriert sich auf das emotionale Erleben des Schülers und verhilft ihm zur entsprechenden Artikulation. Zum Verbalisieren emotionaler Erlebnisinhalte bedient sich der Coach solcher Bausteine von Gesprächsführung, wie dem *Aktiven Zuhören, Widerspiegeln* und *Reflektierender Aussagen* (Kapitel 2.4). Allerdings geht es nun nicht darum, das Problemerleben lang und breit zu besprechen, sondern den Fokus auf Unannehmliches und Diskrepantes zu richten. Der Lerncoach achtet dabei auf die verbalen und nonverbalen Inkongruenzen des Kunden und sorgt dafür, dass diese zur Sprache gebracht werden. So lädt der Coach zum Ausdruck von negativen Überzeugungen, Gefühlen sowie Gedanken ein und bestärkt sein Gegenüber darin.

3. Schritt: Intervention

Nachdem eine konkrete negative Überzeugung, ein konkretes negatives Gefühl oder ein konkretes Vermeidungsverhalten klar herausgearbeitet worden ist, beginnt der Lernbegleiter, zunächst noch vorsichtig, die Gewinne und Vorteile dieser negativen Seite oder dieses Verhaltens bzw. dieser Überzeugung hervorzuheben. „Systematisch wird in den Interventionen die negative, unerwünschte, unangepasste oder problematische Seite [...] unterstützt." (Wartenweiler 2003, 20)

Im weiteren Verlauf achtet der Coach ständig auf die nonverbalen und verbalen Reaktionen des Schülers. Sollte sich dieser bereits regen und erste Anzeichen zeigen, dass er mit der neuen Sicht auf die Vorteile seines negativen Verhaltens nicht ganz einverstanden ist, kann der Coach dazu übergehen, die Vorteile umso mehr zu betonen bis hinein in die absurde Übertreibung. Er verstärkt die negative Seite durch:

- Dramatisieren,
- Verzerren,
- Blicke in die Zukunft,
- konkrete Bilder,
- Überbetonen der Gewinne und Vorteile …

… – soweit, bis der Coachee vehement Einspruch erhebt. Das bedeutet, der Lerncoach übertreibt so sehr, bis der Schüler gegen die Übertreibung Partei ergreift und eine Relativierung der negativen Seite selbst vornimmt. „Der Jugendliche beginnt rasch, sich um das Vernünftige in seinem Leben zu kümmern, wenn der Erwachsene ihm eine unvernünftige Zukunft offeriert." (Wartenweiler 2003, 20) Auf solche Weise ermöglicht der Coach seinem Kunden, dass dieser sich aus der Identifikation mit seiner negativen Seite lösen kann.

Beispiel:

1. Schritt: Rapport
Der Lerncoach achtet auf die Körperhaltung des Schülers. Dessen verschränkte Arme spiegelt er durch ein Überkreuzen seiner Unterarme. Ähnlich dem Schüler lehnt er sich stark in den Stuhl. Da der Lernende in seinen Mitteilungen eher stockend und mit wenigen Worten spricht, hält sich der Coach mit langen Sätzen zurück und spricht tendenziell mit großen Pausen zwischen seinen Wortbeiträgen. Seine Stimmlage hält der Coach weitestgehend konstant, denn sein Gegenüber spricht eher monoton. Dennoch zeigt sich der Coach zugewandt.

Lerncoach: „In der letzten Sitzung …"
Schüler: schweigt, schaut den Coach nicht an
Lerncoach: „Du hattest ja … von zuhause erzählt."
Schüler: schweigt weiterhin, schaut den Coach nicht an
Lerncoach: „Also, … dass Deine Mutter … Deine Sachen wegräumt."
Schüler: „Tja …"
Lerncoach: „Tja? …"
Schüler: „Was sollen wir hier reden … ist doch eh alles egal …"
Lerncoach: „… alles egal … also auch Dein Lernen … oder?"
Schüler: schweigt

2. Schritt: Aktivdiagnose
Lerncoach: „Ist ja eh alles egal."
Schüler: „Isses ja auch."
Lerncoach: „Isses ja auch?"
Schüler: „Wozu soll ich mich denn anstrengen?"
Lerncoach: „Du bist komplett genervt … und alles egal …"
Schüler (wird lebendiger): „Ist doch alles scheißegal! Meine Eltern machen eh alles für mich."
Lerncoach: „Alles komplett egal! Scheiß der Hund drauf!"
Schüler (leicht amüsiert): „Ja."

3. Schritt: Intervention

Lerncoach: „Wofür solltest Du auch lernen – Deine Eltern machen alles für Dich ... alles ist egal – also ist das Beste, dass Du gar nichts machst."

Schüler: schweigt

Lerncoach: „Das ist es: Du machst gar nichts mehr ..."

Schüler: schaut skeptisch

Lerncoach: „Du bleibst die ganze Zeit im Bett ..."

Schüler (lächelt): „Das wär cool."

Lerncoach: „Nicht wahr? Du stehst gar nicht mehr auf ... und lässt alles für Dich machen."

Schüler: schaut den Coach fragend an

Lerncoach: (mit zunehmender Begeisterung) „Das Essen lässt Du Dir auch ans Bett bringen."

Schüler: runzelt die Stirn

Lerncoach: „Ja, ja – das ist gut! Am besten lässt Du Dich füttern – Mutti und Vati machen doch eh alles für Dich ..."

Schüler: „... jetzt übertreiben Sie. Ich ..."

Lerncoach (unterbricht den Schüler): „Nein, nein, alles super! Und weißt Du was? Am besten lässt Du Dir von Mutti und Vati Windeln anlegen!"

Schüler: „Jetzt ist mal gut."

Lerncoach: „Wieso? Ist doch alles scheißegal!"

Schüler: „Schon gut, ich habe es kapiert."

Lerncoach: „Deine Worte: scheißegal."

Schüler: „Ja, so egal nun wieder auch nicht."

Lerncoach: „Und was ist nicht egal?"

Schüler: „Na, das die tun, als wäre ich noch ein Baby."

Lerncoach: „Und was willst Du stattdessen?"

Schüler: „Ernst genommen werden."

Lerncoach: „Du willst ernst genommen werden ..."

Schüler: „Ja."

Lerncoach: „Daran können wir etwas tun – wenn Du willst ..."

Einigen Seminarteilnehmenden stockt angesichts solchen Vorgehens der Atem. Zur Erinnerung: Eine provokative Methodik braucht einen guten Kontakt zum Lernenden, Empathie und Humor. Sie ist sicherlich nicht für jedes Coaching und ebenso wenig für jeden Lerncoach geeignet.

Für den Fall, dass der Schüler anscheinend nicht reagiert, kann er nach drastischer Schilderung angesprochen werden mit: „... oder gibt es einen Teil in Dir, ... der anderer Meinung ist?" So vermag der Coach die vorhergehende Gesprächssequenz aufarbeiten, sollte sie nicht unmittelbar fruchten.

Das provokative Vorgehen wird von der Überzeugung des Coachs getragen, dass seinem Gegenüber Selbstgestaltungspotentiale innewohnen und dass ihm etwas zugemutet werden kann. Sarkasmus oder gar Zynismus haben in einer provokativen Methodik keinen Platz – obgleich die Angebote des Coachs klingen mögen, als würden sie von Sarkasmus überquellen.

Entscheidend ist die innere Haltung und ein guter Humor als Begleiter. So bewegt sich der Lerncoach in der Kommunikation auf dem schmalen Grat zwischen empathischer Anteilnahme und humorvollem Augenzwinkern. Die Methode zielt beim Lernenden auf seinen „Widerspruch und eine Neuorientierung der Lebenskräfte von innen her mit dem Ziel einer gesünderen Entwicklung" (Wartenweiler 2003, 45). Es ließe sich auch von einer Empathie *ex negativo* sprechen, die den Schüler veranlasst, für sich selbst Empathie zu entwickeln.

6. Ausnahmen suchen und provokatives Fragen

Dieses Vorgehen (nach einer Seminaridee von Pallasch und Nicolaisen 2009) kombiniert die systemische Methode des Ausnahme-suchens (Kapitel 4.2) mit provokativen Fragen und Bausteinen aus der Gesprächsführung (u. a. Kapitel 2.4.1). Es eignet sich besonders bei generalisierten Annahmen des Schülers, mit denen er sich und sein Lernen bzw. seine Lernfähigkeit beschreibt. Dies können Sätze sein wie: „Ich kann nicht lernen.", „Das konnte ich noch nie.", „Ich lerne immer das Falsche.", „Ich habe keinen Bock.", „Ja, aber …".

1. Herstellen eines Kontakts auf der Resonanzebene (Rapport)
Bausteine: Zuhören, Pausen ertragen, Widerspiegeln
Beispiel:
Schüler: berichtet von seinem Problem
Lerncoach: „Mmh …"

2. Erfassen der generalisierten Annahme
Bausteine: Zusammenfassen, Widerspiegeln
Beispiel:
Schüler: „Ich kann nicht lernen."
Lerncoach: „Du kannst nicht lernen …"
Schüler: „Nein."

3. Infragestellen der generalisierten Annahme
Bausteine: Sprachstil des lösungsorientierten Ansatzes
Beispiel:
Lerncoach: „… Niemals?"
Schüler: „Nie."

4. … und gegebenenfalls Provokation und Ausnahmen suchen
Beispiel:
Lerncoach: „Das glaube ich Dir nicht! Du hast nicht gelernt zu laufen? Du hast nicht gelernt, Dein Handy zu bedienen? …"
Schüler: „Doch, na klar! Aber ich kann nicht immer lernen."

5. Ausnahmen suchen und Konkretion

Baustein: Ausnahmen suchen

Beispiel:

Lerncoach: „Du kannst nicht immer lernen ...“

Schüler: „In der Schule kann ich nicht lernen ...“

Lerncoach: „In der Schule kannst Du nicht lernen ...“

Schüler: „Nein, kann ich nicht.“

Lerncoach: „In Deiner gesamten Schulzeit hast Du in der Schule noch niemals gelernt ...“

Schüler: „Naja ... Manches schon ...“

Lerncoach: „... manches schon ... nämlich?“

6. Erfassen der Ausnahme

Kapitel 9
Einbeziehen familiärer Kontexte

Anlässe zum Einsatz:
- Wechselwirkungen von Kontexten klären.
- Auswirkung familiärer Verhältnisse berücksichtigen.
- Grenzen des Lerncoachings klären.
- Einbeziehen weiterer Unterstützungsangebote klären.
- Schüler-Eltern-Gespräche durchführen.
- Arbeit mit interpersonalen Dynamiken.

Probleme, die sich um das Lernen ranken, stehen oftmals im Zusammenhang mit familiären Ereignissen oder häuslichen Situationen. LehrerInnen, die sich zum Lerncoach ausbilden lassen, sehen sich an diesem Punkt mit der Frage konfrontiert, ob sie eine weitere Begleitung abgeben sollen. Hier kann tatsächlich eine Grenze des Lerncoachings erreicht sein. Diese Grenze hängt jedoch von den Kompetenzen des Lerncoachs ab und muss daher individuell bestimmt werden. So wird sie von Fall zu Fall unterschiedlich zu setzen sein. Grundsätzlich bleibt festzustellen, dass es im Lerncoaching um die Lernprozesse und Faktoren geht, die das Lernen beeinflussen. Anliegen des Schülers, die sich weit vom Lernen entfernen, überschreiten den Rahmen eines Lerncoachings. Jenseits der Grenze kann der Lerncoach andere Unterstützungsangebote, wie z.B. den Beratungslehrer, hinzuziehen. Diese gewährleisten, dass der Schüler für eine schwer wiegende Familien-Thematik, die in einem Lerncoaching aufgetaucht sein mag, adäquate Begleitung erfährt. Entsprechende Wege können nachfolgend oder parallel zum Coaching gegangen werden. Dazu sind vernetztes Zusammenarbeiten und klare Absprachen zwischen Lerncoach und Beratungslehrer bzw. Schulsozialarbeiter etc. erforderlich. Die möglichen Übergänge sollten einerseits sensibel und transparent in Kooperation mit dem Schüler gestaltet werden, sowie andererseits als verbindliche Vereinbarungen zwischen dem Lerncoach und dem Beratungslehrer gelten.

Grundsätzlich vermag Lerncoaching den familiären Kontext in die Arbeit miteinzubeziehen. Dies geschieht immer mit dem Fokus auf das Lernen des Schülers und ist keineswegs identisch mit einer therapeutischen Arbeit. Nahezu jede pädagogische Arbeit in Schule und Ausbildung impliziert den Kontakt zu den Erziehungsberechtigten. Das Kapitel zeigt Perspektiven und Handlungsmöglichkeiten auf. Sie lassen sich sowohl innerhalb des einzelnen Lerncoachings anwenden als auch darüber hinaus für Eltern-Schüler-Gespräche.

Die Grundlage bildet auch hier systemisches und konstruktivistisches Denken. Beide haben einen wesentlichen Beitrag zur Beratung und therapeutischen Begleitung von Familien geleistet (Cierpka 2008; Kriz 2001; Schlippe 1995a; Schlippe/Schweitzer 2003). Sie dienen beim Einbeziehen familiärer Kontexte in die Lerncoachingarbeit als Verstehens- und Handlungsfolie.

> „Systemisch-konstruktivistische Diagnostik basiert auf der epistemologischen Sichtweise, dass es keine objektive Wirklichkeit von Familie gibt, die es diagnostisch zu erfassen gibt. Stattdessen interessiert sie sich dafür, wie Familienmitglieder ‚Probleme' und ‚Symptome' (mit)konstruieren und welche Beziehungsdefinitionen und -konstruktionen sich kontextabhängig als nützlich und weniger nützlich erweisen. Sie orientiert sich vor allem am Möglichkeitsraum sozialer Systeme." (Schweitzer-Rothers/Ochs 2008, 138)

Lerncoaching blickt auf solche Möglichkeitsräume. Konkret meint dies ein Fokussieren auf Ressourcen und Ausnahmen vom Problem. Entsprechende Methoden finden sich in den Kapiteln über Ressourcen (4.3) und über Lösungsorientierte Gesprächsführung (2.4.2).

Damit betreibt der Lerncoach keinerlei monokausale Ursachenforschung nach dem familiären Grund für eine Lernproblematik, sondern er schaut auf Beziehungsdynamiken. „Nicht das gesellschaftlich definierte Familiensystem erzeugt ein Problem, sondern umgekehrt, das Problem generiert sozialkommunikative Strukturen (sprachlicher Ausdruck, spezifische Bedeutungen, Beziehungen)." (Liechti 2010, 41) So kann eine Lernblockade durchaus die Funktion haben, die Beziehung zu den Eltern oder einem Elternteil oder zu einem anderen Familienmitglied zu festigen. In einigen Fällen drückt sich darin eine verdeckte Loyalität aus. Der Coach kann diese in einer *Arbeit mit dem motivationalen Selbstbild* des Schülers in den Fokus nehmen, wie sie im siebten Kapitel über *Motive und Motivation* dargestellt ist.

Übersicht Themen und Methoden:
1. Relevante Kontextbereiche für Lerncoaching
2. Kooperative Netzwerke
3. Der Lerncoach als neutraler Beobachter
4. Eltern-Schüler-Gespräche
5. Zirkuläres Fragen
6. Mögliche Funktion der Lernschwierigkeit
7. Familienregeln

1. Relevante Kontextbereiche für Lerncoaching

Jedes Lerncoaching ist durch das In-einander-verschränkt-sein sozialer Umwelten bedingt und beeinflusst. Einige dieser Umwelten seien hier genannt:

1. Der schulische Kontext

- Welche Selbstverständlichkeiten prägen die Schule?
- Inwieweit ist Lerncoaching in der Schulorganisation verankert und akzeptiert?
- Wie wird das Angebot zum Lerncoaching gegenüber dem Kollegium und der Elternschaft kommuniziert?
- Wie ist das Lerncoaching mit Vermittlungsformen (z.B. individualisiertes Lernen) und anderen Unterstützungsmöglichkeiten (Förderunterricht, Beratungslehrer, externe Therapieangebote) vernetzt?

2. Der Auftragskontext

- Ist der Schüler freiwillig oder auf Veranlassung von Lehrern oder Eltern ins Lerncoaching gelangt?
- Welche Ereignisse bzw. welche Annahmen haben zu dem Lerncoaching geführt?
- Welche Person hat bzw. welche Personen haben es empfohlen bzw. angewiesen?
- Welche Beobachtungen und welche Zuschreibungen stehen damit im Zusammenhang?

3. Der familiäre Kontext

- Wie steht die Familie (Eltern, Geschwister, Großeltern etc.) zur Schule und zum Schulbesuch des Schülers?
- Wie ist deren Verhältnis zu einzelnen Lehrpersonen?
- Welche Erfahrungen und Erwartungen verbinden sie mit ‚Lernen'?
- Welchen Sinn könnte das Lernproblem des Schülers in der Familiendynamik erfüllen? Sorgt es für positive oder negative Zuwendung? Schafft es Distanz zwischen einzelnen Familienmitgliedern?
- In welche Kontexte (Rollen, Aufgaben) sind die einzelnen Familienmitglieder eingebettet?

Die benannten Punkte nebst Fragen richten den Fokus auf die Umfelder von Lernstörungen oder -blockaden. Indem das Umfeld bzw. die Umfelder der Problematik beschrieben werden, mag die Sinnhaftigkeit der Lernschwierigkeit zum Vorschein kommen. Denn diese ist immer kontextuell gegeben. Die Fragen dienen der Informationsgewinnung sowie einem erweiterten Blick auf die Problematik. Daraus abgeleitete Vermutungen und Interpretationen sollte der Lerncoach in Form von Hypothesen notieren.

Weiterführende Fragen:
- Wo scheinen relevante Wechselwirkungen vorzuliegen?
- Wenn der Schüler in der Familie sein als Problem bezeichnetes Verhalten zeigt bzw. eine problematische Beziehung zu einem Familienmitglied schildert, unter welchen Umständen und in welchen Kontexten ist dies anders?
- Wo werden andere Verhalten gezeigt bzw. stabilisierende Beziehungen gelebt?

Die formulierten Hypothesen können in einer nächsten Lerncoachingsitzung sensibel in den Dialog mit dem Schüler gebracht werden. Mittels einer professionellen Gesprächsführung gestaltet der Coach das Gespräch (Kapitel 2.4) und achtet auf die nonverbalen Veräußerungen des Schülers. Das Thema ‚Familie' ist häufig emotional geladen, daher sollte der Coach die Grenzen des Gegenübers mehr denn je respektieren. Ein zu großes Maß an Fürsorge oder Anteilnahme kann bereits als Grenzverletzung bzw. als Einmischung empfunden werden. Lässt sich der Lerncoachee im Dialog auf solch diagnostisches und klärendes Arbeiten ein, bieten sich im Anschluss zwei Wege an: Entweder vereinbaren Coachee und Coach eine weitere Coaching-Arbeit und widmen sich fortan den Zielen oder den Ressourcen des Coachees oder sie besprechen die Inanspruchnahme eines anderen Unterstützungsangebotes (Beratungslehrer, Schulsozialarbeit oder Therapie).

2. Kooperative Netzwerke

Jugendlich und Kinder, deren Lernstörungen maßgeblich mit dem familiären Umfeld zusammenhängen, profitieren in der Regel von einem gut koordinierten beraterischen Netzwerk. Dieses funktioniert „erfolgreicher, je kooperativer die Berufsleute die Beziehungen zwischen Jugendlichen, Schule, Eltern und anderen Instanzen zu gestalten wissen. Eine die Komplexität des Kontexts berücksichtigende systemische Kompetenz kommt ihnen dabei zupass. [...] Insoweit ist der Einbezug der Eltern tatsächlich von Bedeutung, als gefährdete Jugendliche familiäre Stressfaktoren zu den wichtigsten Problembereichen zählen." (Liechti 2010, 64) So kann der Lerncoach andere Beratungsprofessionen, z.B. zu Gesprächen mit Eltern hinzuziehen, wenn er sich überfordert fühlt oder einen gegebenen Anlass zu beobachten meint. Nicht nur zu solchem Zweck braucht es in jedem Fall eine klar abgestimmte Kooperation zwischen den unterschiedlichen Unterstützungsformen (Seckinger 2001). Der Coach muss nicht sämtliche Probleme bearbeiten, aber er kann seinen Beitrag leisten. Das Wahrnehmen der persönlichen Grenze (siehe Checklisten Selbstbeziehung in Kapitel 2.2.1) spielt darin die entscheidende Rolle.

3. Der Lerncoach als neutraler Beobachter

Trifft der Lerncoach die bewusste Entscheidung, den familiären Kontext in das Lerncoaching-Geschehen einzubeziehen, ist es von äußerster Wichtigkeit, dass er dies aus der Position eines neutralen Beobachters unternimmt. So paradox es klingen mag: Er sollte sich davon fernhalten, aus seinem Helfersyndrom heraus dem Schüler Gutes tun zu wollen bzw. etwas verändern zu wollen.

Familiäres Geschehen, das beim Lernenden zu Lernschwierigkeiten führt, kann von Täter-Opfer-Rollen, einem Sündenbock-Stigma oder anderen abwertenden Zuschreibungen („Aus Dir wird nie etwas!", „Dein Bruder hätte das viel besser gemacht.") geprägt sein. Der Lerncoach sollte sich nicht in diese Dynamiken hineinsaugen lassen oder mit einer der involvierten Personen eine Koalition eingehen – und sich ebenso wenig mit dem Schüler ‚verschwistern' (zur Vorbeugung und Selbstklärung siehe Kapitel 2.2.1). Ratschläge, Rettungsversuche und andere Lösungen erster Ordnung (Kapitel 5) tragen zu einer Verschlimmerung der Problemlage bei. Also liegt die bestmögliche Rolle des Coachs in solchen Fällen darin, aus der Perspektive des neutralen Beobachters auf Veränderungen zweiter Ordnung zu schauen. Dies wird im Familiensystem eine neue Information darstellen und als solche eventuelle Veränderung begünstigen – mehr nicht. Für den Lerncoach ist dies nicht unbedingt leicht auszuhalten. Über Selbstklärung, Rollenklarheit und eine gute Selbstbeziehung kann er seine Beobachterposition stärken.

4. Eltern-Schüler-Gespräche

Manches Mal versuchen Eltern oder Elternteile den Lehrer bzw. den Lerncoach von ihrer Sicht zu überzeugen oder ihn auf ihre Seite zu holen. Dies geschieht oftmals im Zuge einer Abwertung des Schülers („Er könnte noch viel mehr, wenn er sich nur anstrengen würde!"). In solcher Situation ist für den Coachs wichtig, nicht Partei zu ergreifen, weder für die Eltern noch (als Reflexreaktion auf die Eltern) für den Schüler. Auch in diesem Kontext gilt: Die wertvolle Aufgabe des Coachs besteht vielmehr darin, die Position eines neutralen Beobachters einzunehmen.

Während des Gesprächs vermag der Coach einen diagnostischen Blick auf das kommunikative Geschehen (auf verbaler, non- und paraverbaler Ebene) zwischen den beteiligten Personen zu richten. Daraus abgeleitete Hypothesen sollte er nicht in Gegenwart der Familienmitglieder äußern.

Folgende Kriterien (u.a. nach Joraschky/Retzlaff 2008) können als Richtlinie dienlich sein:

- Grad der Offenheit im Gespräch,
- Zusammenhalt der Familie,
- Nähe – Distanz (emotionale Dichte),
- Offenheit der Familie gegenüber der Außenwelt,
- Bindende Familienregeln.

Lediglich die bloße Zeugenschaft, d.h. das Wahrnehmen und Zuhören, mag bereits eine wirksame Unterschiedsbildung darstellen: Die Interaktion und Kommunikation zwischen Eltern und Kind erhält einen Beobachter. Auch hier muss wieder betont werden, dass der Lerncoach beobachtet, ohne in das familiäre Geschehen direktiv einzugreifen. Lösungen erster Ordnung (Kapitel 5) wirken sich an dieser Stelle fronten-verhärtend oder eskalierend aus.

Es gibt eine Interventionsform, die in Eltern-Schüler-Gesprächen sinnvoll eingesetzt werden kann: das zirkuläre Fragen. Es eignet sich besonders, wenn im Gespräch ein Elternteil permanent über das eigene Kind redet, ohne es in das Gespräch einzubeziehen. In solchen Fällen fragt der Coach:

„Was glauben Sie, denkt Ihr Kind darüber, wenn Sie so reden?"
An den Schüler gerichtet: „Was glaubst Du, was Deine Mutter denkt, wenn Du hier im Gespräch schweigend dabei sitzt?"

5. Zirkuläres Fragen

Das zirkuläre Fragen wurde maßgeblich von der Mailänder Gruppe um Mara Selvini Palazzoli in der zweiten Hälfte der 1970er Jahre entwickelt und hat in den folgenden Jahren eine beständige Weiterentwicklung erfahren (z.B. Tomm 1989). Es lädt ein, „nicht in Begriffen von ‚Dingen', sondern in Begriffen von ‚Verhältnissen', d.h. Beziehungen" (Nordmann/Kötter 2008, 294) zu denken. Gezeigtes oder indirekt gezeigtes Verhalten sowie verbale und nonverbale Mitteilungen über die eigene Befindlichkeit sind auch immer kommunikative Angebote: „Ein Gefühl ist eine Botschaft an einen anderen." (Schlippe/Schweitzer 2010, 44) Anstatt eine Person danach zu fragen, was oder warum sie etwas fühlt oder denkt, wird sie befragt, was andere an der Situation Beteiligte darüber denken. Mit dieser Perspektive werden Informationen generiert und Zusammenhänge verdeutlicht.

Das Zirkuläre Fragen bietet sich an, wenn der Schüler ein konkretes familiäres Ereignis nennt, das mit seinem Lernen oder seiner Lernproblematik scheinbar zusammenhängt. Diese Art des Fragens eignet sich zum Erfassen zwischenmenschlicher Dynamik und ihrer Bedeutung für das Individuum. Indem jemand sich vorstellt, was andere Menschen, d.h. in diesem Fall Familienmitglieder, über ihn denken, teilt er etwas über seine Beziehung zu dieser Person mit, ebenso über die Kommunikationsmuster, die sich in der Dynamik mit diesem Menschen ergeben.

Das zirkuläre Fragen verfolgt die Ziele:
- Herstellen von Unterschieden,
- Verflüssigen von Zuschreibungen,
- Aufdecken von Attribuierungen,
- Aufdecken von internalen Dialogen,
- Erfassen von interpersonalen Dynamiken.

Zirkuläres Fragen ermöglicht dem Lerncoach, Informationen über den Einfluss von familiären Beziehungen auf die Lernprozesse des Schülers zu erhalten, ohne invasiv in dessen emotionalen Familienproblemen zu stochern: „Beziehungsmuster werden deutlich, ohne dass man sich in inhaltliche Auseinandersetzungen verwickelt. Mit jeder zirkulären Frage wird auch ein Angebot zum Einnehmen einer Außenperspektive auf das eigene soziale System gemacht." (Schlippe/Schweitzer 2003, 142) Allein diese vermag einen maßgeblichen Unterschied herzustellen, auf welchen sich der Lerncoach beziehen kann.

6. Mögliche Funktion der Lernschwierigkeit

Dieses Vorgehen ist als diagnostisches Mittel für den Coach gedacht. Die Grundidee besteht darin, die Lernschwierigkeit des Schülers als Kommunikationsleistung zu betrachten. Mit dieser Verstehensfolie achtet der Coach auf Äußerungen seines Gegenübers, die Hinweise geben, ob das Lernproblem eine mögliche Funktion innerhalb der familiären Dynamik einnimmt. Dies erfordert ein Denken in sekundären und verdeckten Vorteilen. Cierpka nennt ein Beispiel: „Die Lernstörung des Kindes bindet die Mutter bei den täglichen Hausaufgaben, die dadurch möglicherweise die allzu häufigen Abwesenheiten des Vaters und die Wut bzw. Enttäuschung darüber verdrängen kann." (Cierpka 2008, 74)

Der Coach stellt nach der Sitzung seine Hypothesen über eine mögliche Funktion der Lernstörung bzw. -schwierigkeit auf. Die Konsequenz für das weitere Vorgehen besteht in einem umso vorsichtigeren Begleiten des Schülers in der Bearbeitung seiner Lernproblematik – mitnichten sollte der Coach in die familiäre Dynamik eingreifen. Dies fällt eher in den therapeutischen Bereich. Ein Anknüpfungspunkt im Lerncoaching wäre das Klären, inwieweit Familienregeln einen Teil zum Problem beitragen.

7. Familienregeln

„Kultur wird transgenerational weitergegeben, dabei aber auch immer wieder verändert. Familiäre Modelle und Missionen, insbesondere aber Familienmythen [...] spielen eine Rolle dabei." (Walter/Adam 2008, 227) Wenn sich in der Familie ein bestimmter Wert (z. B. „Leben bedeutet Kämpfen." oder „Man muss jederzeit freundlich sein!") tradiert hat, dem sich der Schüler verpflichtet fühlt, kann es sein, dass dieser Wert im Kontext Schule mit schulimmanenten Regeln in Widerspruch steht. Heranwachsende wie auch Erwachsene tragen das Bedürfnis in sich, gegenüber der Familie loyal zu sein. Tendenziell läuft dies weniger bewusst ab. Schüler (‚besonders solche mit Migrationshintergrund, die in den Selbstverständnissen zweier Kulturen aufwachsen,) erleben häufig Loyalitätskonflikte. Sie ergeben sich aus den anscheinend widerstreitenden Kräften, ein Individuum zu werden und doch gleichzeitig in Traditionen eingebunden zu sein. Schüler erleben solche inneren Konflikte in den meisten Fällen als ambivalente Gefühlslage, die sich in diffuser Unzufriedenheit ausdrückt. Im Lerncoaching ist es möglich, diese Ambivalenz zu registrieren und als Realität zu akzeptieren. Erst dann lässt sie sich relativieren.

Daher kann es für den Lerncoach nützlich sein, annähernde Informationen darüber zu erhalten, welche Selbstverständnisse, welche Grundannahmen und welche Bewältigungsstrategien die Familie des Schülers geprägt haben, z. B. „Wir lösen unsere Probleme selbst. Hilfe brauchen wir nicht!" Allein das klare Benennen solcher Annahmen kann Erkenntnis bringen. Die Auswirkungen auf das Lernthema mögen herausgearbeitet werden. In einem weiteren Schritt kann der Coach mit dem Coachee an einem guten Umgang mit dessen Loyalitätsbedürfnissen erarbeiten (siehe auch Kapitel 7: *Arbeit mit dem motivationalen Selbstbild*).

Mögliche diagnotische Fragen für den Lerncoach:

- Welche Äußerungen des Schülers weisen auf familiäre Zusammenhänge hin?
- Welche Familientraditionen oder Wertvorstellungen tragen eventuell zum Erhalt des Lernproblems bei?
- Ergeben sich daraus interne Selbstabwertungen des Schülers?
- Wer spricht mit wem über die Lernproblematik des Schülers?
- In welcher Art und Weise wird darüber gesprochen? Geringschätzend? Abwertend? Wohlwollend? Bevormundend?

Direkte Fragen an den Schüler:

- „Was meinst Du, denken Deine Eltern (, Deine Großeltern, Deine Geschwister) über Dein Lernen?"
- „Was meinst Du: Wer bei Dir zuhause hat Einfluss auf Dein Lernen?"
- „Gibt es aus Deiner Sicht Zusammenhänge zwischen Deinem Lernen und dem Familienklima?"

Mögliche weitere Vorgehensweisen:

- Annäherndes Erfassen der Familienregeln durch Bilder und Geschichten (siehe in Kapitel 4.1: Projektive Verfahren),
- Herausarbeiten von Selbstattributionen (siehe in Kapitel 7: Arbeit mit dem motivationalen Selbstbild),
- Arbeit mit Ambivalenzen (Kapitel 7),
- Zirkuläres Fragen,
- Hypothetisches Fragen (Kapitel 4.2).

Kapitel 10
Umsetzung von Lerncoaching

Anlässe zum Einsatz:
- Den Lerncoaching-Auftrag klären.
- Projektpläne zur Umsetzung von Lerncoaching erarbeiten.
- Prozessbegleitung für die Etablierung konzipieren und initiieren.

Ein Buch über die Praxis von Lerncoaching braucht zumindest eine kurze Darstellung einer prozessorientierten Umsetzung. Zu diesem Zweck sollten die Kontexte in den Blick genommen werden, die ein Durchführen von Lerncoaching ermöglichen bzw. erschweren. Und es braucht einer Prozesssteuerung, welche die Schritte zur Etablierung begleitet.

In nahezu sämtlichen Kursen, Workshops und Fortbildungstagen, die der Buchautor seit 2007 beständig an diversen Schulen, Instituten und Unternehmen zum Thema durchgeführt hat (in der Freien Hansestadt Hamburg, Niedersachsen, Nordrhein-Westfalen, Bayern, Schleswig-Holstein sowie in der Schweiz), tauchte die Frage auf: Wie können die im Seminar erworbenen Coaching-Kompetenzen in den Alltag gebracht werden? Wenn das Kernthema Lerncoaching als mögliche und in einigen Zusammenhängen sogar notwendige Ergänzung zum Unterricht gesehen wird, so hat sich die Frage nach der Etablierung als ständiges wichtiges Nebenthema herausgestellt.

Vor dem Hintergrund des 8. Kapitels im 1. Teil werden an dieser Stelle Möglichkeiten skizziert, wie Lerncoaching im pädagogischen bzw. unternehmerischen Alltag etabliert werden kann.

Die Darstellung gliedert sich in zwei Schwerpunkte. Der erste Schwerpunkt *Praxisformate* stellt in Kürze mögliche Formate von Lerncoaching vor. Punkt zwei mit dem Titel *Projektmanagement* beschäftigt sich mit der Umsetzung von Lerncoaching in der eigenen Organisation bzw. Institution.

10.1 Praxisformate Lerncoaching

Das vorliegende Praxisbuch betrachtet Lerncoaching als ergänzendes Format im pädagogischen bzw. ausbildenden Berufsalltag. Es ist als eine Extra-Zeit gedacht, in der auf individuelle Lernprozesse und entsprechendes Befinden eingegangen werden kann.

Einzelgespräche während des Unterrichts

In der Regel wird ein Lerncoaching als Einzelgespräch durchgeführt. Die Lehrperson kann innerhalb der Klasse eine räumliche Situation schaffen, in der sie in der Rolle als Lerncoach Vier-Augen-Gespräche führt. Diese Extra-Zeit lässt sich dann in Phasen selbstgesteuerten Lernens einsetzen. Solche Situation mag nicht für jeden Lerncoach die optimale Lösung sein, doch die Erfahrung zeigt, dass dies durchaus möglich ist. Voraussetzung ist, dass die Lehrperson ihre Rolle als Coach und den Zweck solcher Zweiergespräche klar und deutlich ankündigt.

Aspekte von Lerncoaching in Gruppen

Gleichwohl sind andere Settings z.B. mit Kleingruppen möglich und gestaltbar. In gruppalen Arrangements muss dies nicht immer als ‚Lerncoaching' angekündigt sein. Vielmehr können Aspekte von Lerncoaching (z.B. die persönliche Haltung des Lernbegleiters, die Arbeit mit emotionalen Anteilen oder die Lösungsorientierte Gesprächsführung) in gruppale Arbeitsformen einfließen. Als Gruppenformate eignen sich z.B. Vorgehen kooperativen Lernens oder auch der ‚Klassenrat'. Wenn eine Lehrperson ihre erworbenen Coaching-Kompetenzen in solche bekannten Settings einfließen lässt, wäre die Lerncoaching-Haltung der Lehrperson lediglich eine neue ‚software', die auf einer bereits bestehenden ‚hardware' läuft.

Auch in diesem Zusammenhang ist es notwendig, dass die Lehrperson den Sinn und Zweck des Vorgehens erläutert: Es geht in solchen Gruppen eben nicht um Lerninhalte, sondern vielmehr um das Lernbefinden und die individuellen Lernprozesse.

Mögliche Praxisszenarien

Lerncoaching eignet sich u.a.

- als unterstützende Form zur Umsetzung von Konzepten des individualisierten, kompetenzorientierten und selbstgesteuerten Lernens,
- als Ergänzung für Lernstands- und Lernentwicklungsgespräche,
- zum Umgang mit scheinbar motivationsfernen Schülern,
- als eigenständiges Format neben Beratungslehrer und Förderunterricht,
- als integraler Bestandteil von Unterricht,
- als Form zur Reflexion des pädagogischen Handelns,
- als Erweiterung der Lehrerrolle.

10.2 Projektmanagement

Lerncoaching lässt sich nicht ohne weiteres im Alltag umsetzen. Zwar können einzelne Lehrpersonen oder Ausbilder mit neu erworbenen Coaching-Kompetenzen die Lernenden individueller begleiten; soll Lerncoaching jedoch in der Ausbildung oder in der Schule ein integrales Element werden, benötigt es eines geplanten Projektmanagements.

Ein Projekt sollte erst dann gestartet werden, wenn Klärungen hinsichtlich des Auftrags, der Idee, der Ziele und des Umfelds vorgenommen worden sind. „Ein oft festgestellter Mangel im Projektmanagement ist die fehlende Klarheit des Projektziels und des Projektauftrags." (Steiger/Lippmann 2004, 237) Unklarheiten im Management führen zu Reibungsverlust und Unstimmigkeiten in der Durchführung. Diese werden dann leider mit dem Thema Lerncoaching in Verbindung gebracht, obwohl dieses in keiner Weise die Ursache für die Unklarheiten ist.

Erst nach Planung und Klärungen folgt die Projektdurchführung. Und es braucht eines klar definierten Abschlusses. Denn viele Projekte dümpeln vor sich hin, geraten in Vergessenheit und führen so zu Frustration bei den Beteiligten. Es ist dienlicher ein Nicht-Gelingen zu einem deutlichen Schlusspunkt zu bringen und abzuschließen.

Checklisten Projektmanagement zur Etablierung von Lerncoaching

Die folgenden Checklisten dienen dem Durchführen eines Lerncoaching-Projekts an der eigenen Schule bzw. im Unternehmen.

1.1 Projektauftrag

(Diese Checkliste lehnt sich der Darstellung von Steiger/Lippmann 2004, 236 an.)
* Projektbezeichnung
* Von wem stammt die Idee?
* Wer gibt den Auftrag?
* Wer formuliert die Projektziele?
* Aufbauorganisation des Projektes: Ist der Lerncoach zugleich der Projektleiter? Gibt es zum Thema eine Projektgruppe? Wer trifft die Entscheidungen?
* Projektabgrenzung: Was gehört zum Projekt? Laufen ähnliche Projekte oder sind solche geplant? Gibt es Überschneidungen? Lassen sich Synergieeffekte herstellen?
* Gibt es messbare Erfolgskriterien für das Projekt?
* Werden Zeitstunden, Räumlichkeiten, Materialien etc. zur Verfügung gestellt?
* Projektplan: Termine, Zwischenziel, Meilensteine
* Information: Wer soll wann von wem über den Projektstand informiert werden?
* Wie soll das Projekt dokumentiert oder evaluiert werden?
* Was sollte im Umfeld des Projekts beachtet werden?

1.2 Bildung eines Projektteams/Qualifizierung zum Lerncoach

- Existiert bereits ein Projektteam, welches die Umsetzung von Lerncoaching begleiten könnte? Wie setzt sich die Arbeitsgruppe zusammen?
- Lässt sich das Team mehrperspektivisch erweitern, z. B. durch externe Lerncoaches von kooperierenden Schulen oder durch Ausbilder aus Unternehmen?
- Welche Unterstützung bzw. Qualifizierung benötigen die Teammitglieder?
- Sollen KollegInnen zum Lerncoach ausgebildet werden?
- Gibt es KollegInnen mit entsprechender Qualifizierung im Kollegium?
- Besteht die Möglichkeit, die Etablierung nicht nur in die Hände der Lerncoaches zu geben, sondern von einem Prozessbegleiter durchführen zu lassen? Ist es möglich, entsprechende Tandems zu bilden?

2. Projektidee

- Klärung der Lerncoaching-Tätigkeit: Was sind die wichtigsten Kernaussagen für die künftigen Lerncoaches?
- Anlässe für Lerncoaching in der eigenen Organisation bzw. Institution
- Erstellen eines Lerncoaching-Konzepts
- Nennen der Ziele von Lerncoaching
- Nennen des Mehrwerts von Lerncoaching
- Wo, wann in welcher Frequenz soll Lerncoaching angeboten werden?
- Grober Projektablauf

3. Projektziele

- Was konkret soll bis wann erreicht werden?
- Mit wem werden die Ziele kommuniziert bzw. verhandelt?
- Festlegen des Ziels gemäß SMART-Kriterien: spezifisch, messbar, attraktiv, realistisch, terminiert
- Definieren von Anfangs- und Endpunkt sowie des Ergebnisses

4. Projektumfeld

- Welche weiteren Unterstützungsangebote bestehen bereits an der Schule? (Beratungslehrer, Schulsozialarbeit etc.)
- Wie ist das Projekt in die Schule bzw. den Ausbildungsbetrieb als Organisation eingebettet?
- Welche organisationsinternen Themen und Anlässe werden mit dem Projekt bearbeitet?
- Sind individuelles, kompetenzorientiertes und selbstgesteuertes Lernen in der Organisation bereits verankert? Geben sie Anlässe für Lerncoaching?
- Wie viele und welche anderen Projekte von Organisations- bzw. Schulentwicklung laufen zurzeit im Haus oder sind zu erwarten?
- Wie steht die hausinterne Organisationskultur zu einer möglichen Etablierung von Lerncoaching?

- Welche Interessengruppen spielen eine Rolle?
- Hat das Projekt lediglich eine Alibi-Funktion?
- Wie lässt sich das Kollegium informieren?
- Welche Personen sollten zudem einzeln angesprochen werden?
- Wie, wann und wo wird es den Schülern vorgestellt? Wann ihren Eltern?
- Wer könnte das Projekt unterstützen?

5. Projektdurchführung

- Wer ist Projektverantwortlicher?
- Welche Meilensteine sind definiert?
- Welche Personen sind an der Durchführung beteiligt?
- Wie sind begleitende Kommunikationsprozesse definiert?
- Wie werden Erfahrungen dokumentiert?
- Ist das Projekt in die Schule bzw. den Ausbildungsbetrieb als Organisation eingebettet?

6. Projektabschluss

- Wann genau ist das Projekt beendet?
- Welche Indikatoren belegen dies?
- Wie, wann, von wem wird evaluiert?
- Wem wird die Evaluation vorgelegt?
- Welche Schlüsse für weiteres Vorgehen folgen aus der Evaluation?

Diese Checklisten dienen lediglich einem ersten Impuls zum Projektmanagement. Wenn dies zu einem Gelingen beigetragen hat, geht es in einer weiteren Phase um die Stabilisierung und Standardisierung des Prozesses. Eine Etablierung vollzieht sich in Phasen von Anbahnung, Umsetzung und Verankerung (Hameyer 2012).

Das Projektmanagement dient der Anbahnung sowie einer ersten Umsetzung. Zur Verankerung braucht es eines weiteren Prozessmanagements.

Literatur

Andersen, T. (1990): Das reflektierende Team. Dortmund: Modernes Leben

Anderson, H./Goolishian, H. A. (1990): Menschliche Systeme als sprachliche Systeme. In: Familiendynamik 15, 212–243

Arheit, V. (2010): Vom linearen Ansatz zur systemisch-ganzheitlichen Körperzentrierten Psychotherapie. In: Künzler, A./Böttcher, C./Hartmann, R./Nussbaum, M. H. (Hrsg.): Körperzentrierte Psychotherapie im Dialog. Heidelberg: Springer, 31–43

Aufschnaiter, C. (2005): Lerntheorien zwischen Neurowissenschaften und pädagogischer Psychologie. In: Pädagogik, 5, 52–55

Badura, B. (1981): Soziale Unterstützung und chronische Krankheit. Frankfurt a.M.: Suhrkamp

Baldwin, M. (2002): Das Konzept der Triaden in Virginia Satirs Arbeit. In: Moskau, G./ Müller, G.F. (Hrsg.): Virginia Satir. Wege zum Wachstum. Paderborn: Junfermann, 3. Aufl., 47–65

Bamberger, G.G. (2001): Lösungsorientierte Beratung. Weinheim/Basel: Beltz PVU, 2. Aufl.

Bannert, M./Schnotz, W. (2006): Vorstellungsbilder und Imagery-Strategien. In: Mandl, H./ Friedrich, H.F. (Hrsg.): Handbuch Lernstrategien. Göttingen/Bern/Toronto/Seattle/ Oxford/Prag: Hogrefe, 72–88

Bateson, G. (1994): Ökologie des Geistes. Anthropologische, psychologische, biologische und epistemologische Perspektiven. Frankfurt a.M.: Suhrkamp, 5. Aufl.

Bauer, J. (2008): Lob der Schule. Sieben Perspektiven für Schüler, Lehrer und Eltern. München: Heyne, 4. Aufl.

Bauer, J. (2007): Das Gedächtnis des Körpers. Wie Beziehungen und Lebensstile unsere Gene steuern. München: Pieper, 10. Aufl.

Bauer, J. (2006): Warum ich fühle, was Du fühlst. Intuitive Kommunikation und das Geheimnis der Spiegelneurone. München: Heyne, 11. Aufl.

Beaulieu, D. (2010): Impact-Techniken für die Psychotherapie. Heidelberg: Carl Auer, 4. Aufl.

Becker, N. (2006): Die neurowissenschaftliche Herausforderung der Pädagogik. Bad Heilbrunn: Klinkhardt

Bindernagel, D./Poimann, H. (2010): Idiolektik und Neurowissenschaften. In: Bindernagel, D. et al (Hrsg.): Schlüsselworte. Idiolektische Gesprächsführung in Therapie, Beratung und Coaching. Heidelberg: Carl Auer, 101–128

Bindernagel, D./Winkler, P. (2010): Idiolektische Psychotherapie – ressourcenorientiertes Kurzpsychotherapieverfahren mit neurowissenschaftlichen und evolutionären Grundlagen. In: Bindernagel, D. et al. (Hrsg.): Schlüsselworte. Idiolektische Gesprächsführung in Therapie, Beratung und Coaching. Heidelberg: Carl Auer, 142–162

Boscolo, L./Cecchin, G./Hoffmann, L./Penn, P. (1988): Familientherapie – Systemtherapie. Das Mailänder Modell. Dortmund: Modernes Leben

Bowlby, J. (2005): Frühe Bindung und kindliche Entwicklung. München: Ernst Reinhardt, 5. Aufl.

Böhme, G. (1985): Anthropologie in pragmatischer Hinsicht. Frankfurt a.M.: Suhrkamp

Brunner, E.J. (1990): Zur systemischen Analyse von Lehr-Lernprozessen. In: Huschke-Rhein, R. (Hrsg.): Systemische Pädagogik, Bd. IV. Köln: Rhein

Bucci, W. (2002): The referential process, consciousness and the sense of self. Psychoanalytical Inquiry 22, 776–793

Buer, F. (2007): Coaching, Supervision und die vielen anderen Formate. Ein Plädoyer für ein friedliches Zusammenspiel. In: Schreyögg, A./Schmidt-Lellek, C. (Hrsg.): Konzepte des Coaching. Wiesbaden: Verlag für Sozialwissenschaften, 117–136

Bürgi-Kraus, M./Kottje-Birnbacher/Reichmann, I./Wilke, E. (2008): Entwicklung in der Imagination – Imaginative Entwicklung. Lengerich: Pabst

Cierpka, M. (2008): Handbuch der Familiendiagnostik. Heidelberg: Springer Medizin, 3. Aufl.

Ciompi, L. (1999): Die emotionalen Grundlagen des Denkens. Entwurf einer fraktalen Affektlogik. Göttingen: Vandenhoeck und Ruprecht, 2. Aufl.

Damasio, A.R. (2006): Descartes' Irrtum. Fühlen, Denken und das menschliche Gehirn. München: List

Damasio, A.R. (2003): Der Spinoza-Effekt. Wie Gefühle unser Leben bestimmen. München: List

Dauber, H./Zwiebel, R. (2006): Professionelle Selbstreflexion aus pädagogischer und psychoanalytischer Sicht. Bad Heilbrunn: Klinkhardt

DeCharms, R. (1973): Ein schulisches Trainingsprogramm zum Erleben eigener Verursachung. In: Edelstein, W./Hopf, D. (Hrsg.): Bedingungen des Bildungsprozesses. Stuttgart: Klett, 60–78

DIHK – Deutscher Industrie- und Handelskammertag (2011): Wachstum verstetigen, Fachkräfte sichern. DIHK Berlin

Ditzen, B./Gaab, J. (2010): Psychobiologie: Die Interaktion zwischen Psyche und Soma. In: Künzler, A./Böttcher, C./Hartmann, R./Nussbaum, M.H. (Hrsg.): Körperzentrierte Psychotherapie im Dialog. Heidelberg: Springer, 137–149

Doppler, K./Lauterburg, C. (2005): Change Management. Frankfurt a.M./New York: Campus, 11. Aufl.

Dubs, R. (2010): Methoden und Techniken der Organisationsanalyse. In: Bohl et al. (Hrsg.): Handbuch Schulentwicklung. Bad Heilbrunn: Klinkhardt, 481–488

Edgette, J./Rowan, T. (2007): Mental gewinnen. Hypnose im Sport. Heidelberg: Carl Auer

Ekman, P. (2010): Gefühle lesen. Wie Sie Emotionen erkennen und richtig interpretieren. Heidelberg: Spektrum Akademischer Verlag, 2. Aufl.

Ellensohn, T. (2010): Coaching. In: Bindernagel, D. et al. (Hrsg.): Schlüsselworte. Idiolektische Gesprächsführung in Therapie, Beratung und Coaching. Heidelberg: Carl-Auer, 265–273

Eschelmüller, M. (2007): Lerncoaching. Vom Wissensvermittler zum Lernbegleiter. Mülheim an der Ruhr: Verlag an der Ruhr

Flammer, A. (1990): Erfahrung der eigenen Wirksamkeit. Bern: Huber

Foerster, H. v. (1991): Das Konstruieren einer Wirklichkeit. In: Watzlawick, P. (Hrsg.): Die erfundene Wirklichkeit. Wie wissen wir, was wir zu wissen glauben? Beiträge zum Konstruktivismus. München: Pieper, 7. Aufl., 39–60

Föh, M.J. (2011): Lehrer beraten Schüler und Schüler beraten sich gegenseitig. Individualisierte Lernprozesse durch Beratung begleiten. In: Pädagogik 2/2011, 20–24

Friedrich, H.F./Mandl, H. (2006): Handbuch Lernstrategien, Göttingen: Hogrefe

Gergen, K. (1990): Die Konstruktion des Selbst im Zeitalter der Postmoderne. In: Psychologiche Rundschau Nr. 41, 191–199

Glasersfeld, E. v. (1996): Radikaler Konstruktivismus. Frankfurt a.M.: Suhrkamp

Grawe, K. (2004): Neuropsychotherapie. Göttingen/Bern/Toronto/Seattle/Oxford/Prag: Hogrefe

Greve, W. (2000): Psychologie des Selbst. Weinheim/Basel: Beltz PVU

Hameyer, U. (2012): Transformation der Schule (Arbeitstitel). Seelze: Friedrich (in Vorbereitung)

Hameyer, U. (2010): Wie Schulen lernen. In: Systhema 24, 3, 229–240

Hameyer, U. (2009): Scheingewissheiten. Täuschung und Selbsttäuschung im pädagogischen Diskurs. In Schmidt, R.-B./Tuider, E./Timmermanns, S. (Hrsg.): Vielfalt wagen. Berlin: Logos, 197–210

Hameyer, U./Hardeland, H. (2011): Wissen, Wollen, Können. Lerncoaching als wirksame Kompetenzförderung. In: SchulVerwaltung. Zeitschrift für Schulleitung und Schulaufsicht. 13. Jg., 1/2011, 11–13

Hameyer, U./Klaffke, T./Pallasch, W. (2009): Lerncoaching. Themenheft Lernende Schule, H. 45

Hattie, J. (2003): Teachers make a difference – What is the research evidence? University of Auckland

Heil, R. (1999): Systemische Pädagogik im Licht ihrer Ideengeschichte. Eine kritische Auseinandersetzung mit einer neuen Richtung. Marburg: Tectum

Helmke, A. (2006): Was wissen wir über guten Unterricht? II. Folge. In: Pädagogik, H. 21, 42–45

Hermann, P. (2010): Blockaden lösen. Systemische Interventionen in der Schule. Göttingen: Vandenhoeck und Ruprecht

Hermann, U. (2004): Lernen findet im Gehirn statt – Die Herausforderung der Pädagogik durch die Hirnforschung. Text einer Sendung SWR 2 Aula, Febr. 2004

Hornung, R./Gutscher, H. (1994): Gesundheitspsychologie: Die sozialpsychologische Perspektive. In: Schwenkmezger, P./Schmidt, L. (Hrsg.): Lehrbuch der Gesundheitspsychologie, Stuttgart: Enke, 65–87

Huschke-Rhein, R. (2003): Einführung in die systemisch-konstruktivistische Pädagogik. Weinheim/Basel/Berlin: UTB

Hülshoff, T. (2006): Emotionen. München/Basel: Reinhardt UTB, 3. Aufl.

Hüther, G. (2010): Neurobiologie: umdenken, umfühlen oder umhandeln? In: Künzler, A./ Böttcher, C./Hartmann, R./Nussbaum, M.H. (Hrsg.): Körperzentrierte Psychotherapie im Dialog. Heidelberg: Springer, 115–119

Hüther, G.(2005): Die Macht der inneren Bilder. Wie Visionen das Gehirn, den Menschen und die Welt verändern. Göttingen: Vandenhoeck & Ruprecht

Hüther, G. (2004): Die Bedeutung sozialer Erfahrungen für die Strukturierung des menschlichen Gehirns. Welche sozialen Beziehungen brauchen Schüler und Lehrer? In: Zeitschrift für Pädagogik Jg. 50, Heft 4, 487–495

Hüther, G./Sachsse, U. (2007): Angst und stressbedingte Störungen. Auf dem Weg zu einer neurobiologisch fundierten Psychotherapie. In: Psychotherapeut, Nr. 52, 166–179

Jonas, D./Winkler, P. (2010): Die Eigensprache. In: Bindernagel, D. et al. (Hrsg.): Schlüsselworte. Idiolektische Gesprächsführung in Therapie, Beratung und Coaching. Heidelberg: Carl Auer, 18–26

Joraschky, P./Retzlaff, R. (2008): System- und Strukturdiagnose. In: Cierpka, M. (Hrsg.): Handbuch der Familiendiagnostik. Heidelberg: Springer Medizin, 335–353

Kindl-Beilfuß, C. (2011): Fragen können wie Küsse schmecken. Systemische Fragetechniken für Anfänger und Fortgeschrittene. Heidelberg: Carl Auer, 3. Aufl.

Knodt, R. (1994): Ästhetische Korrespondenzen. Denken im technischen Raum. Stuttgart: Reclam

Kolb, S. (2011): Beispielhafte Umsetzung von Lernberatungsgesprächen. In: Unterricht Pflege. Lernen begleiten 3, 2011. 20–21

König, E./Volmer, G. (2008): Handbuch Systemische Organisationsberatung. Weinheim/ Basel: Beltz

König, E./Zedler, P. (2007): Theorien der Erziehungswissenschaft. Weinheim/Basel: Beltz, 3. Aufl

Krapp, A. (2005): Psychologische Bedürfnisse und Interesse. Theoretische Überlegungen und praktische Schlussfolgerungen. In: Vollmeyer, R./Brunstein, J. (Hrsg.): Motivationspsychologie und ihre Anwendung. Stuttgart: Kohlhammer, 23–38

Kriz, J. (2001): Grundkonzepte der Psychotherapie. Weinheim/Basel: Beltz PVU, 5. Aufl.

Krüger, E. (2010a): Die Kunst des Fragens. In: Bindernagel, D. et al. (Hrsg.): Schlüsselworte. Idiolektische Gesprächsführung in Therapie, Beratung und Coaching. Heidelberg: Carl Auer, 27–46

Krüger, E. (2010b): Allgemeinmedizin. In: Bindernagel, D. et al. (Hrsg.): Schlüsselworte. Idiolektische Gesprächsführung in Therapie, Beratung und Coaching. Heidelberg: Carl Auer, 176–186

Kuhl, J. (2001): Motivation und Persönlichkeit: Interaktionen psychischer Systeme. Göttingen: Hogrefe

Kuhl, J./Koole, S. (2005): Wie gesund sind Ziele? Intrinsische Motivation, Affektregulation und das Selbst. In: Vollmeyer, R./Brunstein, J. (Hrsg.): Motivationspsychologie und ihre Anwendung. Stuttgart: Kohlhammer, 109–127

Künzler, A. (2010): Neurokörperpsychotherapie? In: Künzler, A./Böttcher, C./Hartmann, R./Nussbaum, M.H. (Hrsg.): Körperzentrierte Psychotherapie im Dialog. Heidelberg: Springer, 121–136

Lang, H./Faller, H. (2006): Medizinische Psychologie und Soziologie. Berlin/Heidelberg/New York: Springer, 2. Aufl.

Langens, T.A./Schmalt, H.-D./Sokolowski, K. (2005): Motivmessung: Grundlagen und Anwendung. In: Vollmeyer, R./Brunstein, J. (Hrsg.): Motivationspsychologie und ihre Anwendung. Stuttgart: Kohlhammer, 72–91

Ledoux, J. (2006): Das Netz der Gefühle. Wie Emotionen entstehen. München: dtv, 4. Aufl.

Leutner, D./Leopold, C. (2006): Selbstregulation beim Lernen aus Sachtexten. In: Mandl, H./Friedrich, H.F. (Hrsg.): Handbuch Lernstrategien. Göttingen/Bern/Toronto/Seattle/Oxford/Prag: Hogrefe, 172–184

Liechti, J. (2010): Dann komm ich halt, sag aber nichts. Motivierung Jugendlicher in Therapie und Beratung. Heidelberg: Carl Auer

Ludwig, P.H. (1999): Imagination. Sich selbst erfüllende Vorstellungen zur Förderung von Lernprozessen. Opladen: Leske und Budrich

Mahlmann, R. (2009): Ein Blick auf die Coaching-Landschaft. In: Sachsenmeier, I. (Hrsg.): Die Coaching-Praxis. Mit Methode zu neuen Perspektiven. Weinheim/Basel: Beltz, 9–38

Mandl, H./Friedrich, H.F. (2006): Handbuch Lernstrategien. Göttingen/Bern/Toronto/Seattle/Oxford/Prag: Hogrefe

Martin, P.-Y. (2012): Lernstrategien und Umgang mit ICT von Studienanfängerinnen und -anfängern (Dissertation). Zürich: Universität Zürich

Maturana, H.R. (1982): Erkennen: Die Organisation und Verkörperung von Wirklichkeit. Ausgewählte Arbeiten zur biologischen Epistemologie. Braunschweig: Vieweg

Meichenbaum, D./Turk, D.C. (1994): Therapiemotivation des Patienten. Bern: Huber

Migge, B. (2009): Coaching. Definitionen und Kommunikation. In: Sachsenmeier, I. (Hrsg.): Die Coaching-Praxis. Mit Methode zu neuen Perspektiven Weinheim/Basel: Beltz, 73–118

Miller, W.M./Rollnick, S. (2009): Motivierende Gesprächsführung. Freiburg: Lambertus, 3. Aufl.

Mollbach, A. (2007): Funktionsorientiertes Coaching von Unternehmensführern mittlerer Unternehmen. Anforderungen an den Coach. In: Schreyögg, A./Schmidt-Lellek, C. (Hrsg.): Konzepte des Coaching. Wiesbaden: Verlag für Sozialwissenschaften, 70–88

Moskau, G./Müller, G. (2002): Virginia Satir – Wege zum Wachstum. Handbuch für die therapeutische Arbeit mit Einzelnen, Paaren und Familien. Paderborn: Junfermann

Negri, C./Braun, B./Werkmann-Karcher, B./Moser, B. (2010): Grundlagen, Kompetenzen und Rollen. In: Negri, C. (Hrsg.): Angewandte Psychologie für die Personalentwicklung. Konzepte und Methoden für Bildungsmanagement, betriebliche Aus- und Weiterbildung. Berlin, Heidelberg: Springer, 7–68

Nicolaisen, T. (2011): Systemische Perspektiven auf Veränderungsprozesse. In: Journal für Schulentwicklung, Heft 4 2011, 33–39

Nicolaisen, T. (2010): Stärkung der Lehrerpersönlichkeit. Ressourcen befördern, Konflikten begegnen. In: Starke Lehrer – starke Schule. Stuttgart: Raabe, Heft 2/2010, C 2.4.

Nicolaisen, T. (2009): Erkenne Dich selbst! Selbstexploration und Lerncoaching. In: Lernende Schule Jg. 12, Seelze: Friedrich, Heft 45, 44–45

Nicolaisen, T./Pallasch, W. (2010): Lerncoaching – Überlegungen und Erfahrungen. In: Mägdefrau, J. (Hrsg.): Schulisches Lehren und Lernen. Pädagogische Theorie an Praxisbeispielen. Bad Heilbrunn: Klinkhardt, 156–172

Nordmann, E./Kötter, S. (2008): Systemisches Interviewen. In: Cierpka, M. (Hrsg.): Handbuch der Familiendiagnostik. Heidelberg: Springer Medizin, 293–303

O'Connor, J./Seymour, J. (2005): Neurolinguistisches Programmieren – Gelungene Kommunikation und persönliche Entfaltung. Kirchzarten: VAK

Pallasch, W./Hameyer, U. (2008): Lerncoaching. Theoretische Grundlagen und Praxisbeispiele zu einer didaktischen Herausforderung. Weinheim/München: Juventa

Pallasch, W./Petersen, R. (2005): Coaching. Ausbildungs- und Trainingskonzeption zum Coach in pädagogischen und sozialen Arbeitsfeldern. Weinheim/München: Juventa

Pallasch, W./Kölln, D. (2002): Pädagogisches Gesprächstraining. Lern- und Trainingsprogramm zur Vermittlung pädagogisch-therapeutischer Gesprächs- und Beratungskompetenz. Weinheim/München: Juventa, 5. Aufl.

Pallasch, W./Kölln, D./Reimers, H./Rottmann, C. (2001): Das Kieler Supervisionsmodell. Manual und Kopiervorlagen zur pädagogischen Supervision. Weinheim/München: Juventa

Poimann, H. (2010): Ressourcenorientierung in der Idiolektik. In: Bindernagel, D. et al. (Hrsg.): Schlüsselworte. Idiolektische Gesprächsführung in Therapie, Beratung und Coaching. Heidelberg: Carl Auer, 129–141

Prior, M. (2007): MiniMax-Interventionen. Heidelberg: Carl-Auer, 7. Aufl.

Quitmann, H. (1996): Humanistische Psychologie. Psychologie, Philosophie, Organisationsentwicklung. Göttingen/Bern/Toronto/Seattle: Hogrefe, 3. Aufl.

Reddemann, L. (2008): Imagination als heilende Kraft. Zur Behandlung von Traumafolgen mit ressourcenorientierten Verfahren. Stuttgart: Klett-Cotta, 14. Aufl.

Reich, E. (2005): Denken und Lernen. Hirnforschung und pädagogische Praxis. Darmstadt: Wissenschaftliche Buchgesellschaft

Reich, K. (2010): Systemisch-konstruktivistische Pädagogik. Einführung in die Grundlagen einer interaktionistisch-konstruktivistischen Pädagogik. Weinheim/Basel: Beltz, 6. Aufl.

Rheinberg, F. (2008): Motivation. Stuttgart: Kohlhammer Urban, 7. Aufl.

Rentel, T. (2010): Bilder und Metaphern. In: Bindernagel, D. et al. (Hrsg.): Schlüsselworte. Idiolektische Gesprächsführung in Therapie, Beratung und Coaching. Heidelberg: Carl Auer, 56–68

Roth, G. (2011): Bildung braucht Persönlichkeit. Wie Lernen gelingt. Stuttgart: Klett-Cotta

Rüegg, J.C. (2010): Mind & Body. Wie unser Gehirn die Gesundheit beeinflusst. Stuttgart: Schattauer

Scharmer, C.O. (2009): Theorie U. Von der Zukunft her führen. Presencing als soziale Technik. Heidelberg: Carl Auer

Schawohl, H. (2011): Die Motivation der Klienten. In: Weidner, J./Kilb, R. (Hrsg.): Handbuch Konfrontative Pädagogik. Grundlagen und Handlungsstrategien zum Umgang mit aggressivem und abweichendem Verhalten. Weinheim/München: Juventa, 182–190

Schley, W. (2008): Klartext – Lehrerversagen in Erziehung und Unterricht. In: Journal für Schulentwicklung, Heft 4 2008, 7–11

Schley, V./Schley, W. (2010): Handbuch Kollegiales Teamcoaching. Systemische Beratung in Aktion. Innsbruck/Wien/Bozen: Studienverlag

Schlippe, A. von (1995): Familientherapie im Überblick. Basiskonzepte, Formen, Anwendungsmöglichkeiten. Paderborn: Junfermann, 6. Aufl.

Schlippe, A. von/Schweitzer, J. (2010): Systemische Interventionen. Göttingen: Vandenhoeck & Ruprecht, 2. Aufl.

Schlippe, A. von/Schweitzer, J. (2003): Lehrbuch der systemischen Therapie und Beratung. Göttingen: Vandenhoeck & Ruprecht, 9. Aufl.

Schmidt, G. (2010): Einführung in die hypnosystemische Therapie und Beratung. Heidelberg: Carl Auer

Schmidt, G. (2007): Liebesaffären zwischen Problem und Lösung. Hypnosystemisches Arbeiten in schwierigen Kontexten. Heidelberg: Carl Auer

Schnotz, W. (2009): Pädagogische Psychologie. Weinheim/Basel: Beltz

Schobler, B./Ziegler, A. (2001): Das Münchener Motivationstraining (MMT): Theoretischer Hintergrund, Förderziele und exemplarische Umsetzung. In: Zeitschrift für pädagogische Psychologie, Nr. 15, 168–180

Schreyögg, A. (2003): Coaching. Eine Einführung für Praxis und Ausbildung. Frankfurt a.M.: Campus. 6. Auflage

Schwalbe, B. (2010): Gesellschaftliche Aspekte und Einflüsse auf das Lernen. In: Negri, C. (Hrsg.): Angewandte Psychologie für die Personalentwicklung. Konzepte und Methoden für Bildungsmanagement, betriebliche Aus- und Weiterbildung. Berlin, Heidelberg: Springer, 441–453

Schweitzer-Rothers, J./Ochs, M. (2008): Systemisch-konstruktivistische Diagnostik. Vom Verfeinern des Möglichkeitssinns. In: Cierpka, M. (Hrsg.): Handbuch der Familiendiagnostik. Heidelberg: Springer Medizin, 137–151

Seckinger, M. (2001): Kooperation – eine voraussetzungsvolle Strategie in der psychosozialen Praxis. In: Praxis kinderpsychologische Kinderpsychiatrie. 4/1, 279–292

Seel, N.M./Hanke, U. (2010): Lernen und Behalten. Weinheim/Basel: Beltz

Seemann, H. (1999): Ressourcen- und lösungsorientierte Therapieformen. In: Verres, R./ Schweitzer, J./Jonasch, K./Süßdorf, B. (Hrsg.): Heidelberger Lesebuch Medizinische Psychologie. Göttingen: Vandenhoeck & Ruprecht, 174–179

Selvini Palazzoli, M./Boscolo, L./Cecchin, G./Prata, G. (1981): Hypothetisieren, Zirkularität, Neutralität: drei Richtlinien für den Leiter der Sitzung. In: Familiendynamik Nr. 6, 123–139

Selvini Palazzoli, M./Boscolo, L./Cecchin, G./Prata, G. (1977): Paradoxon und Gegenparadoxon. Stuttgart: Klett-Cotta

Selvini Palazzoli, M./Anolli, L./Di Blasio, P./Giossi, L./Pisano, J./Ricci, C./Sacchi, M./ Ugazio, V. (1988): Hinter den Kulissen der Organisation. Stuttgart: Klett-Cotta, 3. Aufl.

Servan-Schreiber, D. (2006): Die neue Medizin der Emotionen. Stress, Angst, Depression: Gesund werden ohne Medikamente. München: Goldmann, 15. Aufl.

Shazer, S. de (1989): Der Dreh. Überraschende Wendungen und Lösungen in der Kurzzeittherapie. Heidelberg: Carl Auer

Siebert, H. (1999): Pädagogischer Konstruktivismus. Eine Bilanz der Konstruktivismusdiskussion für die Bildungspraxis. Neuwied, Kriftel: Luchterhand

Siebert, H. (1998): Konstruktivismus. Frankfurt a.M.: Suhrkamp

Siefer, W. (2010): Die Zellen des Anstoßes. In: Die Zeit Nr. 51, 16.12.2010

Simon, F.B. (2010): Die Kunst, nicht zu lernen und andere Paradoxien in Psychotherapie, Management, Politik. Heidelberg: Carl Auer

Simon, F. B. (1984): Die Sprache der Familientherapie. Überblick, Kritik und Integration systemtherapeutischer Begriffe, Konzepte und Methoden. Stuttgart: Klett-Cotta

Smith, E. E./Nolen-Hoeksema, S./Fredrickson, B. L./Loftus, G. R. (2007): Atkinsons und Hilgards Einführung in die Psychologie. Berlin, Heidelberg: Springer, 14. Aufl.

Sparrer, I. (2007): Einführung in Lösungsfokussierung und Systemische Strukturaufstellungen, Heidelberg: Carl Auer

Spinath, B. (2005): Motivation als Kompetenz: Wie wird Motivation lehr- und lernbar? In: Vollmeyer, R./Brunstein, J. (Hrsg.): Motivationspsychologie und ihre Anwendung. Stuttgart: Kohlhammer, 203–219

Spitzer, M. (2002): Lernen. Gehirnforschung und die Schule des Lebens. Heidelberg/Berlin: Spektrum Akademischer Verlag

Steiger, T./Lippmann, E. (2004): Handbuch angewandte Psychologie für Führungskräfte, Bd. II. Heidelberg: Springer Medizin, 2. Aufl.

Stierlin, H. (1990): Zwischen Sprachwagnis und Sprachwirrnis. In: Familiendynamik 15/3, 266–275

Storch, M. (2010): Die Macht des Körpers. In: Psychologie heute compact, Heft 26, 59–63

Storch, M./Cantieni, B./Hüther, G./Tschacher, W. (2010): Embodiment. Die Wechselwirkung von Körper und Psyche verstehen und nutzen. Bern: Huber

Storch, M./Krause, F. (2007): Selbstmanagement – ressourcenorientiert. Bern: Huber, 4. Aufl.

Storch, M./Riedener, A. (2006): Ich pack's! Selbstmanagement für Jugendliche. Bern: Huber, 2. Aufl.

Strittmatter, A. (2008): Das Scheitern als Perspektive annehmen, es begreifen und professionell angehen. In: Journal für Schulentwicklung, Heft 4 2008, 12–19

Tomm, K. (1994): Die Fragen des Beobachters. Schritte zu einer Kybernetik zweiter Ordnung. Heidelberg: Carl Auer

Tomm, K. (1989): Das systemische Interview als Intervention. Teil III: Lineare, zirkuläre, strategische oder reflexiven Fragen? In: System Familie 2, 21–40

Vaitl, D./Petermann, F. (2000): Handbuch Entspannungsverfahren. Weinheim/Basel: Beltz Psychologie VerlagsUnion

Vollmeyer, R./Brunstein, J. (2005): Motivationspsychologie und ihre Anwendung. Stuttgart: Kohlhammer

Walter, J./Adam, H. (2008): Kultureller Kontext und seine Berücksichtigung bei Migranten- und Flüchtlingsfamilien. In: Cierpka, M. (Hrsg.): Handbuch der Familiendiagnostik. Heidelberg: Springer Medizin, 223–240

Wartenweiler, F. (2003): Provozieren erwünscht … aber bitte mit Feingefühl. Instrumente der „Provocative Therapy" in der Arbeit mit Eltern und Kindern. Paderborn: Junfermann

Watzlawick, P./Weakland, J. H./Fish, R. (2009): Lösungen. Zur Theorie und Praxis menschlichen Wandels. Bern: Huber, 7. Aufl.

Weidner, J./Kilb, R. (2011): Handbuch Konfrontative Pädagogik. Grundlagen und Handlungsstrategien zum Umgang mit aggressivem und abweichendem Verhalten. Weinheim/München: Juventa

Welsch, W. (1991): Unsere postmoderne Moderne. Weinheim: VCH Acta Humaniora, 3. Aufl.

Werner, S. (2011): Aktivierende Ressourcenkonfrontation. In: Weidner, J./Kilb, R. (Hrsg.): Handbuch Konfrontative Pädagogik. Grundlagen und Handlungsstrategien zum Umgang mit aggressivem und abweichendem Verhalten. Weinheim/München: Juventa, 171–181

Wienands, A. (2010): Einführung in die körperorientierte systemische Therapie. Heidelberg: Carl Auer

Wild, K.-P./Schiefele, U. (1994): Lernstrategien im Studium: Ergebnisse zur Faktoren-struktur und Reliabilität eines neuen Fragebogens. In: Zeitschrift für Differentielle und Diagnostische Psychologie. 15, 185–200

Winkler, P. (2010): Die Eigensprache des Körpers. In: Bindernagel, D. et al. (Hrsg.): Schlüsselworte. Idiolektische Gesprächsführung in Therapie, Beratung und Coaching. Heidelberg: Carl Auer, 163–174

Wulf, C. (1992): Historische Anthropologie und Erziehungswissenschaft. In: Petersen, J./ Reinert, G.-B. (Hrsg.): Pädagogische Konzeptionen. Donauwörth: Ludwig Auer, 85–91

Würmli, P. (2010): Entwicklung der Personalentwicklung in Organisationen: Rück- und Ausblick. In: Negri, C. (Hrsg.): Angewandte Psychologie für die Personalentwicklung. Konzepte und Methoden für Bildungsmanagement, betriebliche Aus- und Weiterbildung. Berlin, Heidelberg: Springer, 115–129